맞춤형 글쓰기

이공계열

이공계열 맞춤형 글쓰기

초판 5쇄 2024년 3월 8일

지은이 김기호·김원준·조보라미

펴낸이 최외출
펴낸곳 영남대학교출판부

출판등록 1975년 9월 5일 경산 제16-1
호주소 경북 경산시 대학로 280
전화 053) 810-1801~3
FAX 053) 810-4722
홈페이지 book.yu.ac.kr

ISBN 978-89-7581-533-1 04800

맞춤형 글쓰기

이공계열

김기호·김원준·조보라미

영남대학교출판부

머리글

'맞춤형 글쓰기'는 지금 우리나라 대학 글쓰기 교육의 큰 흐름이다. 맞춤형 글쓰기란 전공과 계열을 최대한 고려하고, 그 직업 세계에서 전문가로서 활동하는 데 필요한 글쓰기 능력을 키우기 위해 2004년 우리 대학에서 최초로 시도한 글쓰기 교육의 이름이다. 그것이 전국적으로 확산되어 이제는 대학 글쓰기 교육의 주요한 방향이 되고 있다.

이 책은 2004년 맞춤형 글쓰기의 목적과 내용을 계승 발전시킨 것이다. 계승한 것은 전공과 계열을 고려한 글쓰기와 전문적인 직업 세계에 필요한 글쓰기를 계열별 글쓰기와 실용 글쓰기란 이름으로 수용한 것이다. 또한 변화 발전한 것은 자칫 기능적인 글쓰기 교육에 머물러 놓치기 쉬운 지성인으로서의 사유와 표현의 연관성 문제를 교육 과정에 담았다는 것이다. 또한 사유의 지평을 넓히기 위해 명저 읽기를 함께 구성한 것도 나름의 변화라 할 수 있다.

생각해 보면, 대학에서 학생들이 접하는 글은 전공과 계열에 따라 매우 다르다. 내용과 표현 방식은 물론이고 심지어 어휘까지도 큰 차이가 있다. 맞춤형 글쓰기는 이런 현실에 대응하기 위해 그동안 동일한 내용과 방식으로 진행되어 오던 글쓰기 교육의 틀을 바꾼 역사적인 의미가 크다. 자신에게 주어진 글쓰기 상황과 괴리된 글쓰기 수업이 얼마나 교육적일 수가 있겠는가. 이러한 문제적 상황을 해소하고 학생들의 현실적 욕구에 대응하기 위해 전공과 연계된 글쓰기 교육을 한다는 것은 학생들이 글쓰기를 스스로 실감하도록 한다는 점에서 중요한 의미를 지닌다. 그것은 곧 미래의 직업 세계와도 연계되어 학생들에게 실질적인 의사소통 경쟁력을 높이는 계기가 되기도 한다.

그러나 한편, 우리가 배우는 글쓰기의 목표가 단순한 글쓰기의 기술 습득에만 있다면, 그것은 진정한 글쓰기의 지향과는 거리가 있다. 글쓰기는 글쓴이의 주체적 삶의 표현이자 그 정신과 가치를 드러내는 자기 정체성의 실현 방식이다. 이 책의 집필에 참여한 저자들이 특별히 고민한 부분도 바로 이것이다. 대학생으로서 스스로 갖추어야 할 지적 사유들, 예를 들면 인간에 대한 다양한 이해력, 사회 공동체나 세계의 공존적 가치에 대한 깊은 생각, 학문을 탐구하는 이유와 자신의 삶에 대한 주체적 성찰 등은 글쓰기의 주인공으로서 대학의 지식인들이 갖추어야 할 전제들이다. 이 책은 이러한 지성적 사유와 그것을 표현하는 글쓰기를 함께 구성하고 교육시켜야 한다는 저자들의 생각을 담고 있다. 이는 교재를 집필하는 저자들이 대학 글쓰기의 방향과 교육적 목표에 대해 오랫동안 고민한 결과이기도 하다.

그런 의미에서 잠시 이 교재의 집필 과정에 대한 설명을 보태어 그 의미를 되새기고자 한다. 이번 교재 집필에 참여한 저자들은 우리 대학 문과대학 국어국문학과와 사범대학 국어교육과, 그리고 교양학부의 교수들이다. 저자들은 먼저 글쓰기 교재의 방향과 구성, 내용에 대하여 지난 1년여 간 논의와 회의를 진행하였다. 국내외 대학의 사례를 살피고, 관련 자료를 찾아 분석과 정리를 하는 한편, 글쓰기 교육의 철학과 정신, 가치와 필요성 등에 관해서도 깊은 이야기를 나누었다. 그 결과 글쓰기 교육이 교양 교육의 영역이면서도 모든 학문과 교육의 토대가 된다는 기본적인 인식을 공유하였다. 이를 바탕으로 학생들에게 글쓰기 교육의 정신과 함께 사유와 표현의 연관성, 전공 공부를 하는 데 필요한 글쓰기, 나아가 이후 직업 세계에서 필요한 글쓰기 능력 배양 등을 큰 목적으로 하여 교재를 편찬하자는 데 뜻을 같이 하였다. 편찬 과정은 우선 계열별 교재의 방향과 목적, 기본적인 구성을 상호 공유한 후, 계열별로 집필 작업에 들어갔다. 그리고 교재는 최종적으로 다음과 같은 네 계열로 나누어 그 내용을 구성하게 되었다.

① 인문 계열 맞춤형 글쓰기

-인문정신과 글쓰기, 생각하기와 글쓰기, 인문학적 글쓰기와 사유의 심화(에세이, 인터뷰, 비평, 논설), 인문학 전공자를 위한 실용 글쓰기(자기 소개서, 보고서, 발표, 인문콘텐츠 기획서)

② 사회 계열 맞춤형 글쓰기

-사회과학적 글쓰기의 방향, 글쓰기의 기초, 글쓰기의 확장(성찰적·소통적·비평적·융합적 글쓰기), 글쓰기의 실용(과제 제안서, 기획서, 프레젠테이션, 보도·홍보자료, 자기 소개서, 이력서)

③ 이공 계열 맞춤형 글쓰기

-과학 기술자의 글쓰기, 과학 기술 글쓰기의 기초, 과학기술 글쓰기의 심화(보고서, 논문, 에세이 작성), 과학기술자의 사회적 의사소통(이력서, 자기 소개서, 제품 설명서, 프레젠테이션, 디지털 글쓰기)

④ 사범·예체능 계열 맞춤형 글쓰기

-글쓰기의 중요성, 글쓰기의 기초, 전공 글쓰기, 실용 글쓰기(프레젠테이션, 자기 소개서/이력서, 기획서, 디지털 글쓰기)

이 책은 맞춤형 글쓰기의 전체적인 방향 속에서 계열별로 나름의 특징을 최대한 살려 구성하였다. 그러므로 글쓰기 교육에 대한 공동의 방향성과 함께 계열별 개성을 최대한 수렴한 책이라 할 수 있다. 또한 맞춤형 글쓰기 교육의 흐름을 나름대로 창의적으로 계승하였다는 점에서 작은 자부심을 가진다. 이는 교재 집필에 참여한 교수들의 노력과 쉽지 않은 집필의 과정이 있었기 때문에 가능한 것이었다. 그러나 여전히 고치고 보태야 할 것이 많은 책이다. 그런 의미에서 교재 집필에 참여한 저자들을 계열별로 밝혀 그동안의 노고에 대한 격려와 책임감을 함께 느끼고자 한다.

① 인문계열 맞춤형 글쓰기 교재는 박승희, 서희정, 최윤정 교수, ② 사회계열 맞춤형 글쓰기 교재는 김문주, 김세환, 신태수 교수, ③ 이공계열 맞춤형 글쓰기 교재는 김기호, 김원준, 조보라미 교수, ④ 사범·예체능 계열 맞춤형 글쓰기 교재는 박은정, 신승용, 정정순 교수가 집필에 참여하였다.

이 책이 나오기까지 열악한 상황 속에서도 좀 더 나은 책으로 학생들을 만날 수 있도록 노력을 아끼지 않은 영남대학교 출판부의 이종백 실장님과 그 외 담당자 분들에게도 감사의 말씀을 드린다. 교재 한 권이 교육 전체를 책임질 수는 없다. 다만, 이 교재가 대학생들에게 글쓰기를 공부하는데 좋은 길라잡이가 되길 바라며, 나아가 글쓰기 수업 이후에도 대학생들과 함께하는 좋은 친구로 남길 바랄 뿐이다.

2016년 8월

영남대학교 '맞춤형 글쓰기' 집필진 일동

책 안내

이 책으로 가르치거나 배우는 분들께

이 책으로 가르치는 분들은 글쓰기의 창의적 즐거움을 학생들이 맛보도록 해야 하며, 인내심을 발휘하여 끈질기게 피드백을 해줌으로써 학생들이 글쓰기 향상의 기쁨을 누리도록 해야 한다. 이 책으로 배우는 분들은 쓰기가 왜 새롭고 유익한 일인지 깨달아야 하며 글쓰기 절차에 따라 열심히 써보는 과정에서 쓰기의 문리를 터득해야 한다. 이를 위해 이 책은 학생들이 글쓰기의 지식을 많이 아는 사람[知之者]이 아니라 쓰기를 좋아하는 사람[好之者] 나아가 쓰기를 즐기는 사람[樂之者]이 되도록 기획하였다. 또한 영감을 받은 게으른 천재가 아닌 글쓰기 절차에 따라 쉼 없이 연습하는 학생[誠實者]을 위해 마련하였다.

이 책은 총 4부 15장으로 구성되었다. 교재 1부는 이공계열 학생들에게 왜 글쓰기가 필요한지, 어떤 방식으로 글쓰기를 해야 하는지, 이를 통해 얻을 수 있는 결과물은 무엇인가를 제시함으로 글쓰기에 대한 동기부여에 주안을 두었다. 그리고 요즘 글쓰기 과정에서 빈번하게 발생하는 표절의 문제를 지적하여 글쓰기의 윤리적 강령을 제시함으로써 진실성과 정직성이 담보된 글쓰기가 이루어질 수 있도록 했다.

교재 2부는 글쓰기의 기초에 해당하는 부분이다. 본격적인 글쓰기에 앞서 글 전체의 틀을 짜는 훈련이 필요하다. 주제 선정에서부터 구상·개요를 짜는 연습을 통해 글쓴이의 생각이 일관된 글로 나아갈 수 있게 했다. 본격적인 글쓰기에서는 문장과 문단의 작성 그리고 문단의 배열을 통해 온전한 한 편의 글로 나아가는 과정을 익히도록 했다. 아울러 띄어쓰기와 맞춤법, 비문의 진단과 치료를 통해 문장의 문제점들을 보완하도록 했다.

교재 3부는 글쓰기의 심화 과정이다. 요약문, 보고서, 논문, 에세이를 대상으로 전공 영역을 고려한 심화된 글쓰기 훈련이 이루어진다. 요약문 작성을 통해서는 텍스트 내용에 대한 적확한 이해를 바탕으로 한 논리적 글쓰기 훈련이 이루어지도록 했다. 보고서 및 논문 작성은 대학 글쓰기의 중추적 역할을 담당한다. 다양한 보고서 작성 방법을 익히고 이를 기초로 논문 작성으로 나아가게 했다. 에세이 작성에서는 과학기술의 발전에 따른 다양한 관점을 담은 예시문을 제시하여 이공계열 학생들에게 소통과 통찰의 힘을 배양할 수 있게 했다. 제시문의 내용 이해와 각 제시문에 딸린 문제를 통해 심화된 사고력과 그에 걸맞은 글쓰기가 나올 수 있도록 충분한 토의나 토론, 그리고 피드백이 이루어져야 한다.

교재 4부는 사회적 의사소통으로써의 글쓰기다. 이력서와 자기소개서는 취업에 필수적인 글쓰기다. 자기소개서는 취업에 있어 특히 중요한 비중을 차지하므로 작성 방법과 사례를 꼼꼼하게 제시했다. 제안서 및 제품설명서는 그 의도와 의미를 숙지시켜 실무적 글쓰기 역량을 강화하는 데 주안점을 두었다. 프레젠테이션의 경우 그 역할이 점점 확대되고 있으므로 프레젠테이션의 전 과정과 요령을 숙지하여 실제에 적용할 수 있도록 했다. 디지털 시대의 글쓰기에서는 온라인상에서 이루어지는 글쓰기인 이메일, 기사문, 비평문 등을 작성하는 방법을 익히도록 했다.

본 교재는 교양인으로서의 대학생이 갖추어야 할 읽기와 쓰기 능력을 위한 하나의 교보재에 지나지 않는다. 수업의 중심에는 사람이 있다. 사람이 중심이 되기 위해서는 가르치는 분과 배우는 분의 호흡이 중요하다. 무엇을 하든 동기가 있고 필요성을 절실히 깨달을 때 성과는 있게 된다. 배움과 가르침의 소중한 시간을 함께 할 수 있기를 바란다.

차 례

제1부

과학기술자와 글쓰기

제1장

글쓰기의 의미와 **필요성**

이공계 학생들은 글쓰기를 잘하고 싶어 한다. 나를 표현하는 글이든, 주어진 과제를 해결하는 글이든, 세상과 소통하는 글이든 멋지게 잘 써보고 싶은 마음은 누구나 한결 같다. 그런데 글쓰기를 잘하고 싶은 마음만큼 잘 쓴다고 생각하는 학생은 많지 않다. 예상된 것이지만 '나는 글쓰기를 좋아하고 잘 쓰고 싶지만 잘 쓰지는 못한다.'고 생각하는 학생이 많다. 그러나 인식 조사에 따르면 글을 잘 쓰든 못 쓰든 모든 이공계 학생들의 한결 같은 마음은 글쓰기를 잘하고 싶어 한다는 것이다.

이공계 학생들은 특히 과학적 글쓰기에서 만큼은 상당한 자신감을 보인다. 2015년도 이공계 학생들의 의견을 청취해보면, 이공계 학생들은 문과대 학생들과 차이점을 잘 인식하는 것으로 나타난다. 이공계 학생들은 인문계열 학생들에 비해서 '어떤 일로부터 그 원리와 구조 해결책을 내놓은 논리연산을 잘 한다.', '문제가 생기면 분석하려는 성향이 있다.'고 생각한다. 이공계 학생들은 문제를 인식하고 그 문제를 해결하는 능력이 뛰어나다고 본다. 글쓰기에서도 이공계 학생들은 '문제해결'로서 글쓰기를 잘하는 것으로 인식하고 있으며 실제로 문제해결로서 글쓰기 능력이 향상되는 속도가 매우 빠르다. 이공계열 학생들은 과학적 현상과 사실, 개념과 원리, 법칙과 이론에 대해 사고하는 내용과 과정을 논리적인 글로 표현하는 과학적 글쓰기 활동에 동일성을 느끼며 실제로 상당한 자신감을 보인다.

이공계열 학생들이 자신감을 보이는 문제해결로서 과학적 글쓰기 능력은 대학 및 사

회생활에서 매우 중요하다. 대학에서는 한 과목을 이수하기 위해서는 적어도 몇 개 이상의 글쓰기 과제를 해결해야 한다. 취업을 위해서도 소개서와 같은 글쓰기 과제를 수행해야 한다. 사회생활에서는 기획서나 제안서 형식으로 주어진 글쓰기 과제를 해결해야 한다. 이들 글쓰기 과제 수행은 모두 문제해결 능력을 기반으로 하여 이루어진다. 그리고 이와 같이 문제해결에 기반을 한 글쓰기는 개인과 조직의 능력을 판단하거나 일의 승패를 가늠하는 데 실로 결정적인 영향을 미친다.

과학동아 기사(2002년 2월호)**의 "글 잘 쓰는 과학자가 성공할 확률 높다."**(신동호 기자)에 따르면, 미국의 과학자와 엔지니어 2백65명을 대상으로 한 설문조사에서, 쓰기 능력이 개인적 경력과 출세에 영향을 많이 주었다고 한 사람이 절반이 된다. 특히 매니저는 그렇다고 응답한 비율이 71%에 달한다. 그들은 또한 '자신의 생각을 명쾌하고 논리적으로 표현할 수 있는 젊은 엔지니어는 졸업 후 5년 안에 매니저가 될 수 있다.', '형편없는 제안서와 보고서로는 연구비와 고객을 얻을 수 없다.', '커뮤니케이션의 질은 아이디어의 습득에 매우 강한 영향을 미친다.'고 했다. 또한 이들 과학자와 엔지니어들은 자신의 시간 중 1/3을 쓰기, 읽기, 편집, 프레젠테이션 준비 등 쓰기와 관련된 일에 소모한다고 했다.

이공계열 학생들이 앞으로 만나게 될 문제해결로서 과학적 글쓰기 과제의 종류는 다소 예측가능하다. 대학생활에서 해결해야 할 글쓰기 과제는 실험노트, 실험보고서, 레포트(report), 조사보고서, 프레젠테이션, 포트폴리오 등이다. 취업을 위한 경우라면 이력서와 자기소개서가 대표적인 글쓰기 과제이다. 이공계열 학생들이 대학원을 진학하여 보다 전문적인 학문의 세계에 진입하는 경우라면, 쓰기의 과제로 연구계획서, 학위논문, 일반논문, 연구서한, 과학 에세이, 과학 비평문 등을 들 수 있다. 이공계열 학생들이 사회에 진출할 경우라면, 쓰기의 과제로는 기획서, 제안서, 제품설명서, 전자우편, 웹문서, 보도자료, 광고문 등을 들 수 있다. 물론 환경에 따라서 보다 다양한 글쓰기가 요구될 수는 있다.

문제해결로서 과학적 글쓰기는 개인의 지적 성장이나 자아실현, 그리고 사회적 의사소통에서도 중요한 역할을 한다. 먼저 글쓰기는 관찰과 독서를 통해 들어온 외부의 핵심 정보를 이해하고 이를 내적 동기와 외적 요구에 맞추어 재해석하는 창의적 과정이라 할 수 있다. 다산의 경우는 종이를 반으로 접어서 외부의 핵심 정보를 오른쪽에 기록하고 재해석한 내용은 왼쪽에 기록한 다음 이를 엮어서 책으로 만들기도 하였다. 다산은 고향에서 닭을 치는 아들에게 이 방법을 가르쳐 주어 닭에 관한 책을 만들도록 하였다. 한편 글쓰기는 자기를 성찰하는 좋은 방법으로써 사용된다. 말하기의 궁극적인 목적이 공동체의 협동이라면 글쓰기는 차가운 기호를 따라 자신의 내면을 대면하게 하는 힘이 있다. 이는 자기의 내면을 성찰하도록 하며 실천을 통해 내적 자아를 구현하도록 한다. 또한 글쓰기는 필자와 독자 사이의 맥락 내에서 이루어지는 메시지 전달의 의사소통 행위이다. 사회적 의사소통은 사회적 관계의 형성에 중요한 영향을 미치는 것으로써 글쓰기는 좋은 사회적 관계를 형성하는 데 기여를 한다.

글 잘 쓰는 과학자가 성공할 확률 높다

세계 최고의 공과대학 MIT의 근처 서점에서 수십 년 동안 가장 많이 팔린 책은 무엇일까. 뜻밖에도 작문 책이라고 한다. 우수한 공과대학 학생들이 왜 이토록 작문 책을 사보는 것일까. 직접 현장을 찾아가 그 내막을 알아보았다.

매사추세츠공대(MIT) 학생들이 가장 많이 지나다니는 보스턴시의 MIT켄달 지하철역 앞에는 MIT COOP이란 이름의 커다란 책방이 있다. 오후가 되면 북적대는 학생들로 이 책방은 활기가 돈다.

학생들이 책방을 들락날락 거리는 출입구 옆 쇼윈도에는 잘 팔리는 책 몇 권이 늘 전시된다. 여기에 진열된 손바닥 크기의 작문 책인 '스타일의 요소'(The Elements of Style)는 수십 년 동안 이 책방에서 가장 많이 팔린 책이다. 미국 최고의 이공계 대학에서 작문 책이 가장 잘 팔린다는 것은 처음에는 정말 의외였다.

이 책은 윌리엄 스트렁크라는 대학 교수가 1919년에 강단에서 작문을 가르치면서 만들었던 강의록을 그의 제자이자 작가인 E. B. 화이트가 수정해 40년 뒤에 만든 것이다. 글은 간결하고 짧게, 두개의 문장을 절대 붙여서 길게 쓰지 말고, 수동형은 피하고, 불필요한 단어는 무조건 빼라고 이 책은 강조한다.

졸업하려면 2번의 쓰기 관문 통과해야

MIT에서 1년여 동안 연수를 받으면서 필자는 왜 학생들이 그토록 글쓰기에 열심인지 조금씩 그 내막을 알게 됐다. 그리고 우리나라 이공계 출신들이 '글'에 맥을 못추는 것은 관심과 능력이 없어서가 아니라, 제대로 쓰기 교육을 받지 못했기 때문이라는 확신이 생겼다.

이 대학 입학생은 2학년 초까지 쓰기 1단계, 졸업 전에 쓰기 2단계라는 두개의 관문을 넘어야 졸업할 수 있다. 그러려면 쓰기 과목을 수강하거나, 글을 제출해 일정 점수 이상을 받아야 한다. 한해에 쓰기 과목을 배우는 대학생 숫자가 전체 4천2백 명 가운데 9백 명. 졸업할 때까지 평균 한 과목 정도는 수강하는 셈이다.

대학에는 '쓰기 프로그램과'가 있으며, 여기에 소속된 교수와 강사가 29명이나 된다. 교수진은 소설가, 에세이작가, 시인, 번역가, 전기작가, 역사가, 과학자 등 다양하다. 교육 과목은 설명 및 수사학, 창작, 과학기술 쓰기 등 크게 세 분야로 나뉘어진다. 학생들은 현대공상과학소설, 과학에세이, 과학저널리즘, 사이버스페이스에서의 커뮤니케이션, 수사학 등 36과목 가운데 자신의 구미에 맞는 것을 고를 수 있다.

대학이 글쓰기를 강조하는 분위기여서 필자도 여기서 글쓰기를 다시 배웠다. 지도를 맡았던 바바라 골도프타스 교수는 "MIT가 쓰기를 강조하는 이유는 쓰기를 통해 명쾌한 사고 능력이 생기게 되고, 이것이 연구 능력과도 직결되기 때문"이라고 말했다. 그녀는 "실제로 MIT에서 글을 잘 썼던 학생들이 졸업한 뒤에도 성공하는 가능성이 높다는 조사 결과도 있었다."고 덧붙였다.

MIT 쓰기 프로그램과 학과장인 제임스 패러디스 교수는 아예 과학과 기술을 일종의 커뮤니케이션으로 보는 인물이다. 그는 쓰기의 중요성을 이렇게 설명했다. "과학기술자에게 쓰기는 지식 형성에 결정적인 영향을 미치고, 대중은 물론 같은 분야의 전문가들이 정보를 습득하는데 큰 도움을 준다. 또한 요즘 과학기술 논문은 대부분 공저이기 때문에 글쓰기가 하나의 협동과정이다. 특히 요즘에는 자료들이 e메일을 타고 빠르게 돌아다니기 때문에 글쓰기가 더욱 중요해지고 있다."

리포트가 성석 평가 50% 차지

MIT에서 가장 인기 있는 교양과목인 스티븐 핑커 교수의 심리학은 쓰기가 학과목에 얼마나 구석구석 침투해 있는지 잘 보여준다. 핑커 교수는 마음을 컴퓨터로 보고 리엔지니어링하는 학자로 유명하다. 심리학 과목의 학점은 10% 출석, 40% 시험, 50% 리포트로 매겨진다. 쓰기가 학점의 절반을 좌우하는 셈이다. 리포트의 주제는 자유롭다. 하지만 리포트를 한번 제출하면 끝나는 게 아니라 처음 낸 리포트를 계속 수정·보완해 3차 리포트까지 제출해야 한다.

일단 6-8장 정도로 리포트를 써내면, 조교들이 문제점과 개선 방향을 지적해 되돌려준다. 그러면 학생들은 이를 수정해 8-10장으로 다시 내야 한다. 학생들은 수정 경험을 바탕으로 3차 리포트를 12-15장으로 다시 써낸다. 물론 1, 2, 3차 리포트의 점수는 각각 별도로 매겨진다.

리포트가 성적을 좌우하므로 많은 학생들은 조교가 지적한 리포트의 논리적 허점, 표현 미숙 등을 해결하기 위해 밤새 씨름을 하고, 그래도 부족하면 교내의 쓰기 센터에 가서 개인적인 도움을 받는다. 그냥 써서 교수의 편지함에 집어넣으면 끝나는 한국의 대학생들은 행복하다고 할까. 하지만 이런 고통 속에서 MIT 학생들은 졸업할 때쯤 되면 유능한 과학자나 엔지니어뿐 아니라 훌륭한 작가로 단련된다.

또한 과학 쓰기 시간에 교수들이 학생에게 내는 숙제 가운데 빼놓을 수 없는 것은 무엇이 어떻게 작동하는지 설명하는 것이다. 재봉틀이나 펌프가 어떻게 움직이는지, 사과는 왜 떨어지는지, 눈은 본 것을 어떻게 뇌에게 알려주는지 설명하라는 것이다. 숙제를 하면서 장래의 과학자들은 지금까지 모호하게 알고 있던 작동 메커니즘을 확실히 깨닫게 된다. 또한 이런 숙제를 해본 학생들은 나중에 과학자나 엔지니어가 돼도 과학과 기술을 정부 관계자나 대중에게 훨씬 쉽게 설명한다.

미국의 한 학자가 20개 연구기관에서 일하는 과학자와 엔지니어 2백65명을 대상으로 설문조사를 한 바에 따르면, "쓰기 능력이 자신의 개인적 경력과 출세에 아주 영향을 많이 주었다"고 동그라미를 친 응답자가 절반이나 됐다. 특히 매니저는 그렇다고 응답한 비율이 71%에 달한다. "자신의 생각을 명쾌하고 논리적으로 표현할 수 있는 젊은 엔지니어는 졸업 후 5년 안에 매니저가 될 수 있다." "형편없는 제안서와 보고서로는 연구비와 고객을 얻을 수 없다." "커뮤니케이션의 질은 아이디어의 습득에 매우 강한 영향을 미친다." 이들이 설문지에 써놓은 내용이다.

또한 이 과학자와 엔지니어들은 적어도 자신의 시간 중 1/3을 쓰기, 읽기, 편집, 프레젠테이션 준비 등 쓰기와 관련된 일에 소모했다. 승진할수록 비율은 더 늘어나 평연구원은 34%, 중간관리자는 40%, 그리고 매니저는 50%를 쓰면서 보낸다.

베스트셀러 작가 반열에 오르기도

그렇다고 글쓰기가 꼭 출세와 승진을 위한 것만은 아니다. 위대한 과학자들 가운데는 위대한 작가가 많다. 지난 5백년 동안 과학혁명을 주도해 왔던 코페르니쿠스, 갈릴레이, 뉴턴, 다윈, 프로이드, 베게너, 슈뢰딩거, 자크 모노, 제임스 왓슨, 레이첼 카슨 등은 단지 논문뿐 아니라 대중이 읽을 수 있는 훌륭한 책을 쓴 사람들이다.

갈릴레이는 지구중심설과 태양중심설을 믿는 두 학자와 한명의 지식인 간의 논쟁을 희곡처럼 구성한 '대화록'을 써 단숨에 유명해졌다. 이로 인해 결국 로마 교황청에 끌려가 무기징역을 선고받기도 했다.

다윈이 5년 동안 남미와 갈라파고스를 둘러보고 돌아와서 쓴 '비글호의 항해'는 보고 경험한 것을 너무도 생생하게 묘사하고 있어 문학사에서도 고전으로 꼽힌다. 진화론을 체계화한 '종의 기원'은 판매가 시작되자마자 매진된 베스트셀러였다.

감춰져 있던 무의식의 세계를 파헤친 정신과 의사 프로이트는 '꿈의 해석'을 고전으로 남겼다. 양자역학의 기초를 세운 슈뢰딩거는 말년에 15년 동안 아일랜드에 살면서 물리학, 철학, 과학사를 섭렵해 '생명이란 무엇인가'를 썼다. 젊어서 이 책을 읽고 감명 받은 DNA 나선구조 발견자 제임스 왓슨은 나선구조를 밝혀내는데 관여한 사람들의 도전과 욕망을 그린 '이중 나선'을 써서 과학자들의 애독서가 되고 있다. 미국의 해양생물학자인 레이첼 카슨이 쓴 '침묵의 봄'은 환경운동의 기폭제 역할을 했다.

요즘도 선진국에서는 과학자들이 책을 통해 대중의 지적 욕구를 채워주는 지식인 역할을 많이 하고 있다. 대중 저서로 퓰리처상을 두번 받은 사회생물학자 에드워드 윌슨, '이기적 유전자'를 쓴 리처드 도킨스, '시간의 역사'를 쓴 스티븐 호킹, 가이아 학설을 주창한 제임스 러브록과 린 마굴리스, 마음을 파헤치는 이론 물리학자 로저 펜로즈 등은 전문 작가 뺨치게 글을 써 베스트셀러 작가의 반열에 오른 인물들이다.

우리나라도 작문교육 강화될 전망

요즘 글을 잘 쓰는 과학기술인으로, 김영환 과학기술부 장관과 생물학자 최재천 교수가 꼽힌다. '방귀에 불이 붙을까요?'란 동시집을 최근 펴낸 김장관은 민주화 운동을 하다가 옥중에서 시 쓰는 공부를 했다. 한편 최교수는 고교시절 문예반 학생이었음에도 불구하고, 교수가 된 뒤 다시 글쓰기 과외 지도를 받았다. 하지만 대부분의 이공계

학생들은 한창 문학에 심취할 중·고교 시절에 독서나 작문보다 수학에 매달리고, 대학에서도 쓰기 교육이라고는 거의 받아본 적이 없다.

글은 엉켜진 생각을 질서 있게 정리해주는 묘한 마력을 지니고 있다. 그래서 글쓰기를 '마음의 서치엔진'이라고도 한다. 과학은 '생각하는 방식'이다. 생각하는 방식을 바꾸지 않고서는 새로운 것을 발견할 수 없다. 하찮은 실험 결과도 자꾸 글로 정리하면서 마음의 서치엔진을 작동시키다 보면 대발견에 이를 수 있는 것이다.

신동호 기자, 과학동아 2002년 2월 dognho@donga.com

제2장

창의적 문제해결과 **협동 글쓰기**

1. 문제해결로서 창의적 글쓰기

글쓰기와 관련하여 오랜 동안 내려온 풍문이 있다. 이 풍문 때문에 많은 사람들은 글쓰기만 생각하면 좌절하고 자기의 영역이 아니라고 외면한다. 그것은 글쓰기가 영감, 천재성, 광기, 뮤즈 등과 깊이 연관되어 있다는 믿음이다. 글쓰기 재능을 보이는 이른바 문예반 학생들에 대해서는 아낌없는 박수를 보내면서 뒤돌아서서는 깊은 실망감에 빠지는 이유가 여기에 있다. 초중등학교를 거치면서 이러한 생각은 거의 굳어진 듯하다. 많은 학생들은 '나는 안 돼!', '나에게는 천재적 영감이 없어.'라고 한다. 이러한 자탄의 결과 글쓰기는 적어도 배움의 대상이 아니라는 생각을 한다. 많은 학생들이 너무 빨리 글쓰기를 포기하며 그 결과 글쓰기 과정은 그들에게 일종의 신화처럼 모호하게 남게 된다.

위대한 문장가들은 과연 그러한 천재성을 모두 타고 난 것일까. 적어도 위대한 창작 혹은 발견과 천재성의 인과 관계는 검증된 적이 없다. 조사에 따르면 수많은 위대한 발명이나 창작의 뒤에는 위대한 과학자나 작가의 상상을 초월하는 노력의 과정이 있었다고 한다. 무의식적 창작이라는 것도 사실은 그 과정을 명확하게 무의식적이라고 규정할 만한 근거도 없다는 것이다. 천재적인 작가 피카소의 경우도 사실은 그의 천재성이 헤아릴 수 없는 습작의 결과라고 한다. 많은 작가의 회고록을 보면 그들만의 헤아릴 수 없는 습작의 과정이 보인다. 1만시간의 법칙이라는 말도 이러한 사정으로부터 나온 말이다. 영감을 받은 사람만이 글을 잘 쓴다고 하는 것은 풍문일 뿐 한 번도 입증된 적이 없다.

좋은 글쓰기가 필자의 천재성으로부터 결과한다는 것은 믿을 수 없다. 적어도 좋은 글이 필자의 무의식적 천재성으로만 결과하지는 않는다는 것은 분명하다. 그렇다면 좋은 글은 무엇으로부터 만들어지는 것인가? 그것은 필자의 문제 해결 과정 곧 인지의 과정에서 찾을 수 있다. 문제해결 과정으로서 글쓰기 과정에서 좋은 글은 과정의 산물이며, 과정에 대한 교육과 훈련을 통해 얻을 수 있다. 학생들 또한 문제해결 과정으로서 글쓰기 훈련을 한다면 좋은 글을 쓸 수 있다. 글쓰기의 천재가 아니라고 좌절할 것이 아니라 문제해결로서 글쓰기 과정을 반복적으로 꾸준히 연습하는 데서 좋은 글쓰기의 가능성을 찾아야 한다. 과정에 대한 성실한 연습을 통해 말하자면 '쓰기의 문리(文理)'를 터득할 수 있다.

문제해결 과정으로서 글쓰기는 창의적 사고력과 창의적 표현력을 향상한다는 데 무엇보다 큰 의의가 있다. 문제해결 과정은 첫째 문제의 발견, 둘째 문제의 해결 과정, 그리고 셋째 문제의 해결로 구성된다. 그리고 문제해결의 창의성은 문제 발견의 새로움과 문제해결 과정의 새로움에서 획득된다. 문제 발견의 새로움은 정의 된 문제가 얼마나 독창적이냐에 달려 있으며, 문제해결 과정의 새로움은 문제해결 방법이 얼마나 독창적이냐에 달려 있다. 정의된 문제와 문제해결의 방법에 따라 글쓰기의 창의성이 결정된다.

글쓰기에서 문제는 외부로부터 주어진 문제가 아니라 필자 스스로가 주체적으로 발견한 문제이다. 과제의 형식을 통해 외부로부터 글쓰기 주제가 주어졌더라도 이것은 과제의 차원이며, 이것을 글의 문제로 전환하기 위해서는 이 과제를 필자의 내적 동기와 외부 환경의 요구에 따라 재정의해야 한다. 문제를 재정의하는 과정을 통해 필자는 새로운 문제를 발견해야 한다. 이처럼 새로운 문제를 발견하는 과정에서 무엇보다 글의 창의성이 발생한다. 학생들은 평소 자신의 글쓰기에서 문제의 발견으로서 <창의적 주제 만들기>가 어느 수준에서 이루어지고 있는지 표1을 통해 확인해 볼 수 있다.

[예제]

	매우드물게	드물게	보통	자주	매우자주
문제를 해결할 기간을 명확하게 정하여 둔다.	1	2	③	4	5

표1. 문제발견: 창의적 내용[주제] 발견 점검표

번호	문 항	평가척도
1	내가 해결해야 할 문제[주제]가 무엇인지 확인한다.	1 2 3 4 5
2	일상생활에서 일어나는 여러 다른 일들과 나의 문제[주제]를 연관시켜 본다.	1 2 3 4 5
3	어떤 문제[주제]에도 결정적인 원인이 있다고 생각하고 그 원인을 찾는다.	1 2 3 4 5
4	해결해야 할 문제[주제]와 관련이 있다고 판단되는 정보를 수집한다.	1 2 3 4 5
5	해결할 문제[주제]가 나에게 얼마나 가치 있는지 객관적인 입장에서 평가해 본다.	1 2 3 4 5
6	당면한 문제[주제]가 다른 사람에게 어떠한 영향을 미칠 것인지를 생각한다.	1 2 3 4 5
7	지금까지 생각해 본 관점과 전혀 다른 관점에서 당면한 문제[주제]를 살펴본다.	1 2 3 4 5
8	보다 새롭고 유용한 문제[주제]를 만들기 위해 다른 사람과 토의한다.	1 2 3 4 5
9	내가 해결해야 할 문제의 핵심을 문장의 형식[주제문]으로 명료하게 정의한다.	1 2 3 4 5

학생은 표1을 통해 본인의 창의적 문제 만들기가 어느 정도 수준인지 가늠해 볼 수 있다. 최하 1점에서 최고 5점에 이르기까지 항목별로 그리고 전체 항목의 평균으로 본인의 점수가 어디에 속하는지 점검하고 보다 문제해결 중심적 글쓰기에 접근하도록 노력할 필요가 있다. 학생이 낮은 점수에 속한다면 창의적인 주제 만들기를 잘 못하는 점수로 받아들일 필요는 없다. 이 점수를 통해 학생은 보다 높은 점수로 나아가기 위해 위의 항목 중 어떠한 점들을 보완해야 할지 점검하고 스스로 문제해결 중심으로 변화해 나가면 된다. 아울러 한 학기 수업이 끝날 때 쯤 현재의 창의적 문제 발견 점수를 얼마로 향상시킬지 자기 목표를 설정하고 달성하도록 노력하는 것은 보다 즐겁고 발전적인 일이 될 것이다.

글쓰기에서 둘째 단계인 문제의 해결 과정은 다시 세 개의 하위 과정으로 나뉜다. 첫째 과정은 문제 해결을 위한 내용의 생성 과정이며, 둘째가 내용의 조직 과정이며, 그리고 셋째가 그것의 집필 및 퇴고의 과정이다. 학생들은 문제해결 단계의 첫째 과정으로서 내용 생성의 과정과 관련한 자기 점검을 표2를 통하여 해 볼 수 있다. 이를 통해 학생의 <창의적 내용 생성(제재)>이 어느 수준에서 이루어지고 있는지 확인할 수 있다.

표2. 문제해결 과정(1) : 창의적 내용 생성(제재) 점검표

번호	문 항	평가척도
1	문제해결에 필요한 모든 것들(생각, 사실, 정보, 기술 등)을 확인한다.	1 2 3 4 5
2	문제해결에 필요한 것들(생각, 사실, 정보, 기술 등) 중 이미 알고 있는 것을 확인한다.	1 2 3 4 5
3	문제해결에 필요한 것들(생각, 사실, 정보, 기술 등) 중 아직 알지 못하는 것을 확인한다.	1 2 3 4 5
4	문제해결에서 알지 못하는 것들을 어떤 방법으로 학습·조사할지 계획을 세운다.	1 2 3 4 5
5	문제해결에서 알지 못하는 것들을 협동으로 조사할 시 참여자의 역할을 나눈다.	1 2 3 4 5
6	문제해결을 위한 자료를 조사했을 때, 출처가 어느 정도 믿을 수 있는지 점검해 본다.	1 2 3 4 5
7	내가 수집한 정보[제재]들에 대해서 서로 유사점과 차이점을 비교해 본다.	1 2 3 4 5

창의적 내용 생성(제재 수집)은 문제해결 방법 중 그 첫 단계에 해당한다. 창의적인 문제해결에 필요한 것인 만큼 그 내용은 새로운 것이어야 한다. 이를 위해 브레인스토밍, 자유연상기법, 스캠퍼 SCAMPER 기법 등 다양한 방법이 활용된다. 창의적인 글쓰기 활동들 중 대부분이 내용 생성의 단계에 집중되어 있기도 하다. 표2는 새로운 내용 생성과 관련하여 학생의 수준이 어느 정도의 위치에 속하는지 점검하는 것이다. 점검을 해보고 보다 높은 창의적 내용 생성 수준으로 나아가도록 노력하는 것이 필요하다. 또한 한 학기 수업 후 창의적 내용 생성(제재)의 수준이 얼마나 향상되었는지 본인 스스로 점검하는 계기로 삼는다면 창의적인 아이디어 생성 능력의 함양과 관련하여 발전적인 일이 될 것이다.

이공계열 학생들은 문제해결 단계의 둘째 과정으로 생성 된 내용을 조직(구상과 개요)

하여야 한다. 표3은 문제해결의 한 방법으로서 창의적 내용 조직과 관련한 점검표이다. 학생은 이 점검표를 통해 자신의 <창의적 내용 조직(구상과 개요)> 수준이 어느 위치에 있는지 확인할 수 있다.

표3. 문제해결 과정(2) : 창의적 내용 조직(구상과 개요) 점검표

번호	문 항	평가척도
1	문제해결에 필요한 것들(생각, 사실, 정보, 기술 등)을 어떻게 전개할지 구상한다.	1 2 3 4 5
2	문제해결에 필요한 것들(생각, 사실, 정보, 기술 등)을 구상에 따라 자세하게 조직한다.	1 2 3 4 5
	① 문제의 다양한 측면에 대해서 뿐만 아니라 문제의 논점도 분명히 밝힌다.	1 2 3 4 5
	② 각각의 단락에 자기주장을 드러내는 주제문을 분명히 제시한다.	1 2 3 4 5
	③ 글의 전체적인 계층구조를 분명히 드러낸다.	1 2 3 4 5
3	문제해결을 위한 내용 조직이 새롭고, 문제를 해결하기에 적절한 것인지를 알아본다.	1 2 3 4 5
4	문제해결에 필요한 내용들을 잘 조직할 수 있는 방법에 대해 다른 사람과 토의한다.	1 2 3 4 5
5	문제를 해결하기 위한 기간을 명확히 정하여 둔다.	1 2 3 4 5

내용의 조직 또한 문제해결의 방법 중 하나이다. 창의적인 문제해결에 필요한 것인 만큼 그 내용 조직은 새로운 것이어야 한다. 이를 위해 조직의 체계성과 논리성에 독창성을 확보해야 한다. 위의 표3은 학생이 창의적 문제해결의 새로운 내용 조직(구상과 개요)과 관련하여 어느 정도의 수준에 해당하는지 확인하는 점검표이다. 점검의 결과를 바탕으로 보다 높은 창의적 내용 조직 수준으로 나아가도록 노력해야 한다. 또한 한 학기 수업이 끝났을 때 학기 초에 보인 창의적 내용 조직 구성 능력 수준보다 훨씬 향상되도록 노력해야 한다.

학생들은 창의적 문제해결 과정 중 셋째 과정으로 집필과 퇴고 작업을 해야 한다. 표4는 문제 해결의 한 방법으로서 <창의적 내용 집필 후(퇴고)> 점검표이다. 학생들은 이 점검표를 통해 자신의 집필 후 퇴고 작업을 어느 수준에서 수행하고 있는지 확인해 볼 수 있다.

표4. 문제해결 과정(3) : 창의적 내용 집필 후 점검(퇴고) 표

번호	문 항	평가척도
1	처음 해결하려고 한 문제가 해결되었는지의 여부를 확인해 본다.	1 2 3 4 5
2	집필 후 나의 글에 대해서 정말 잘 한 것인지 못한 것인지를 객관적으로 따져본다.	1 2 3 4 5
	① 초고를 검토하고 글 전체 수준에서 문제점을 진단하고 수정계획을 세운다.	1 2 3 4 5
	② 초고를 검토하고 문단 수준에서 문제점을 진단하고 수정계획을 세운다.	1 2 3 4 5
	③ 초고를 검토하고 문장 수준에서 문제점을 진단하고 수정계획을 세운다.	1 2 3 4 5
	④ 초고를 검토하고 단어 수준에서 문제점을 진단하고 수정계획을 세운다.	1 2 3 4 5
	⑤ 초고를 검토하고 표기 수준에서 문제점을 진단하고 수정계획을 세운다.	1 2 3 4 5
3	지금은 결과[완성된 글]가 좋지 않더라고 나중에 좀 더 잘 할 수 있는 방안을 찾는다.	1 2 3 4 5
4	다른 사람[독자]들이 나의 글에 대해서 어떻게 평가해 주느냐를 중요하게 여긴다.	1 2 3 4 5
5	문제해결[글쓰기]을 할 때, 다른 사람[독자]의 제언에 따라서 나의 태도를 바꾼다.	1 2 3 4 5
6	나에게 부정적인 평가라도 해줄 수 있는 사람[독자]을 찾아서 피드백을 부탁한다.	1 2 3 4 5

글을 쓰고 난 후 그것을 퇴고하는 작업 또한 문제 해결 방법 중 하나이다. 창의적인 문제해결에 필요한 것인 만큼 집필과 집필 후 퇴고 과정은 새로운 것이어야 한다. 이를 위해 집필 과정과 집필 후 퇴고의 방법에 독창성을 확보해야 한다. 위의 표4는 학생이 창의적 문제해결의 새로운 집필 및 퇴고와 관련하여 어느 정도의 위치에 속하는지 점검하는 것이다. 점검의 결과를 바탕으로 보다 높은 수준의 문제 해결을 위한 집필 및 퇴고의 수준으로 나아가도록 노력해야 한다. 그리고 한 학기 수업이 끝났을 때 창의적 내용 집필 후 점검(퇴고) 수준이 얼마나 향상 되었는지 스스로 확인하는 일은 발전적이다.

글쓰기 능력을 향상시키기 위해 수많은 연구자들이 연구를 하였고 글쓰기 능력 향상과 관련한 수많은 주장들이 제시되었다. 하지만 글쓰기 능력과 직접 상관관계를 띤다고 연구자들이 대체로 합의한 것은 두 가지뿐이다. 하나는 학생 스스로가 글쓰기를 하고 싶다고 할 때 글쓰기 능력이 향상된다는 점이다. 또 하나는 문제해결 과정으로서 글쓰기 절차를 잘 익히고 반복적으로 글쓰기 연습을 할 때 글쓰기 능력이 향상된다는 점

이다. 학생이 글을 쓰고 싶어 하는 마음을 먹음과 동시에 문제해결의 과정으로서 글쓰기의 절차를 반복해서 연습을 한다면 분명 글쓰기 능력은 향상될 것이다. 또한 과학 글쓰기에 유독 자신감을 보이는 이공계열 학생들이 위의 문제해결 점검표를 활용하여 문제해결 과정으로서 글쓰기를 충실히 수행해 나간다면 분명 자신만의 글쓰기 문리(文理)를 터득하게 될 것이다.

2. 협동 글쓰기

문제해결로서 창의적 글쓰기에는 글을 쓰는 사람이 각 단계에서 다른 사람과 협력하는 과정이 포함된다. 문제 발견 단계에서 필자는 보다 창의적인 문제를 발견하기 위해서 다른 사람과 의견을 나눈다. 문제 해결 과정 단계 중 첫째 내용 생성 과정에서 필자는 다른 사람의 의견을 청취한다. 보다 새롭고 풍부한 내용 생성을 위해 자신의 지식을 전적으로 활용하여야 하지만 그 문제와 관련한 다른 사람의 의견도 내용에 포함할 수 있다. 내용 조직의 과정에서도 필자는 다른 사람의 의견을 청취하는 것이 중요하다. 주제와 목적에 부합하는지, 층위가 체계적인지, 서술의 방법은 적절한지 등등 다른 사람의 생각을 듣는 것은 글의 조직을 짜는 데 도움이 된다. 집필 후 퇴고의 과정에서도 다른 사람의 의견을 전적으로 반영하는 것은 글의 완성도를 높이는 데 크게 기여한다.

문제해결로서 글쓰기를 하는 과정에 다른 사람들의 의견을 수렴하는 것은 일종의 협동적 글쓰기이다. 글은 원래 타인과의 교섭을 배제한 고독한 자기 성찰의 작업이다. 글을 쓴다는 것은 차가운 기호를 통해 글을 쓰는 동안 자신의 내면과 마주하는 작업이다. 차가운 속성을 띤 문자의 도움을 받아 나는 누구이며, 너와 나는 어떤 관계이며, 나는 어디서 와서 어디로 가는가 등과 같은 자신의 내면을 발견하고 확충하는 작업이 글쓰기의 작업이다. 반면 말하기는 이야기의 장소에서 서로 이야기를 주고받으면서 메시지를 주고받음은 물론 이런 소통의 과정을 통하여 친교와 협동의 관계를 만들어 나가는 것이 목적이다. 따라서 협동적 글쓰기는 원래 함께 놓일 수 없는 말이다. 그러나 달리 보면 글쓰기가 말하기의 장점인 협동성을 자기 영역으로 수용한 것이다.

협동 글쓰기는 여러 방식으로 이루어진다. 먼저 수업 시간의 조별 활동을 통해서도 협동 글쓰기가 가능하다. 글쓰기 수업에서 일반적으로 만들어지는 조는 동료들이다.

이들 동료들의 구성을 보면 어떤 측면에서는 나보다 발달된 부분이 있을 수 있다. 문제 만들기나 내용 생성, 내용 조직과 퇴고 등등의 면에서 새롭거나 발달된 단계에 있는 동료들과의 대화와 조언 등은 필자의 글쓰기 향상에 크게 도움이 된다. 이러한 협동성은 학생과 학생 사이에 이루어질 수도 있지만 학생과 교수자 사이에서도 이루어질 수 있다. 또는 그 언젠가 필자에게 글쓰기에 대해 조언을 해주었던 어떤 사람이 기억에 남아 있다면 넓게 보아 기억 속의 그 사람과도 협동이 이루어지는 셈이다.

문제해결 과정으로서, 그리고 고독한 혼자만의 의미구성으로서 글쓰기에 협동적 교섭과 협조를 포함하게 된다면, 문제해결로서 글쓰기의 과정은 훨씬 독창적이고 완성도 높은 결과물을 낳을 수 있다. 글을 쓴다는 것은 어떤 목적을 달성하기 위한 의사소통의 행위이다. 따라서 필자가 자신의 글쓰기 목적을 달성하기 위해서는 자신의 한계를 극복하고 새로운 단계의 의사소통을 할 필요가 있다. 자기 스스로는 자신의 한계를 극복하기 어렵다. 그러한 면에서 보다 발달 된 능력을 지닌 동료, 선배, 교수와의 글쓰기 협동은 자신의 한계를 극복하는 데 일조를 할 것이다.

한 개인의 한계를 극복하는 협동 글쓰기는 글쓰기 교실 안뿐만 아니라 밖에서 이루어지는 많은 글쓰기에서도 장점을 발휘할 수 있다. 과제 글쓰기, 공모전 글쓰기, 취업 글쓰기, 보고서 쓰기, 제안서 쓰기 등등 다양한 글쓰기에서 협동 글쓰기는 그 장점을 발휘할 수 있다. 협동을 통한 글쓰기는 공동의 문제해결을 위해 상호 의논(discussion)을 하고 최상의 선택을 하는 행위이다. 따라서 협동이 원만히 잘 이루어진다면 한 개인이 얻을 수 있는 성과 이상을 협동 글쓰기를 통해 얻을 수 있는 장점이 있다.

협동 글쓰기는 글쓰기의 영역에서 얻는 장점 이외에도 더하여 얻을 수 있는 장점이 많다. 보고에 따르면 우리나라 학생들은 학업 성취도에 비해 자기 주도적 학습과 협동 학습의 능력이 부족하다고 한다. 그럼에도 오늘날 우리 한국 사회는 협업할 수 있는 인재를 필요로 한다. 협동 글쓰기는 갈등의 상황을 협상하고 조정하고, 타인의 생각을 인정하고 배려하고, 다양한 목소리를 하나의 용광로에 녹여서 보다 유익하고 창조적인 결과를 생산하는 훈련이 된다. 협동 글쓰기를 통한 이러한 훈련은 한 개인의 협업의 능력을 향상하며 이를 통해 그가 속한 조직의 발전에 기여할 수 있게 된다.

문제해결 과정으로서 글쓰기와 협동의 글쓰기를 통해 이공계열 학생들은 창의적 사고와 표현 능력을 함양하고 개인의 글쓰기 능력을 한 단계 높이는 기회를 얻게 된다. 그러나 협동의 글쓰기가 늘 개인의 창의적 사고와 글쓰기 능력을 한 단계 높이는 것은 아니다. 왜냐하면 한 개인의 생각 및 표현의 창의성과 일관성이 협동의 과정을 통해 때로는 억압되어 사라질 수도 있기 때문이다. 그러나 이 모든 과정과 완성된 글에 대한 책임은 전적으로 필자에게 있으므로 협동의 과정에서 필자는 협동의 작문을 적극 수용하지만 자신의 창의성과 일관성을 상실하지 않도록 세심하게 주의를 기울일 필요는 있다.

제3장

글쓰기와 과학기술자의 윤리

이공계열 학생들이 대학에 입학한 후 무엇보다 먼저 낯설게 마주하는 것은 교수로부터 받는 과제이다. 이 과제를 리포트(Report)라고 하는데 이 용어를 고등학교 때까지는 사용한 적이 없기 때문이다. 낯선 리포트라는 이름으로 과제를 받는 순간 학생은 글쓰기 형식에 대한 고민부터 한다. '학점을 잘 받기 위해 리포트 작성을 어떻게 하지?' 이 문제를 해결하기 위해 학생은 도서관에 가서 리포트 작성법 책을 빌리거나, 선배를 찾아가서 묻거나, 학과 친구랑 상의를 하거나, 인터넷 정보 검색을 통해 문제를 해결하려 하거나 할 것이다.

리포트는 '표지-목차-본론-참고문헌'으로 틀을 짜야 하고, '서론-본론-결론'의 내용 구조를 갖추어야 하고, 자필이면 글씨를 또박또박 써야 하고, 워드로 작성하면 글자 크기, 행간 등 편집을 잘 해야 한다는 등의 내용을 알게 된다. 그리고 최종적으로 대학에서 학점을 잘 받기 위한 첫 걸음은 리포트 잘 쓰는 것부터라는 것도 알게 된다. 그래서 그/그녀는 리포트를 잘 쓰기로 단단히 작심하고 교수님이 내주신 과제가 무엇을 의도하는지부터 철저하게 분석을 시작을 한다. 그리고 과제를 쓰기로 한다.

문제가 발생한다. 첫째 교수님의 의도가 정확히 무엇인지 잘 모르겠다. 둘째 과제를 해결하기 위한 자료를 어디서 구하는지 모르겠다. 셋째 자료를 어디서 구하는지는 알겠는데 가령 도서관에서 책을 빌려 읽어야 하는데 도서관 갈 시간이 없다. 넷째 책을 빌려도 읽을 시간이 없다. 다섯째 책을 빌리고 다른 자료를 다 모아 읽어도 무엇을 핵심으로 써야 할지 모르겠다. 여섯째 자료의 핵심 내용을 써도 그것에 대한 나의 창의적인 생각을 내기가 어렵다 등 과제 해결 과정에서 생각지도 못했던 또 다른 많은 문제들과 마주하게 된다.

노력하지 않고, 시간을 아끼고, 다른 학생들보다 좋은 성적을 받고 싶은 유혹이 그/그녀의 마음 어딘가에서 은밀하게 찾아온다. 이 때부터 그/그녀는 **진실성과 정직성**을 가리는 거짓의 가면, 도피의 가면을 쓰고 편안하게 과제를 해결할 것인가, 힘들고 어렵지만 진실 되고 정직하게 과제를 해결할 것인가 내면의 갈등을 시작한다. 후자의 길은 힘들지만 발전의 길이고 거짓의 가면을 쓰는 전자의 길은 편한 길이지만 자신을 속이고 발전이 없는 길이라는 것을 그/그녀가 모르는 것은 아니다. 어떤 길을 선택할 것인가? 나뿐만 아니라 모든 이공계열 학생들은 대학에 입학한 후 며칠이 지나지 않아서 뜻하지 않게 진실성과 정직성을 지킬 것인지 포기할 것인지 갈등으로 내몰린다.

진실성과 정직성을 포기하고 양심을 가리는 거짓의 가면을 쓰는 순간 그/그녀는 위조, 변조, 표절 등의 연구부정행위를 저지른다. 심지어는 인터넷에서 매끈하게 진열 된 과제를 편의점에서 물건 사듯이 산다. 속일 목적으로 있지도 않는 것을 있는 것처럼 꾸며서 글을 쓰는 위조, 이미 이루어진 글을 자기 것처럼 바꾸어서 사용하는 변조, 그리고 남의 글의 일부 혹은 전부를 출처를 밝히지 않고 몰래 쓰는 표절, 돈을 주고 사고파는 과제 매매 등의 부정행위를 한다. 그러나 부정행위는 자신과 타인에게 동시에 치명적인 상처를 남긴다. 자신에게는 더 이상 '창조적 발전 없음'이라는 결과를 낳고 타인에게는 그들의 노력을 수포로 돌아가게 하기 때문이다. 따라서 대학에서 첫 과제를 해결하려는 순간부터 당신은 글쓰기의 진실성 및 정직성을 결코 포기해서는 안 된다.

이공계열 학생들은 대학에 입학한 후 첫 과제를 받는 순간부터 과제 수행과 관련된 진실성 및 정직성의 맹세를 스스로 해야 한다. 맹세를 위한 「**(가칭)영남대학교 이공계열 글쓰기 윤리 서약**」을 만들어 본다면 다음과 같다.

첫째, 이 과제물은 직접 조사·연구하여 작성한 것이다.
둘째, 이 과제물은 문헌 자료와 데이터를 거짓으로 꾸며서 만들지(위조) 않았다.
셋째, 이 과제물은 문헌 자료와 데이터를 자기의 것처럼 바꾸어(변조) 사용하지 않았다.
넷째, 이 과제물은 남의 글에 대한 출처를 명확히 밝히지 않은 채(표절) 가져오지 않았다.
다섯째, 이 과제물은 다른 사람의 것을 받거나 온오프라인을 통해 구매하지 않았다.

맹세의 내용은 대학이라는 학문 공동체의 일원이 된 이공계열 학생들이 글쓰기와 관련하여 반드시 지켜야 할 도리에 기반을 한 것이다. 이 도리는 학문의 진실성과 정직성을 전제로 한다. 한편 2007년에 한국과학기술단체총연합회·한국과학기술한림원·한국공학한림원·UNESCO한국위원회 등은 학문의 진실성과 정직성을 전제로 과학기술인을 위한 윤리강령을 제정·선포하여 과학기술인이 준수하여야 할 사회적 책임과 윤리의식을 포괄적으로 강조한 바 있다.

과학기술인 윤리강령

과학기술은 인류가 공유하여야 할 소중한 자산으로 인류 문명의 발전과 복지향상에 기여하여 왔다. 과학기술인은 과학기술을 발전시키는 전문직 종사자로서의 특권을 가질 뿐 아니라 그 책임 또한 크다. 따라서 과학기술인은 연구 및 지적활동을 수행하는 과정에서 진실성과 정직성을 전제로 하여야 한다. 그러나 치열해가는 경쟁 풍토, 과학기술연구의 산업과의 연계로 인한 이해상충의 증가, 사회나 정치권의 불합리한 학문연구 개입 등 과학기술 환경의 변화는 진실성과 정직성을 지켜야 할 과학기술인들로 하여금 그 품위를 유지하는 데 과중한 시련을 안겨주고 있다. 이러한 시대적 변화 속에서도 과학기술인은 진실하고 보편적인 행동규범을 준수할 책임과 의무가 있다. 이에 따라 과학기술계는 다음과 같이 과학기술인이 지켜야 할 보편적 윤리강령을 제정하여, 과학기술인이 자율적으로 이를 성실히 준수함으로써 윤리의식을 제고하고, 사회적 책임을 다 하며, 스스로의 위상과 긍지를 높이고, 과학기술 발전에 기여하고자 한다.

1. 과학기술인의 사회적 책임

과학기술인은 과학기술이 사회에 미치는 영향이 지대하므로 전문직 종사자로서 책임 있는 연구 및 지적활동을 하여야 하며, 그 결과로 생산된 지식과 기술이 인간의 삶의 질과 복지향상 및 환경보전에 기여하도록 할 책임이 있음을 인식한다.

2. 과학기술인의 기본 연구윤리

과학기술인은 연구 활동에서 정직성, 진실성(integrity)과 정확성이 연구 결과의 신뢰성 확보를 위한 필수 사항임을 인식하고 연구의 제안, 계획, 수행과 결과보고 등 모든 연구 활동을 수행함에 있어 이와 같은 기본 원칙을 추구한다. 특히, 날조, 변조, 표절 및 중복발표 등과 같은 부정행위를 배격한다.

3. 보편성의 원칙

과학기술인은 인종, 성, 종교, 교육 배경 등으로 차별받을 수 없으며, 평등한 권리와 의무를 갖는다.

4. 전문직 종사자로서의 품위유지

과학기술인은 새로운 지식창출과 기술개발로 인류복지 증진에 기여하는 전문직 종사자로서의 긍지와 품위를 유지한다.

5. 법령의 준수

과학기술인은 연구 및 지적활동의 전 과정에서 관련법령이 정한 규정과 윤리강령에 적시된 규범 및 국제적으로 통용되는 원칙을 성실히 준수한다.

6. 연구대상의 존중

과학적 연구대상이 인간인 경우 인권을 존중함으로써 생명윤리에 부합해야 하며, 동물인 경우 생명의 존엄성에 유의한다. 자연환경을 다룰 때에는 생물다양성의 보존과 환경보호의 중요성을 의식함으로써 인류복지 증진에 기여하도록 한다.

7. 연구 사료의 기록·보존

과학기술인은 연구 과정에서 사용하거나 생성된 데이터, 샘플 등의 자료를 처음단계에서 최종 단계에 이르기까지 성실히 기록하고, 정한 기간 동안 보존한다.

8. 저자표시와 지식재산권

저자표시는 연구의 아이디어 제시, 설계, 수행, 해석 등 연구에 직접 참여한 자로 제한하고 발표논문에는 연구과정에서 참고·인용한 타인의 연구업적을 밝힘으로써 원저자의 권리와 지식재산권을 존중한다. 표시된 저자는 논문에 대한 공동책임을 진다.

9. 사회에 대한 권리와 의무

과학기술인은 새로운 발견이나 연구 및 지적활동의 업적을 사회에 공표함으로써 발생되는 이득을 취할 권리가 있으며, 한편 사회가 요구하는 사항에 성실히 응할 의무가 있다.

10. 이해상충(conflicts of interest)에 대한 대처

과학기술인은 연구 및 지적활동 과정에서 발생했거나 발생 가능성이 있는 이해상충에 대해서는 이를 미리 공표하고 자신의 이익보다 공익을 우선한다.

11. 연구환경 조성

과학기술인은 책임 있는 연구와 지적활동을 수행할 수 있도록 지적 자유, 공평성, 개방성과 상호존중의 환경을 조성하는 데 적극 참여한다.

12. 윤리 교육의 실시

연구와 지적활동의 책임자는 참여자들이 이 윤리강령의 제 규범을 성실히 실천할 수 있도록 교육할 의무가 있다.

이공계열 학생들 또한 예비 과학기술인으로서 「과학기술인 윤리 강령」의 내용을 잘 이해하고 실천해야 한다. 특히 글쓰기와 관련된 강령 내용을 '인용 및 참고 표시'의 면에서 보다 적극적으로 해석하면 다음과 같다.

첫째, 공개된 학술 자료를 인용할 경우에는 정확하게 기술해야 하고, 상식에 속하는

자료가 아닌 한 반드시 그 출처를 명확히 밝혀야 한다. 개인적인 접촉을 통해서 얻은 자료나 정보의 경우에는 그 자료나 정보를 제공한 사람의 동의를 받은 후에만 인용할 수 있다.

둘째 다른 사람의 글을 인용하거나 아이디어를 차용(참고)**할 경우에는 반드시 내각주 등의 방법을 통해 인용 또는 참고 여부를 밝혀야 하며, 어떤 부분이 다른 사람의 생각·주장·해석이고 어떤 부분이 자신의 생각·주장인지 독자가 알 수 있도록 해야 한다.**

셋째 인용과 주석, 그리고 참고문헌의 방법 및 원칙은 대학과 학술지의 규정에 따라 다른 형태를 취하고 있으므로 이공계열 학생들은 소속 학문 분야에서 정한 것이 어떠한지를 잘 파악하여 약속된 형태를 따라야 한다.(본문의 165-171쪽 참조)

이공계 학생들은 새로운 학문 영토에 진입하였다. 새로운 학문 영토에서 자기 영토를 확보하고 성공적인 결과를 얻기 위해서는 이전의 영토에서 익힌 습관들을 지우고 새로운 문제해결의 방법들을 습득해야 한다. 그 중에 하나가 글쓰기이다. 과거와 구별되는 새로운 글쓰기를 배워야 한다. 그러나 새로운 글쓰기 학습에는 전제가 있다. 그것은 글쓰기와 관련한 진실성과 정직성의 연구 윤리이다. 이공계 학생들이 광의의 사회적 책임은 물론 협의의 글쓰기 윤리를 잘 준수하는 것은 성공적인 대학생활은 물론 성공적인 연구자 혹은 성공적인 사회인이 된다는 것을 의미한다.

제2부

과학기술 글쓰기의 기초

제4장

문제 발견과 글의 짜임새 짜기

창의적 사고로서 문제해결과정은 크게 보아 세 단계로 구성된다. 첫 단계는 문제를 발견하는 단계, 둘째 단계는 과정으로서 문제를 해결하는 단계, 그리고 셋째 단계는 문제가 해결된 단계이다. 이 세 단계를 글쓰기의 과정에 대응을 하면 첫 단계는 문제 발견 단계로서 주제 작성이며, 둘째 단계는 문제 해결 과정으로서 제재 수집, 구상 및 개요, 집필, 그리고 퇴고이며, 셋째 단계는 목표가 달성된 완성된 글이다. 본 장에서는 창의적 사고로서 문제해결 과정과 글쓰기의 단계를 대응하여 이해하고, 이를 기반으로 문제 발견으로서 주제 작성, 문제 해결 과정으로서 제재 수집, 문제 해결 과정으로서 구상 및 개요에 대한 글쓰기 지식을 제공한다.

1. 글쓰기의 절차 : 집을 짓는 것과 비슷

흔히 글을 쓰는 일은 집을 짓는 일에 비유되기도 한다. 한 채의 집을 짓기 위해서는 먼저 집을 짓는 동기와 목적이 분명히 해야 하며, 그것에 알맞은 모형들을 참고하여 설계도를 만들고, 이 설계도를 바탕으로 집의 각 부분들을 질서 있게 구축하며, 마무리 작업으로서 건물 전체를 다듬는 손질을 하여야 한다.

한 편의 글이 만들어지는 과정이 이와 같이 판에 박힌 공정과 꼭 같은 수는 없겠지만 유사한 것은 분명하다. 주제라고 하는 의도를 가지고서 적절한 자료들을 모으고, 글의 뼈대를 짜는 구상과 개요 작성의 단계를 거쳐 차례차례 집필해 나가는 과정이 이어지고, 마지막으로 가필과 정정의 퇴고 작업이 뒤따르게 되는 것이다.

이를 창의적 문제해결 과정과 관련하여 정리하면 다음과 같다.

문제발견 (문제상태)	먼저 자신이 쓰고자 하는 핵심적인 생각을 정리하여 주제 설정	주제 설정
문제해결과정 (중간상태)	주제의 내용을 전개하거나 뒷받침하는 데 필요한 자료, 즉 제재 수집	제재 수집
	글의 전체적인 짜임새 결정	구상·개요작성
	개요에 맞추어 글쓰기	집 필
	집필한 내용에 대해 검토·수정	퇴 고
문제해결 (목표상태)	최종 완성 된 글에 대한 사회적·문화적 평가	목표 달성

주제를 설정하고 나서 바로 자신의 글의 짜임새를 가설적으로 한번 짜 보고, 그것에 따라 필요한 자료를 수집하는 것이 편리할 때가 많다. 예비적으로 개요를 작성해 보는 방법인데, 이처럼 예비 개요 작성 단계가 추가되면 어떤 내용과 성격의 자료가 더 필요하고 부족한지 알 수 있고, 자료 수집을 좀 더 구체적으로 진행할 수 있게 된다. 또한 자료를 모아 정리하다 보면, 기존의 예비 개요를 수정할 필요성이 생기기도 한다. 자료의 수집·정리를 통해 필자 자신의 인식의 폭과 깊이가 확대·심화되기 때문이다. 이러한 절차는 다음과 같이 정리될 수 있다.

주제 작성 ⇒ **예비개요 작성** ⇒ 제재 수집 ⇒ 본개요 작성 ⇒ 집필 ⇒ 퇴고

글쓰기의 절차가 반드시 위의 과정과 같아야 한다는 것은 아니다. 위의 일반적인 절차 중 한 단계를 생략하거나 다른 단계를 더 보탤 수도 있고, 각 단계의 순서를 다소 다르게 할 수도 있다. 글을 쓰는 상황이 다양하고 글을 쓰는 사람마다 취향이 다르기 때문이다.

그러나 아주 특별한 상황이 아니라면 위의 일반적인 절차를 따르는 것이 좋다. 뚜렷한 주제가 없거나, 충분한 제재를 모으지 못한 상태에서 좋은 글이 나올 수 없으며, 짜임새를 미리 생각하지 않고 글을 쓴다면 뒤죽박죽이 되고 말 것이기 때문이다. 집필 후 검토와 수정은 결코 뺄 수 없는 단계이다. 글을 잘 쓰는 사람은 곧 글을 잘 고치는 사람이라는 격언이 있는 것은 좋은 글은 끝없는 수정을 통하여 나온다는 것을 의미한다.

위의 절차가 화살표처럼 한 방향으로 나아가는 것처럼 제시 되었지만 사실 글쓰기 작업은 글쓰기 상황에 따라 회귀적이고 상호작용적인 방식으로 진행된다. 가령 주제 설정은 첫 단계에서 이루어지지만 제재 수집의 과정이나 구상 및 개요 작성 단계에서, 혹은 집필과 퇴고의 과정에서 얼마든지 새로워지거나 더 명확해 질 수 있다. 수집 된 제재는 구상과 개요의 작성 과정에서, 혹은 집필과 퇴고의 과정에서 더해지거나 감해질 수 있다. 구상과 개요 또한 집필 및 퇴고의 과정에서 새롭게 조정 되고 조직될 수 있기 때문이다.

글쓰기, 아주 특별한 상황이 아니라면 일반적인 절차를 따르는 것이 좋다.

2. 주제설정과 개요작성의 중요성

이상과 같은 글쓰기의 다섯 가지 또는 여섯 가지 단계 중에서, 초보자들이 반드시 그 중요성을 명심하고 훈련해 두어야 하는 단계가 주제 설정과 개요 작성이다.

문제 발견으로서 주제 설정은 참주제를 설정하고 주제문을 작성하는 것으로 구체화된다. 주제문을 작성한다는 것은 자신이 표현하고자 하는 핵심적 내용을 정리한다는

뜻이다. 내용 조직으로써 개요 작성도 참으로 중요하다. 글을 써 본 경험이 적은 사람일수록, 자신이 쓸 내용들과 그 짜임새에 대해 일정한 체계로 정리하고 메모해 두지 않으면, 옆길로 새거나 특정한 내용을 빠뜨리거나 중복되게 하는 등의 실수를 범하기 쉽다. 자신도 의식하지 못하는 상황에서 엉뚱한 내용이 삽입되기도 한다.

어떤 문제에 대해 의무적으로 글을 써야 하는 경우, 대부분의 초보자들은 자신의 생각을 확실히 정리하지 않은 상태에서 바로 집필에 들어가는 경우가 많다. 그렇게 시작하면 좋은 글을 쓰는 것은 불가능해진다. 무어라고 쓸까 고민하다가 대부분의 시간을 망설이면서 보내게 되거나, 마침내 쓰더라도 내용이 뒤죽박죽인 글을 쓰기 일수인 것이다. 좋은 글을 쓰기 위해서는 쓰고자 하는 문제가 무엇인지 그 내용을 어떻게 조직할 것인지 등 그 내용과 짜임새에 대해 미리 정리하고 시작하는 것이 반드시 필요하다.

글을 쓰기 전에, 반드시 쓰고자 하는 내용과 그 짜임새를 미리 정리하자!

이제 문제 발견으로써 주제 설정과 문제 해결로써 제재 수집 및 개요 작성 방법을 중점적으로 살펴보고 익혀 보기로 하자.

3. 문제 발견으로서 주제 설정

글을 쓰려고 하는 사람이 제일 먼저 해야 할 일은 '무엇을 쓸 것인가'의 문제를 결정하는 것인데, 이 '무엇'에 해당하는 것이 곧 주제(主題)다. 주제는 글의 중심적인 내용, 혹은 필자가 말하고자 하는 핵심적인 내용을 뜻한다. 이런 뜻에서 주제를 '중심 사상'이라고 부르기도 한다.

주제는 새로워야 한다. 왜냐하면 주제의 새로움이 완성 된 글의 독창성을 보장하기 때문이다. 주제가 평범하거나 이미 모든 사람들이 다 알고 있는 것이라면 완성 된 글 또한 평범하여서 사람들로부터 관심을 끌 수 없다. 주제의 새로움을 위해서 필자는 무엇보다 사물을 바라보는 관점을 새롭게 해야 하며 아울러 필자 자신과 독자에게 가치 있는 것이 무엇인지 생각해보아야 한다. 어떠한 글쓰기 과제가 주어지더라도 필자는 탈중심적 관점을 통하여 새롭고 유익한 주제 곧 창의적인 문제를 발견해 내야 한다.

주제는 명확할수록 글을 잘 쓸 수 있다. 그렇게 하기 위해서는 주제를 한정할 필요가 있다. 막연한 주제를 명확한 주제로 좁혀 구체화해야 하는데, 그러한 막연한 주제를 가주제라 하고, 한정된 명확한 주제를 참주제라 하여 구분한다.

크고 불명확한 가주제를 구체적인 문제로 한정하여 참주제로 만들지 않고서는 생생하게 표현할 수 없다. 예를 들어, '우리 나라의 산'에 대해 글을 쓴다고 하자. 그러나 이것만으로는 너무 막연하고 광범위하다. '우리 나라의 산'에 관한 여러 생각들 가운데 '우리 나라 산의 인상적 자태'와 같이 좀 더 구체적인 내용으로 한정하면 참주제라고 할 수 있다. 참주제는 가능하면 단일한 개념으로 하는 것이 좋다. 주제가 서로 관련이 없는 둘 혹은 그 이상의 개념으로 이루어지게 되면, 글의 핵심이나 초점이 흐려지게 되기 때문이다.

그러나 가주제 또는 참주제는 정도의 문제여서 이들을 구분하는 명확한 기준이 있을 수는 없다. '우리 나라 산의 인상적 자태'와 같은 내용도 경우에 따라서는 가주제의 수준에서 벗어날 수 없는 것이다. 따라서 그것과 관련하여 자신이 말하고자 하는 핵심적 내용을 하나의 문장으로 구체화하는 것이 필요하다. 이를테면 '우리 나라의 산은 각각 뚜렷한 개성을 품고 있다'는 식으로 하나의 문장으로 나타내는 것이다. 이것이 곧 주제문인데, 주제문은 참주제를 서술한 문장이라 할 수 있다. 주제문을 써 봄으로써 필자는 분명한 방향을 가지고 글을 잘 쓸 수 있게 된다.

주제문은 참주제를 말하면서 지적하였듯이 표현은 단일한 개념이 되도록 하는 것이 좋다. 그렇지 않다면 상호 밀접하게 연관된 개념이 연결되어 하나의 개념으로 묶일 수 있는 것이 좋다. 그리고 너무도 당연한 말이지만 필자의 견해와 태도가 분명하게 드러나는 것이 좋다. 이런 점에서 필자의 견해나 태도가 분명하지 않은 "……일 수도 있고……일 수도 있다.", "……인 것 같다.", 등의 표현, 부정문, 의문문, 비유적 표현 따위는 피해야 한다.

가주제	→	**참주제**	→	**주제문**
(막연한 주제)		**(구체적으로 한정된 주제)**		**(참주제를 서술한 문장)**

문제의 발견으로써 주제의 설정은 내용 생성으로써 제재 수집 이전에 이루어지는 경우도 있고 그 반대로 내용 생성으로서 제재 수집이 있은 후 이루어지는 경우도 있다.

각각의 경우는 모두 장점이 있다. 주제 설정이 먼저 이루어지고 내용 생성이 이루어지면 일관되게 주제와 관련한 제재를 수집할 수 있는 장점이 있다. 반면 내용 생성이 이루어지고 주제 설정이 이루어지면 내용 생성의 과정에서 보다 독창적인 주제를 발견할 가능성이 높다. 그러나 이 경우 제재를 잘 통제해서 수집하기는 어렵다. 어느 것이 옳고 옳지 않은 것이 아니기 때문에 상황에 따라서 필자가 결정해야 한다.

4. 내용 생성으로서 제재 수집

제재(題材)는 주제를 드러내기 위한 재료를 말한다. 주제가 글의 중심 사상이라면 제재는 글의 소재, 즉 글감인 것이다. '사랑'에 대해 글을 쓸 때, 이 주제를 구체화하기 위해 등장하는 청춘 남녀의 이야기라든가, 감동적인 어떤 사건, 지난 시절의 추억 같은 것들이 바로 제재이다. 참주제와 주제문이 확정되면 그 주제를 생생하게 전달하도록 하기 위해서 주제를 설득력 있게 뒷받침할 수 있는 글의 재료 곧 제재를 수집하고 정리해야 한다. 이것은 창의적 문제해결 과정의 첫째 단계의 작업에 해당한다.

좋은 글을 쓰기 위한 제재 수집 곧 내용 생성은 다음과 같이 이루어져야 한다.

(1) 풍부하고 다양할 것: 제재가 빈약하면 설득력이 약해진다.

(2) 출처나 근거가 확실할 것: 확실치 않거나 잘못된 내용은 결정적으로 신뢰도를 떨어뜨린다.

(3) 필자나 독자의 관심거리일 것: 주변에서 흔히 접할 수 있으면서도 새삼스럽게 느낄 수 있는 흥미로운 글감이어야 읽는 이의 관심을 끌 수 있다. 진부한 내용은 역효과를 일으킬 뿐이다.

(4) 주제를 뒷받침할 것: 아무리 멋진 글감이라도 주제와 거리가 있는 것은 제외한다. 글의 내용을 다른 방향으로 이끎으로써 일관성을 해치기 때문이다.

제재를 수집하기 위한 방법으로 브레인스토밍(brainstorming), 자유연상기법, 스캠퍼 SCAMPER 기법 등을 활용할 수 있다. 아울러 평소 다양한 관심을 가지고 관찰과 독서 등의 내용을 꼼꼼히 메모하는 습관을 길들이는 것도 중요하다.

연습문제 (4장-01)

대학	학부/학과	학번 :
이름 :	제출일 : 년 월 일	평점 :

1. 다음 예와 같이 가주제를 한정하여 참주제로 만들고, 적당한 주제문을 작성해 보라.

예) [가주제 → 참주제] : 환경 → 환경의 파괴 → 환경 파괴의 원인

[주제문] : 무차별적인 개발의 논리 때문에 환경이 파괴된다.

(1) [가주제 → 참주제] : 원자력 → 원자력발전소 → (　　　　　　)

[주제문] : (　　　　　　)

(2) [가주제 → 참주제] : 우정 → (　　　　　　) → (　　　　　　)

[주제문] : (　　　　　　)

(3) [가주제 → 참주제] : 어머니 → (　　　　　　) → (　　　　　　)

[주제문] : (　　　　　　)

2. 다음에 열거한 항목을 가주제라고 보고, 참주제를 만들고, 적당한 주제문을 작성해 보라. 또한 이를 뒷받침할 수 있는 제재를 4가지 이상 생각해 보라.

(1) 유전자

(2) 인터넷

(3) 인공지능

(4) 뇌과학

(5) 창의성

(6) 대학생

3. 오늘날 거리마다 커피전문점의 수는 가히 헤아릴 수 없을 정도이다. 대한민국은 ‘커피공화국’이라 할 정도로 커피 인기가 대단하다. 그만큼 커피 전문점 창업에 대한 열기도 뜨겁다. 현재 우리나라 커피 전문점의 수가 헤아릴 수 없을 정도로 많은 이유를 (1) 소비자의 관점, (2) 경영자의 관점, (3) 상품의 관점에서 말해보자.

4. 글쓰기에서 글감을 찾을 때 흔히 브레인스토밍(brainstorming)을 이용한다. 브레인스토밍은 어떤 문제의 해결책을 찾기 위해 여러 사람이 생각나는 대로 마구 아이디어를 쏟아내는 방법이다. 브레인스토밍을 할 때 꼭 지켜야 할 것은 이치에 맞지 않는 엉뚱한 아이디어라도 두려움 없이 내놓아야 한다는 점이다. 브레인스토밍에서는 질보다 양이 중요하다. 아래의 이미지 (1)과 (2)를 보고 브레인스토밍 방법을 활용하여 떠오르는 이미지를 제한 된 시간(가령 3분) 안에 모두 적어보자.

(1)

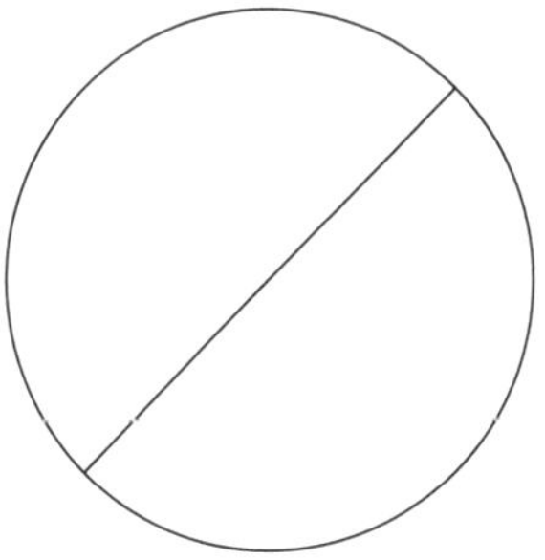

(2)

5. 내용 조직으로서 구상과 개요 작성

1) 구상

주제를 결정하고 이를 뒷받침할 자료(제재)의 수집과 정리가 끝나면 어떤 순서와 내용으로 글을 엮어 나갈 것인가에 대해 궁리하게 되는데, 이 과정이 곧 창의적 문제해결의 둘째 단계인 구상(構想)이다. 구상은 글의 짜임새를 결정하는 동시에 글의 통일적인 맥락을 부여하는 작업이다. 이런 점에서 구상을 할 때 주의해야 할 것으로 통일성(unity), 긴밀성(coherence), 강조성(emphasis)의 세 가지 원리이다.

통일성의 원리는 글의 주제를 중심으로 처음부터 끝까지 중심사상에서 벗어나지 않도록 구상을 해야 한다는 것이다. 말하자면 처음에 쓰고자 한 바를 중간에서 변경시키거나 중단하거나 쓸 데 없이 반복하는 일이 없도록 함으로써 주제를 중심으로 하나의 일관된 흐름을 유지해야 한다는 것이다. 다양한 관련 사상들을 언급하다가 일부 내용이 그 주제에서 벗어난다면 필자가 의도한 대로 글이 전달되지 않을 것은 분명하기 때문에 통일성의 원리는 그만큼 중요하다. 그러므로 작문에서 통일성은 필자의 정신이 체계적으로 하나의 의미 곧 주제에 도달할 수 있다는 것의 표시이다.

긴밀성의 원리는 선택된 자료들을 순리적이면서도 긴밀하게 연결하여 주제를 효과적으로 드러내도록 하는 것이다. 통일성의 원리가 주제에 관련되는 제재의 성질을 말하는 것임에 비해, 긴밀성의 원리는 그 자료들이 주제의 연속적인 전개를 위해 조직되는 방법을 가리키는 것이다. 또한 긴밀성은 글의 부분이 나름대로의 독자성을 갖는 글이면서 그 부분 부분이 다시 주제를 효과적으로 드러낼 수 있도록 긴밀한 연관 관계를 맺도록 구상을 하고 집필해야 한다는 것이다.

강조성의 원리란 글의 주제를 강도 있게 드러내도록 하는 것이다. 자료의 선택이나 배열의 과정에서 주제와 밀접한 제재에 대하여는 양적으로나 질적으로 더 큰 비중을 두어 다룸으로써 주제를 돋보이게 드러내야 한다는 것이다.

> 좋은 글을 쓰기 위해서는 선택된 제재들을 긴밀하게 연결하되 중요한 것은 강조하여 글의 주제를 잘 드러내도록 배열하여야 한다.

이러한 원리를 지키면서 구체적인 구상에 들어가면 다양한 종류의 구상을 고려하여 구체적인 글의 짜임새를 생각해야 한다. 예를 들어 보자. 우리 나라의 몇몇 유명한 산의 인상적인 자태에 대해, '우리 나라의 산은 각각 뚜렷한 개성을 품고 있다'는 내용으로 글을 쓰고자 한다면, 대략 다음과 같이 글의 짜임새에 대해 궁리할 것이다.

- ○ 남북한 각각 2개 정도의 산을 대상으로 삼는 것이 좋겠다.
- ○ 우리에게 잘 알려진 백두산 금강산 설악산 한라산 등이 좋겠다.
- ○ 산을 언급하는 순서는 북쪽에서 남쪽으로 내려간다.
- ○ 백두산은 민족의 영산으로 그 장엄한 자태가 웅장한 느낌을 준다.
- ○ 나머지 산들도 각각 이러이러하다는 식으로 언급한다.
- ○ 첫 번째 문단은 도입부로서 금강산 관광을 언급하면서 우리 나라 유명 산들로부터 받는 느낌이 어떤 것인지에 대해 물음을 던지는 형식을 취하는 것이 좋겠다.
- ○ 두 번째 문단부터 차례대로 네 개의 산에 대해 언급한다.
- ○ 마지막인 여섯 번째 문단에서는 각각의 산들이 나름대로의 독특한 개성을 가지고 있는 것처럼 보인다는 내용으로 마무리한다.

이상과 같은 내용의 궁리가 곧 구상에 해당된다.

글 전체의 틀을 짜기 위한 구상의 종류에는 첫째 자연적 구상(시간적 구상과 공간적 구상), 둘째 논리적 구상, 셋째 종합적 구상이 있다. 시간적 구상은 사건의 시간적 순서에 따라 제재를 배열하고 그것으로써 글의 구조로 삼는 방법이다. 공간적 구상은 공간을 하나의 축으로 하여 사건이나 사물을 기술해 나가는 구상의 한 방식이다. 논리적 구상은 사건이나 사물을 논리적인 관점에서 파악하여 서술하는 것으로 특히 인과 관계를 중시하여 원인에서 결과로나 결과에서 원인을 추적해가는 순서로 서술하기도 한다. 종합적 구상은 필자의 주장을 어느 위치에 둘 것인가의 결정에 따라 서술하는 방식이다.

이들 구상의 종류를 나타내면 다음과 같다.

구상		설명		쓰임
시간적 구 상	…	사건의 시간적 순서에 따라 제재를 배열	…	일기, 기행, 역사, 신문 기사, 르포르타즈, 자서전, 전기문 등에 쓰임
공간적 구 상	…	전체의 윤곽을 제시하고, 이어서 전체를 몇 개의 하위 부분으로 나누어 각각의 부분이 전체와 어떠한 관계를 맺고 있는가를 밝힘	…	일정한 공간에 존재하는 것들의 구조를 설명하는 데 쓰임. 지리적 형세, 생물의 형태, 기계의 구조, 기관이나 단체의 기구 혹은 조직 등에 쓰임
논리적 구 상	…	사건이나 사물을 논리적인 관점에서 파악하여 배열, 예를 들면 원인에서 결과로 배열하거나 결과에서 원인으로 배열	…	'도입-전개-정리'나 '서론-본론-결론'과 같은 구성을 취하는 것이 보통이나, 4단 구성이나 5단 구성으로 하는 경우도 있음
종합적 구 상	…	서술의 효과를 높이기 위하여 필자의 주장을 어디에 배치할 것인가를 결정하는 방식	…	• 두괄식 구상 • 미괄식 구상 • 쌍괄식 구상

2) 개요 작성

구상이 다 되었다고 하여 바로 글을 쓸 수 있는 것은 아니다. 글을 많이 써 본 사람이 적은 분량의 글을 쓰고자 하는 경우에는, 머리 속에서 궁리한 내용을 토대로 바로 집필에 들어갈 수도 있다. 그러나 대부분의 경우 그것은 어려운 일이다. 처음에 구상하였던 것을 잊어버려 글이 중간에서 막힌다거나, 순간적으로 떠오르는 생각에 의해 글의 방향이 바뀌어 일관성을 잃게 되는 경우가 생길 수 있다. 이러한 실수를 막기 위해서는 구상의 내용을 도식화하여 글의 전체 구조를 한 눈에 볼 수 있도록 정리해 둘 필요가 있다. 글의 주제를 정점으로 하여 각각의 하위 내용들이 어떠한 짜임새로 형성되어야 할 것인가를 보여 주는 설계도를 작성하는 것이다. 이것이 바로 구상과 함께 창의적 문제해결의 둘째 단계가 되는 개요 또는 아우트라인(outline)이다.

개요 작성은 글을 쓰기 위한 설계도를 만드는 것!!

개요는 글의 하위 부분들의 상호 관계를 주제를 중심으로 검토할 수가 있어서 글을 쓰는 도중에 다른 길로 빠져 나가지 않도록 통일성을 유지할 수 있도록 해 준다. 그러므로 개요 작성은 글의 통일성을 유지할 수 있도록 집필 이전에 방향을 분명하게 해 두는 효과가 있다. 또한 개요를 작성하면 글의 긴밀성과 강조성에 있어서도 효과를 거둘 수 있어 좋다. 글의 주제와 하위 부분 부분을 관련지어 주제와의 긴밀성을 사전에 검토할 수 있을 뿐만 아니라, 글의 하위 부분들 상호간의 관계에 대해서도 긴밀성을 높일 수 있도록 조정할 수 있는 것이다. 그리고 집필 이전에 개요를 통하여 전체의 주제를 효과적으로 드러낼 수 있는 방법을 강구할 수가 있어서 강조성의 측면에서도 개요 작성은 중요하다. 즉 주제를 효과적으로 드러내기 위해서 글의 구성을 어떻게 하는 것이 좋은지를 개요 작성 과정에서 충분히 검토할 수가 있기 때문이다.

개요를 짜기 위해서는 글의 기본 구조를 염두에 두어야 한다. 이러한 기본 구조는 앞에서 설명한 구상의 과정에서 드러난다. 말하자면 개요는 구상의 과정에 포함되기는 하지만 구상의 내용을 구체화시킨 것이라 할 수도 있다. 이러한 점에서 개요는 앞에서 설명한 글의 기본 구조를 염두에 두고 작업이 진행되어야 한다.

개요의 각 항목은 명사구 형식으로 할 수도 있고 혹은 문장 형식으로 쓸 수도 있다. 앞의 경우를 화제 개요라 하며, 후자를 문장 개요라 한다. 앞에서 제시한 구상의 내용을 두 가지 개요로 만들면 다음과 같다.

[개요의 예①]: 화제 개요

제　목: 우리 나라 유명 산들의 인상적 특징

주제문: 우리 나라의 유명 산들은 각각 개성이 뚜렷하다

1. 도입부
2. 백두산의 웅장함
3. 금강산의 화려함
4. 설악산의 섬세함
5. 한라산의 수수함

6. 마무리

[개요의 예②]: 문장 개요

제　목: 우리 나라 유명 산들의 인상적 특징

주제문: 우리 나라의 유명 산들은 각각 개성이 뚜렷하다

1. 도입부: 우리 나라의 유명한 산들은 어떤 느낌으로 다가오는가?
2. 백두산은 웅장한 느낌을 준다
3. 금강산은 화려한 느낌을 준다
4. 설악산은 섬세한 느낌을 준다
5. 한라산은 수수한 느낌을 준다
6. 마무리: 우리 나라의 유명 산들은 각각 개성이 뚜렷하다.

화제 개요는 글의 짜임새를 간명하게 제시하는 장점이 있고 문장 개요는 내용을 구체적으로 제시하는 장점이 있다.

앞에서 개요 작성을 설계도를 만드는 것에 비유한 바 있다. 설계도가 잘 만들어져 있어야 좋은 건축이 가능하듯이, 개요가 체계적으로 잘 작성되어야 좋은 글이 탄생될 수 있음은 자명하다. 그렇다면 체계적인 개요를 작성하기 위해선 어떻게 하여야 할까?

개요는 일정한 층위를 두고 짜야 한다. 서로 대등한 성격의 내용들은 동일한 층위로 다뤄야 하며, 대등하지 않은 내용은 층위를 달리하여야 한다. 영남대학교에 개설되어 있는 전공 영역을 소개하는 글을 쓴다고 가정하고 개요를 짜 보자.

[개요의 예③]

제　목: 영남대학교의 전공 영역의 종류

주제문: 영남대학교에는 다양한 전공 영역이 설치되어 있다

1. 도입부
2. 수학과
3. 통계학과
4. 물리학과
5. 화학생화학과

6. 건설시스템공학과
7. 환경공학과
8. 도시공학과
9. 융합섬유공학과
10. 마무리

위의 짜임새는 여러 전공을 나열하고 있을 뿐, 각 전공 영역 사이의 유기적인 관계를 잘 보여 주지 못하고 있다. 이러한 제재의 나열은 우리의 사고 체계와도 맞지 않고 글을 조직적으로 만드는 길잡이가 되지도 못한다. 개요를 짤 때에는 선정된 제재나 소주제의 상호 관계를 고려하여 같은 내용은 같은 부류로 모으는 것이 무엇보다 중요하다. 그리고 동일한 내용으로 모은 것들의 공통점을 모으면 이는 그 동일한 내용들의 상위 내용이 된다. 이렇게 하면 훨씬 체계적인 개요가 된다.

다음은 위의 예를 수정한 것이다.

[개요의 예④]

제　목: 영남대학교의 전공 영역의 종류

주제문: 영남대학교에는 다양한 전공 영역이 설치되어 있다

1. 도입부
2. 이과대학
   (1) 수학과
   (2) 통계학과
   (3) 물리학과
   (4) 화학생화학과
3. 공과대학
   (1) 건설시스댐공학과
   (2) 환경공학과
   (3) 도시공학과
   (4) 융합섬유공학과
4. 마무리

개요는 반드시 층위를 두고 짠다!

앞에서 언급한 바 있듯이 개요는 제재의 정리와 구상이 다 끝난 다음에 작성하는 것보다는 그러한 작업과 병행하는 것이 더 효과적일 수 있다. 제재를 정리하고 구상을 해 나가는 데에도 가설적인 개요(예비적 개요)가 있으면 도움이 된다. 개요 작성을 제재의 정리 및 구상과 병행함으로써 해당 주제에 대한 인식의 폭과 깊이를 확대하고, 좀더 구체적이고 체계적인 개요를 작성할 수 있게 된다.

예를 들어 '교사는 노동자이다'와 같은 주제문을 가지고 글을 쓴다면, 일단 '노동자'라는 용어가 어떠한 사람들을 가리키는 것인지를 따져 보아야 할 것이며, 이를 바탕으로 '교사'의 직업적 특성이 어떠한 점에서 노동자인지 설명하여야 할 것이므로, ① 노동자의 의미 ② 교사의 직업적 특성 등을 개요의 항목으로 상정할 수 있다. 도입부와 마무리 부분을 보충하여 간략한 개요를 만들면 다음과 같다.

[개요의 예⑤] [1차 개요]

제　목: 교사와 노동자

주제문: 교사는 노동자이다.

1. 도입부
2. 노동자의 의미
3. 교사의 직업적 특성
4. 마무리

그런데 노동자에 대해 우리가 전통적으로 그리고 관념적으로 생각하는 의미와 법률적인 의미가 다를 수 있을 것이므로, '노동자의 의미' 항목을 두 가지로 세분할 수 있다. 또한 교사가 하는 일을 정신 노동으로 볼 수도 있고 육체 노동으로 볼 수도 있으므로, '교사의 직업적 특성' 항목도 다시 세분할 수 있다. 이를 보충하여 정리하면 다음과 같은 내용의 좀더 세부적인 개요를 만들 수 있을 것이다.

[개요의 예⑥] [2차 개요]

제　목: 교사와 노동자

주제문: 교사는 노동자이다.

1. 도입부
2. 노동자의 의미
   1) 전통적인 관념적 의미
   2) 법률적 의미
3. 교사의 직업적 특성
   1) 교직의 육체 노동적 특성
   2) 교직의 정신 노동적 특성
4. 마무리

이상과 같은 새로운 개요를 염두에 두고 추가적인 자료를 찾고 재정리해 나가다 보면, 더 세부적이고 구체적인 수준의 개요를 작성할 수 있게 된다. 즉 앞에서 세분된 항목을 다시 나눌 수도 있는데, 예를 들면 다음과 같다.

[개요의 예⑦] [3차 개요]

제　목: 교사와 노동자

주제문: 교사는 노동자이다.

1. 도입부
2. 노동자의 의미
   1) 전통적인 관념적 의미
      (1) 근대 이전의 의미
      (2) 근대 이후의 의미
   2) 법률적 의미
      (1) 선진 외국의 경우
      (2) 우리 나라의 경우
3. 교사의 직업적 특성
   1) 교직의 육체 노동적 특성

(1) 육체 노동적 피로감의 일반적 증상

(2) 교사들이 호소하는 신체적 피로감

2) 교직의 정신 노동적 특성

(1) 정신 노동적 피로감의 일반적 증상

(2) 교사들이 호소하는 심리적 피로감

4. 마무리

앞의 두 개요를 예비 개요라고 한다면, 3차 개요는 본개요가 될 것이다. 물론 이 3차 개요도, 자료 수집이나 집필의 과정에서, 다시 수정될 수 있으므로 예비 개요적 성격도 아울러 가지고 있다.

개요는 여러 층위를 두고 구체적이고 자세하게 짜는 것이 좋다. 논문과 같이 긴 글이라면 여러 층위의 세부 항목들이 생긴다. 일반적인 글에서도 가능하면 자세하게 짜는 것이 좋다. 왜냐하면 개요가 구체적일수록 집필이 쉬워지며 주제와 다른 길로 벗어날 염려가 없을 뿐만 아니라 실제의 집필 이전에 집필 내용이 구체적으로 확정되기 때문이다. 이런 경우 층위가 복잡할수록 동원되어야 할 숫자나 기호도 더 복잡하게 된다.

여기에서 숫자나 부호는 1, 2, 3을 一, 二, 三 등으로, 또는 (가) (나) (다) 등으로 얼마든지 바꾸어 쓸 수가 있다. 다만 괄호가 없는 것이 상위 층위에 사용되고, (1) (2) (3) 등은 그 다음 층위에, 그리고 ①, ②, ③ 등이 다시 그 아래 층위에 사용되는 것이 원칙이다. 기호나 괄호를 이용하는 대신 1.1, 1.2, 1.3 등으로 하고 그 하위의 층위에 1.1.1, 1.1.2, 1.1.3 등으로 한 층위 아래에 있는 항목은 하나의 숫자를 더하여 표시할 수도 있다. 어떤 체계를 따르느냐 하는 것은 중요한 것이 아니고 같은 계열의 숫자나 기호에는 대등한 항목의 내용이 놓이게 하는 일이 중요한 것이라는 점을 명심해야 한다.

Ⅰ. ____________________

Ⅱ. ____________________

1. ____________________

1) ____________________

2) ____________________

2. ____________________

1) ____________________

(1) ____________________

① ____________________

② ____________________

(2) ____________________

2) ____________________

3) ____________________

Ⅲ. ____________________

위와 같이 항목을 설정하여 개요를 작성할 때 대등한 항목과 종속 항목의 설정에 유의해서 해야 한다. 개요 작성의 과정에서 항목들의 상호 관계를 따져 위계화하여 그 순서를 정하는 것이 중요한데 이 과정에서 주의해야 할 것은 어떤 항목에 대해 다른 대등한 항목이 없다면 그 항목 설정은 무의미하다는 것이다. 예를 들어 항목 Ⅱ의 (1)에 대등한 항목인 (2)가 없다면 (1)도 설정할 필요가 없다는 것이다. Ⅱ의 (1)에 들어갈 내용은, 그 대립되는 항목이 없기 때문에 Ⅱ의 하위 항목으로 설정될 것이 아니라 Ⅱ에 그대로 들어가야 하는 것이다. 어떤 항목의 설정은 그것과 대등한 항목이 있음을 전제로 하기 때문이다.

연습문제 (4장-02)

대학	학부/학과	학번:
이름:	제출일: 년 월 일	평점:

1. 다음과 같은 내용의 자료를 가지고 '유능한 과학 교사'란 제목으로 글을 쓰고자 한다.

효과적으로 강의하기 위한 방법을 개발하는 교사, 학습 지도를 잘하는 교사, 업무 추진 능력이 있는 교사, 성실한 업무 태도를 가진 교사, 투철한 국가관을 가진 교사, 모범적인 생활 태도를 가진 교사, 인간미가 넘치는 교사, 내적인 멋을 지닌 교사, 재능이 많은 교사, 과학과 교육 과정의 목표를 아는 교사, 과학적인 사고를 하는 교사, 지식이 풍부한 교사, 탐구열을 가진 교사, 강의를 잘하는 교사, 과학적 재능이 많은 교사, 튼튼한 신체를 가진 교사 등등

주　제: 유능한 과학 교사
주제문: 유능한 과학 교사는 다양한 자질을 갖추고 있다.

2. 위와 같은 주제와 주제문으로 된 글을 쓰고자 하면서, 다음과 같이 예비 개요를 작성해 보았다. 앞의 자료를 하위 항목으로 이용하여 본 개요를 작성해 보라(불필요한 내용은 버리고, 필요하다면 새로운 내용을 추가하라).

1. 도입부

2. 교육자로서의 자질

3. 교과목 담당자로서의 자질

4. 직업인으로서의 자질

5. 마무리

연습문제 (4장-03)

대학	학부/학과	학번:
이름:	제출일: 년 월 일	평점:

1. 다음과 같은 제목과 주제문에 적절한 개요를 작성해 보라.

[제 목]: TV의 기능

[주제문]: TV는 현대인의 생활에 긍정적 기능도 있고 부정적 기능도 있다.

1. 도입부

2. TV의 (   )

   1) 교육면

      (1) 다수 교육의 용이성

      (2) (   )

   2) (   )면

3. TV의 (   )

   1) 교육면

      (1) 천편 일률적인 교육

      (2) (   )

   2) (   )면

      (1) 과소비 문화의 부추김

      (2) (   )

4. 마무리

연습문제 (4장-04)

대학	학부/학과	학번 :
이름 :	제출일 : 년 월 일	평점 :

1. 다음 각각의 주제문에 알맞은 개요를 작성해 보라.
(2개 이상의 층위를 두되 각각 하위항목이 2개 이상씩 되도록 할 것)

① [주제문] 핵발전소 건설은 중지되어야 한다.

② [주제문] 과학기술인은 연구대상이 인간인 경우 인권을 존중함으로써 생명윤리에 부합해야 한다.

제5장

문제 해결로서 **본격적인 글쓰기**

개요를 통해 내용의 체계가 완성되면 그것을 바탕으로 삼아 창의적 문제해결의 또 한 과정으로 집필에 들어간다. 집필한다는 것은 자신의 생각을 문장으로 표현하고, 그러한 문장들을 긴밀하게 연결해 나가는 과정이다. 하나 이상의 문장이 하나의 문단이 되고, 하나 이상의 문단이 한 편의 온전한 글이 된다. 거꾸로 말하면, 한 편의 온전한 글은 하나 이상의 문단으로 형성되고, 하나의 문단은 또 하나 이상의 문장으로 형성된다. 좋은 문장이 모여 좋은 문단을 만들고, 좋은 문단이 모여 한 편의 좋은 글을 만드는 것이라면, 좋은 글을 쓰기 위해서는 좋은 문장과 좋은 문단을 만드는 법을 알아야 한다. 여기서는 좋은 문단을 만드는 방법에 대해 다룬다.

좋은 문장	⇒	좋은 문단	⇒	좋은 글

1. 문단과 소주제

필자가 하고자 하는 주장이나 내세우고자 하는 중심 사상을 충분히 설득력 있게 전개할 수 있는 최소 단위는 문단이라고 하는 것이 옳다. 글쓰는 사람의 사고를 설득력 있게 드러내는 최소의 단위가 문단이라는 관점에 서면 문단을 염두에 둔 글쓰기는 무엇보다 중요하다. 문단의 차원에서, 글쓰는 사람의 사고나 주장을 설득력 있게 드러낼 수 있으므로 필자의 사고는 문단을 단위로 하여 전개되도록 준비를 해야 하고 문단을 중심으로 한 글쓰기가 이루어져야 할 것이기 때문이다. 실제로 문단을 고려하지 않은 글은 그 기반이 튼튼하지 않아 전체 글도 체계적이지 못하게 되고 효과적으로 자신의 사고나 주장을 과정이나 단계별로 표현해 내지 못하는 경우가 허다하다.

문단 형성이 제대로 이루어져 있지 않은 글은 한마디로 기본이 안 되어 있는 글이라 하여도 전혀 과언이 아니다. 이런 점을 고려하면, 좋은 문단을 쓰는 연습은 글쓰기 교육에서 가장 중점적으로 다루어야 할 부분이라 할 수 있을 것이다.

문단 나누기는 글쓰기의 기본!

문단은 하나의 중심 사상을 표현하는 일련의 문장들로 구성된다. 문단은 그 자체 완결된 한 편의 글일 수도 있으며 좀 더 긴 글의 하위 부분이 될 수도 있다. 그러나 일반적으로 문단은 한 편의 글을 구성하는 하나의 작문 단위로 인식되고 있다. 따라서 문단은 형식적·내용적 특징을 갖는다.

형식적으로 문단은 문장의 행바꿈과 바꾼 행의 첫 칸을 비우는 것으로 드러난다. 다시 말하면 새로운 행이 시작되는 곳에서 첫 칸이 비워 있다면, 그것은 문단의 시작을 의미한다. 문단이 글의 중간에 위치한다면 문장이 끝나고 다음 문장이 계속 그 행을 이어갈 수 있음에도 그 다음에 행이 계속 이어지지 않고 뒤에 빈 공간이 남아 있다면 그것은 문단이 끝났음을 드러낸다. 그러므로 일반적으로 문단은 행바꿈과 다음 행의 첫 칸을 비우는 것으로 확인할 수 있다. 우리가 글을 읽을 때, 행이 이어지다가 다음 행이 바뀌고 그 바뀐 행의 첫 칸이 비어 있는 공간을 통하여 문단을 쉽게 확인할 수 있는 것이다.

문단의 형식에는 문단의 내용적인 특성이 반영되지 않으면 안 된다. 즉 행의 바뀜과 바뀐 행의 첫 칸을 비움으로써 표시되는 새 문단의 시작은 새로운 화제로 이야기가 바뀜을 말하는 것이다. 그러므로 하나의 형식적인 문단에는 하나의 중심 사상이 있게 마련이다. 그러므로 다섯 개의 형식적인 문단이 있다면 다섯 개의 중심 사상이 각 문단에 배분되어 있음을 알고 있어야 한다. 그리하여 문단과 문단 사이에는 형식과 내용의 두 측면에서 경계가 지워져 있음을 간과하지 말아야 한다.

다음 예를 통하여 우리는 이러한 문단의 형식적인 측면과 내용적인 측면의 상호 관계를 비교해 보기로 한다.

[예문 1]

(가) ①대학은 무엇보다도 학문의 전당이다. ②대학은 본디부터 학문 연구를 목표로 출발하였다. ③12 세기에 이탈리아의 볼로냐 대학, 프랑스의 파리 대학 등으로부터 비롯된 대학은 13 세기부터 '세계의 학문 장소'라는 이름으로 알려졌다. ④곧 대학은 일찍부터 세계 각국에서 모여 든 사람들이 배우고 연구하는 학문의 집이었던 것이다.

(나) ⑤그 뒤 이른바 문예부흥을 거쳐 근대에 접어들면서 대학의 학문 연구의 기능은 더욱 더 강조되었다. ⑥이를테면, 1809년에 세워진 베를린 대학의 초대 총장이던 훔볼트는 대학을 '학문 연구의 상아탑'이라고 정의했다. ⑦이것은 대학이 지닌 학문 연구의 기능을 가장 잘 강조한 역사적 증언이다.

위 글은 두 개의 문단으로 이뤄져 있는데, 글 전체의 내용은 '대학은 학문의 전당이다'라는 것으로 정리될 수 있다. 문장 ①이 중심 생각이고 ②~⑦은 모두 그것을 뒤받침하는 역할을 하고 있는데, 문장 ⑤부터 새로운 문단이 시작되고 있다. 이처럼 하나의 소주제를 두 개의 단락에 나누어 기술하는 것은 적절치 못하다.

[예문 2]

①대학은 무엇보다도 학문의 전당이다. ②대학은 본디부터 학문 연구를 목표로 출발하였다. ③12 세기에 이탈리아의 볼로냐 대학, 프랑스의 파리 대학 등으로부터 비롯된 대학은 13 세기부터 '세계의 학문 장소'라는 이름으로 알려졌다. ④곧 대학은 일찍부터 세계 각국에서 모여 든 사람들이 배우고 연구하는 학문의 집이었던 것이다. ⑤1809년에 세워진 베를린 대학의 초대 총장이던 훔볼트는 대학을 '학문 연구의 상아탑'이라고 정의했다. ⑥한편 대학에는 사회 봉사의 책임이 있다. ⑦대학인은 학문의 상아탑 속에서만 머물러서는 안 된다. ⑧학문 연구는 오직 그것이 사회의 발전에 어떻게 기여할 수 있느냐의 기준에 의해 평가되어야 한다. ⑨아무리 위대한 발견이라 하더라도 인간의 가치를 드높이는 데 기여할 수 없다면 그것은 무용지물이다.

[예문 2]는 좀 다르다. 자세히 들여다보면 2개의 중심 생각이 있다. 대학이 학문의 전당이라는 것이 그 하나이고, 사회 봉사의 책임을 가진다는 것이 또 하나이다. 문장 ①은 전자를 나타내고 있고 문장 ⑥은 후자를 표현하고 있다. 따라서 [예문 2]는 두 개의 문단으로 나누어 기술하여야 할 내용을 하나의 문단으로 기술하였다는 점에서 역시 문제를 안고 있다고 할 수 있다.

문단의 특성 →	형식적 : 들여쓰기, 행바꿈
	내용적 : 하나의 중심 생각(소주제)

문단을 내용과 형식에 따라 나누는 것은 많은 장점이 있다. 필자의 입장에서는 하나의 중심 생각을 매듭짓고 다른 중심 생각을 체계적으로 정리하면서 전달하고자 하는 내용을 효과적으로 전개해 나갈 수 있어서 좋다. 독자의 입장에서는 필자가 전달하고자 하는 내용을 중심 생각을 덩어리로 하여 체계적으로 파악할 수가 있으며 글을 읽어 나가면서 문단과 문단의 형식과 내용을 파악하는 과정에서 시각적 단조로움을 피하며 생각할 시간을 가지고 효과적으로 이해할 수 있어서 좋은 것이다. 그러므로 하나의 중심 생각을 특정의 형식에 따라 글을 쓰는 것은 필자와 독자 모두의 입장에서 좋다.

문단의 길이는 나타내고자 하는 중심 생각의 성격에 따라 달라진다. 내용이 단순한 것이라면 문단의 길이도 짧아질 것이며 내용이 복잡하다면 문단의 길이도 길어질 것이다. 그러나 일반적으로 문단의 길이가 너무 짧으면 문단의 중심 생각이 충분히 전달되지 못할 우려가 있으며, 그 반대로 문단이 너무 길면 너무 많은 내용을 포함하게 될 가능성이 많다. 문단의 적절한 길이는 절대적으로 정하기 어려운 점이 있기는 하지만, 하나의 중심 생각이 전체 글에서 차지하는 비중과 성격에 따라 적절한 길이를 유지해야 한다. 그래야 그 중심 생각이 효과적으로 펼쳐져 필자의 생각이 충분히 잘 전달될 수 있다.

우리나라에는 글쓰는 많은 사람들이 아직까지 문단에 대한 개념조차 바로 인식하지 못한 경우가 많다. 시도 때도 없이 행을 바꾸는가 하면 겨우 하나의 문장으로 하나의 문단을 만드는 경우가 많은 것이다. 또한 외형상으로는 문단을 잘 구분하고 있으나 문단의 기본 요건조차 갖추지 못한 경우도 많다. 아마도 우리에게 있어서 글을 쓰는 데 가장 시급하게 관심을 두고 개선하기 위해 노력해야 할 부분이 문단에 대한 인식을 분명히 하는 것일지도 모른다. 문단을 바로 만들지 않고서는 결코 좋은 글을 쓸 수 없다는 인식을 확고히 하지 않으면 안 될 것이다.

2. 문단의 전개

한 문단을 이루는 원리는 한 편의 글을 이루는 원리와 흡사한 면이 많다. 한 편의 글에는 그 글 전체를 꿰뚫는 중심 사상 즉 주제가 있다. 이 점에서는 문단도 이와 같다. 문단에도 중심 사상이 있으며 문장은 이러한 중심 사상과 관련된 이야기로 이루어져 있어야 하는 것이다. 이런 점에서 문단은 축소된 글이라 하기도 하고 글을 대세계라면 문단은 소세계로 일컫기도 한다.

문단의 중심 사상은 일반적으로 글의 주제에 대응되는 개념으로 화제 또는 소주제라 한다. 글의 주제와 마찬가지로 화제도 완결된 문장으로 진술되어야 분명해지는데, 이런 경우 화제 또는 소주제를 하나의 문장으로 진술한 것을 화제문 또는 소주제문이라 한다.

문단은 그 자체로서 한 편의 글이 되는 경우도 있기는 하지만, 일반적으로 소주제는 전체 글을 구성하는 하위의 한 부분이 된다. 그러므로 소주제는 보다 상위에 위치하는 중심 사상을 고려하여 설정되어야 한다. 다시 말하면 소주제는 상위에 있는 중심 사상의 하위 항목이 된다는 점에서 항상 소주제는 보다 상위에 있는 중심 사상을 뒷받침할 수 있는 것이어야 한다는 것이다.

이러한 상위의 중심 사상과 소주제와의 관계는 한 문단 내에서의 소주제와 개별 문장의 관계와 같다. 한 편의 글에서 여러 개의 소주제가 모여 하나의 주제를 뒷받침하듯이, 한 문단에서는 각각의 문장이 모여 하나의 소주제를 뒷받침한다. 그러므로 문단에서는 각각의 문장이 소주제를 뒷받침하지 않는다면 문단이 제대로 형성되었다고 할 수 없다.

전형적인 문단은 하나의 중심 사상과 그 중심 사상을 뒷받침하는 얼마간의 문장으로 구성된다. 중심 사상을 포함하는 문장을 소주제문이라고 한다. 이러한 소주제문은 대체로 하나의 문장으로 이루어진다. 그러므로 하나의 문단은 소주제문을 중심으로 그 소주제문의 내용을 뒷받침하는 얼마간의 문장으로 이루어진다고 할 수 있다. 이런 점에서 문단을 나무를 그리는 데에 비유한다면 소주제문은 나무의 근간이 되는 줄기를 그리는 것이다.

소주제를 중심으로 문단을 전개하는 방법은 기본적으로 크게 두 가지 방법을 활용한다. 그 첫째는 소주제문의 내용을 구체화시키는 방법이고 둘째는 소주제문의 내용을 합리화시키는 방법이다.

<table>
<tr><td rowspan="3">구체화 하기</td><td>추상적 서술을 구체화하기</td><td>소주제문은 뒷받침 문장을 포괄하는 추상적인 내용을 담고 있는 경우가 많다. 이에 관한 좀더 구체적이고 개별적인 내용을 기술한다.</td></tr>
<tr><td>알기 쉽게 풀어서 설명하기</td><td>소주제문을 알기 쉽게 풀어서 설명한다. '구체적으로 말하면, 다시 말하면, 즉, 세부적으로 말하면, 특히, 좀더 자세히 말하면 …… ' 등의 접속 어구를 내세우거나, 첫째, 둘째, 셋째, 넷째 등의 말을 내세우는 경우가 많다.</td></tr>
<tr><td>전형적인 예를 보여주기</td><td>실제로 일어난 사건, 행동, 사태 또는 역사적인 사실이나 전설 등 우리 주변에서 보고 들은 것을 가지고 화제의 내용을 실감나게 할 수 있는 것이다. 이 경우는 '가령, 예를 들면, 예컨대, 이를테면' 등의 접속 어구를 내세우는 경우가 많다.</td></tr>
<tr><td>합리화 하기</td><td colspan="2">필자가 말하고자 하는 내용의 이유나 원인을 제시함으로써 소주제문을 합리화하는 방법이다. 원인이나 이유를 나타내는 부분에는 '왜냐 하면……때문이다, 그 까닭은, 그 이유는, 그 원인은' 등의 어구를, 결과를 나타내는 부분에는 '그러므로, 그리하여, 그래서, 그 결과' 등의 어구를 사용하는 경우가 많다.</td></tr>
</table>

앞에서 좋은 글을 쓰기 위해서는 구상과 개요 작성이 중요함을 살펴본 바 있다. 문단을 전개할 때에도 이러한 내용 조직의 과정이 필요하다. 위의 어느 방법을 사용하여 문단을 전개하든, 뒷받침 문장들을 생각나는 대로 아무렇게나 나열해서는 안 되며, 공간적 · 시간적으로 또는 논리적으로 긴밀성 있게 배열해야 한다.

뒷받침 문장의 배열은 긴밀성 있게!

문단의 전개에 대해 구상한 것을 상세한 메모로 정리할 수 있다. 그 결과를 바탕으로 집필을 시작한다. 먼저 추상적인 서술을 구체화하는 과정의 예를 살펴보고, '알기 쉽게 풀어서 설명하기'와 '전형적인 예 보여주기'는 예문만 보여주고, 그리고 마지막으로 '합리화하기' 과정의 예를 차례로 보이기로 한다.

[예문 1]: 추상적인 서술 구체화하기 - 상세한 메모

추상적인 서술: 건강해지기 위해서는 많이 웃어야 한다.

구체적인 서술: 웃으면,

① 호르몬 분비가 왕성하게 된다.

② 몸에 필요한 각종 호르몬의 균형을 맞춘다.

③ 혈액 순환이 왕성해진다.

④ 혈액의 산소가 알칼리성으로 바뀐다.

⑤ 신경의 긴장 완화로 호흡이 길어진다.

⑥ 소화가 잘 된다.

[예문 2]: 추상적인 서술 구체화하기(「예문 1」을 바탕으로 집필한 것)

많이 웃으면 건강해진다고 한다. 전문가들에 의하면, 사람이 많이 웃게 되면 우리 몸속에서 호르몬 분비가 왕성해질 뿐만 아니라, 각종 호르몬의 균형이 맞추어지게 된다는 것이다. 또 소리 내어 크게 웃으면 혈액 순환이 왕성해져서 신진 대사가 원활해지고 혈액이 알칼리성으로 바뀐다고 한다. 신경의 긴장이 완화되어 호흡이 길어지고 소화도 잘 된다고 하니 어찌 웃지 않고 배기랴!

[예문 3] 알기 쉽게 풀어서 설명하기

운동이란 말은 여러 가지 뜻을 가지고 있다. 첫째로 물체가 자리를 바꾸어 움직이는 일을 뜻한다. 이는 물리학 등에서 쓰이는 운동의 뜻이다. 둘째로는 물질의 존재와 불가분의 관계에 있는 온갖 변화를 가리킨다. 이 개념은 만물의 생성, 변화, 섭리 등을 말할 때 쓰이는 것으로 철학에서 주로 사용된다. 셋째로 체육이나 위생을 위해서 몸을 의식적으로 움직이는 것을 말한다. 이 경우는 우리가 일상 쓰는 육체적 운동을 뜻한다. 넷째로 정치적 사회적 목적을 위해 활동하는 것을 말할 때에도 이 운동이란 말을 쓴다. 이에는 선거 운동, 독립 운동, 이웃 돕기 운동 등 여러 가지가 있다.

[예문 4]: 전형적인 예 제시하기

이치적 사고란 어떤 대상을 두 개의 대립된 상황으로 나누어서 한 쪽을 택하고 다른 쪽을 버리는 사고 방식이다. 이를테면, 긍정과 부정, 흑과 백, 선과 악 등의 두 가지 대립되는 상황을 설정하여 양자 택일을 하고 어떤 중간적 존재도 인정하지 않는 경우이다. '흑백 논리'라고도 알려진 이 사고 방식은 수학 문제의 풀이에서 그 대표적인 예를 볼 수 있다. 가령, '2+2'는 4가 정답이고 4가 아닌 것은 오답이며, 누구나 정답과 오답 중에서 하나를 선택해야 한다. 그 중간치는 인정되지 않는다. 이런 수학 문제 풀이의 경우 이외에도 양자 택일을 하지 않으면 안되는 상황에서는 2치적 사고 방식이 나타난다. 예를 들면, 전쟁터에서는 이기기 아니면 지기 곧 살기 아니면 죽기가 되는 2치적 사고가 지배를 한다. 또 "자유 아니면 죽음을 달라."라는 부르짖음도 2치적 사고의 발상에서 나온 것이다.

[예문 5]: 합리화하기 - 상세한 메모

추상적인 서술: 텔레비전은 바보 상자라 할 만하다.

구체적인 서술: 왜냐 하면, 텔레비전은

① 우리가 조용히 생각할 수 있는 시간을 빼앗아 간다.

② 여러 가지 종류의 오락과 흥미 거리를 가지고 우리를 유혹함으로써 그 앞에 멍하니 앉아 있게 만든다.

③ 온갖 지식과 정보들을 안방에까지 가져다 줌으로써 우리를 수동적으로 만든다.

[예문 6]: 합리화하기(「예문 5」를 바탕으로 집필)

텔레비전은 바보 상자라 할 만하다. (왜냐 하면) ①텔레비전은 우리가 조용히 생각할 수 있는 시간, 곧 고독의 시간을 빼앗아 간다. ㉠(풀어서 말하면) 고독의 시간은 우리를 쓸쓸하게 만들기도 하지만 우리가 독자적으로 사색할 수 있는 시간이 되기도 한다. 그런데 ②텔레비전은 여러 가지 종류의 오락과 흥미 거리를 가지고 우리를 유혹함으로써 그 앞에 멍하니 앉아 있게 만든다. 또 (왜냐 하면) ③텔레비전은 온갖 지식과 새로운 정보들을 안방에까지 가져다 주는 충실한 하인과 같은 구실을 한다. ㉡이런 봉사적인 면은 우리에게 도움이 되기도 하지만 그로 인해서 우리는 스스로 새로운 지식을 찾고 탐구하는 일에 게을러지게 된다.

「예문 6」에서는 소주제문을 뒷받침하는 문장들이 모두 합리화의 방식으로 제시된 것은 아니다. 여러 군데에서 합리화의 방법이 활용되고 있으며, 그 합리화의 내용을 알기 쉽게 하기 위해 구체화의 방법을 동원하기도 했다(㉠, ㉡).

연습문제 (5장-01)

대학	학부/학과	학번 :
이름 :	제출일 : 년 월 일	평점 :

1. 다음의 추상적인 서술을 각각 네 개 이상의 구체적인 서술로 바꾸어 보라.

(1) 과학기술은 국가발전의 초석이다.

(2) 환경파괴가 심각한 수준에 이르렀다.

(3) 휴대폰은 대한민국 청소년들에게 언어 그 자체이다.

(4) 신세대들의 음주 문화는 기성 세대의 그것과 무관하지 않다.

연습문제 (5장-02)

대학	학부/학과	학번 :
이름 :	제출일 :　　　년　　월　　일	평점 :

1. 다음의 소주제문을 문두에 놓고 지시된 방법에 따라 하나의 문단을 완성해 보라.

(1) 원칙을 무시하는 사회 풍조는 국가 발전에 큰 장애가 된다.(→구체화→예시)

(2) 창의적인 대학 문화를 형성해 나가기 위해서 사회적 소수자에 대한 관용도를 높여야 한다.(→합리화)

3. 문단의 배열

온전한 한 편의 글은 그것이 3단 구성이든 4단 구성이든 또는 5단 구성이든 글의 시작, 본문의 전개, 글의 마무리 등의 일반적인 형식에 의해 전개된다. 그러므로 기본적으로 이러한 글의 구조상 주된 이야기를 하는 주요 문단과 주된 이야기의 보조적인 기능을 하는 보조 문단으로 나뉜다. 보조 문단은 다시 도입 문단, 결말 문단, 연결 문단, 전환 문단, 강조 문단, 대화 문단, 인용이나 예시 문단 등으로 나눌 수 있다.

먼저 주요 문단을 살펴보고, 보조 문단은 도입 문단과 결말 문단 중심으로 살펴보기로 한다.

(1) 여름을 앞두고 다이어트에 돌입한 사람이 많다. 하지만 식욕은 마음처럼 줄지 않는다. 든든히 밥을 먹고 후식까지 챙겨먹었지만 세 시간도 채 지나지 않아 출출함이 밀려온다. 하지만 막상 군것질을 하고 나면 배부르다는 행복감보다 괜히 먹었다는 후회가 밀려올 때가 있다. 바로 '가짜' 배고픔에 속았을 때다. 우리 뇌의 시상하부는 몸에 필요한 에너지(열량)가 부족하면 '배고픔'이라는 신호를 보내 음식물 섭취를 유도한다. 문제는 열량이 부족하지 않을 때도 뇌가 배고픔의 신호를 보낼 때가 있다는 것. 하지만 가짜 배고픔과 진짜 배고픔은 원인과 증상이 다른 만큼 차이점만 잘 알아만 둔다면 오히려 가짜 배고픔을 이용해 보다 효과적으로 체중 감량을 할 수 있다.

(2) 스트레스는 가짜 배고픔을 유발한다. 스트레스를 받거나 울적해지면 체내 세로토닌의 수가 줄어든다. 세로토닌은 뇌의 시상하부에 있는 신경전달물질이다. 교감신경에 작용해 혈압과 호흡 횟수를 늘려 우리 몸에 활기를 주고 기억과 학습능력을 비롯해 소화나 장운동에도 영향을 미친다. 세로토닌이 떨어지면 우리 몸은 피드백 작용에 따라 세로토닌의 분비량을 늘리려고 한다. 이 때 우리 몸이 사용하는 방법이 배고픔이다. 특히 단 음식을 찾게 하는데 이는 인슐린의 분비를 촉진하기 위해서다. 세로토닌은 트립토판이라는 아미노산을 통해 뇌 속에서 만들어지는데, 트립토판이 뇌에 도달하려면 인슐린의 도움이 필요하다. 따라서 혈당을 낮추는 역할을 하는 호르몬인 인슐린의 분비를 유도하기 위해 혈당을 높이는

단 음식을 찾게 뇌에서 신호하는 것이다. 또 스트레스를 받으면 코르티솔이라는 호르몬이 과다 분비되는데 코르티솔은 식욕을 억제하는 호르몬인 렙틴의 분비량을 감소시켜 식욕을 돋운다. 폭식증 환자 중에는 만성 스트레스를 호소하는 사람이 많다. 이는 과다 분비된 코르티솔이 끊임없이 식탐을 부르고 배고픔을 유발하기 때문이다.(일부 생략)

(3) 가짜와 진짜 배고픔을 구분하는 가장 쉬운 방법은 배고프다고 느낄 때 내 몸의 변화를 유심히 살펴보는 것이다. 진짜 배고픔은 배고픈 느낌이 서서히 커지면서 속이 쓰리거나 배에서 꼬르륵 소리가 난다. 살짝 어지럽거나 가벼운 두통, 기분이 쳐지는 등의 증상이 나타나기도 한다. 특정 음식보다 어떤 음식을 먹어도 상관없다. 느끼고 먹고 나서는 만족과 행복감에 기분이 좋아진다. 반면 가짜 배고픔은 슬프거나 짜증나는 일이 있을 때 느끼는 경우가 많고 초콜릿처럼 달거나 떡볶이처럼 매운 것과 같은 특정 음식에 대한 욕구가 강해진다. 또 배가 불러와도 계속 먹으려고 하고, 먹은 뒤에는 행복감보다 공허함과 자책감이 밀려오는 경우가 많다. 증상으로 구분이 어려울 때는 물을 한 컵 마시는 것도 도움이 될 수 있다. 식사한지 3시간이 채 지나지 않아 배가 고프다면 물을 한 컵(약 200mL) 마셔보자. 물을 마시고 20분 후에도 여전히 공복감이 있다면 이는 진짜 배고픔이다.

(4) 가짜 배고픔을 이겨내는 방법에는 무엇보다 의지가 가장 중요하지만 생활 습관의 변화로도 약간의 도움은 받을 수 있다. 우선 가짜 배고픔을 느꼈을 때, 짧은 시간에 강도 높은 운동을 하는 것이다. 스트레스 호르몬인 코르티솔에 대항할 수 있는 건 엔도르핀뿐이다. 엔도르핀은 뇌하수체에서 분비되는 호르몬으로 우리가 통증을 느낄 때 진통제 역할을 한다. 유산소 운동보다는 스쿼시나 축구, 농구처럼 강도 높은 운동을 짧은 시간에 할 때 많이 분비된다. 단백질 섭취도 중요하다. 미국 존스홉킨스대학 보건대학원 연구팀의 논문을 살펴보면 총 칼로리는 같게 하면서 각각 단백질과 탄수화물, 불포화지방산을 강화한 식단을 각 실험군에게 6주간 섭취하게 했다. 그 결과, 단백질을 강화한 식단을 먹은 실험군이 다른 두 식단을 유지한 실험군에 비해 식욕 억제 효과가 두드러지게 높았다. 체중 조절이 날씬한 몸매를 뽐내고자 할 때도 필요하지만 건강한 삶을 위해서도 중요하다. 비

만은 만성질환의 위험 인자로 꼽히는 만큼 이번 기회를 통해 가짜 배고픔에 조금은 단호하게 대처해 보는 건 어떨까. 효과적인 체중감량은 물론 더 건강한 삶을 사는데 분명 도움이 될 것이다.(http://scent.ndsl.kr/index.do, 이화영 과학칼럼니스트, "가짜 배고픔에 지는 당신, 참아라!", <KISTI 과학향기>)

위의 글에서 (1)은 도입 단락이고 (2)는 (1)의 내용으로 귀결된 문단이며, (3)은 (2)의 내용을 받아 심화한 문단이며 (4)는 (3)을 통해 주장을 강하게 내보인 결말 문단이다. 이 글의 중심 사상은 (3)과 (4)에 들어 있으므로 (3)과 (4)는 주요 문단이다. 주요 문단은 주제의 전개에 직접 관계 있는 중추적인 문단이다. 그러므로 주요문단은 대개 소주제문이나 화제를 포함하고 있거나 제재가 직접 언급되어 있는 문단이다.

도입 문단은 글의 첫머리에 놓이는 문단으로 글의 실마리를 풀고 내용 전개의 방향을 제시하는 기능을 한다. 도입 문단은 글의 첫부분이므로 독자가 그 글의 내용에 흥미를 가지고 글을 읽을 수 있도록 유도하는 기능을 해야 한다. 또한 도입 단락은 본격적인 글 내용의 전개를 위한 발판의 기능을 하므로 문제의 제기, 다루어질 내용의 범위나 방향의 제시, 독자의 흥미 유발을 위한 주제와 관련된 사건의 제시 등의 내용을 다루는 것이 좋다.

결말 문단은 글을 마무리하는 기능을 한다. 따라서 내용의 새로운 전개는 하지 않고 그 글의 전체 내용을 요약 정리하여 끝맺는 역할을 하도록 전개해야 한다. 본문 내용을 요약·정리하거나 주제에 덧붙여 전망을 제시하기도 한다. 또는 글의 주제와 관련된 내용으로 하되 글의 여운을 주기도 하고, 해결하지 못한 문제점을 제시하거나 자신이 펼친 글의 한계점을 제시하기도 한다.

그러나 경우에 따라서 결말 문단이 마무리 기능을 하기는 하되 그 앞에서 전개한 내용 그대로가 아니라 그 내용과 관련되는 자신의 주장을 드러내는 경우도 있다. 말하자면 앞에서 논의한 내용을 요약·정리하더라도 자신의 주장을 분명히 드러내어 문단의 소주제문이 추출되는 경우도 있는데, 그러한 경우는 보조 문단이 아니라 주요 문단이 된다.

보조 문단에는 일일이 열거할 수 없을 정도로 다양한 문단이 활용된다. 글 내용의 비약이나 갑작스러운 변화를 막고 논리적으로 내용을 이어주는 연결문단, 어느 지점까지 서술된 내용을 간추리면서 그 이후의 서술 방향을 제시하는 전환 문단, 앞 문단의 화제를 한 번 더 강조하는 강조 문단, 남의 말이나 글을 끌어와 인용하는 인용 문단, 대화의 내용을 옮긴 대화 문단, 앞 문단의 화제를 뒷받침하기 위해 다른 곳에서 예를 끌어와 제시하는 예시 문단, 앞 내용을 부연 설명하는 부연 문단 등 그 특성에 따라 여러 종류의 문단이 활용된다.

<팁> 논리의 구축 방법

논리는 <방향제시> → <분석> → <종합>의 삼단을 통해 구축된다. <방향제시>는 '겉모습'에 대한 설명이고, <분석>은 '속모습'에 대한 설명이고, <종합>은 '겉모습+속모습'에 대한 설명이다. 삼 단계를 설정하기만 하면 논리가 저절로 구축되는가? 절대 그렇지가 않다. 최소한 다음의 요건 정도는 갖추어야 논리가 구축될 수 있다.

<방향제시>에서는 특정 대상을 어떤 방향으로 다룰 것인지, 특정 대상의 속성을 어떻게 설명할 것인지를 알려주어야 한다. 어떤 방향으로 설명하려고 하는지 몇 가지를 설명하려고 하는지를 상대방이 알아차릴 수 없다면 <방향제시>가 잘못되었다고 보면 된다. 무엇보다 중요한 사항은 <방향제시>에 필요 이상의 무게를 가해서는 안 된다는 점이다. 글을 잘 작성해야 한다는 생각이 앞서서 필요 이상으로 내용을 무겁게 하다 보면 <방향제시>가 제 본분을 잃고 <종합>이 되고 마는 수가 있다. 이 점, 경계하고 경계해야 할 일이다.

<분석>은 반드시 두 가지 이상의 내용을 담아야 한다. <분석>을 한다고 해 놓고 한 가지만 장황하게 설명한다면 절대로 <분석>이 될 수 없다. '분석'의 어의(語義)를 생각해 보라! '나누고 쪼갠다.'는 의미를 담고 있으니, 최소한 두 조각 이상은 되어야 하지 않겠는가? 두 조각 이상을 어떻게 나누고 쪼개야 하는지가 관건이다. 나누고 쪼갤 때 무엇보다 조각과 조각이 충돌하지 않도록 배려해야 한다. 충돌 현상은 흔히 개념과 개념 사이의 중복, 개념 범주의 혼동 때문에 나타나므로, 조각을 나누고 쪼갤 때 이 점을 명심할 필요가 있다.

<종합>은 <방향제시>와 <분석>을 포괄하는 내용을 담고 있어야 한다. 따라서 내용의 무게가 <방향제시>보다 무겁고 <분석>보다도 더 무거워야 제격이다. 사회 구조를 겨냥하거나 역사 보편의 가치를 드러내거나 하면 무난하다고 볼 수 있다. 만약 <종

합>의 무게가 <방향제시>보다 더 가볍고 <분석>보다 더 가벼우면 어떻게 되는가? 별 할 말도 없는 사안을 놓고 독자를 속인 셈이 되니, 그 죄를 면하기 어려울 것이다.

보기1

A 평범한 진술: 피그말리온의 정열과 의지가 불가능한 일을 가능한 일로 바꾸어 놓았다.

B 논리적 진술

<방향제시> 피그말리온의 정열과 의지가 남다르다.

<분　　석> 1) 조각상을 아내로 맞이하려는 집념이 대단하다.

2) 아프로디테에게 간구하여 끝내 소망을 성취한다.

<종　　합> 피그말리온의 정열과 의지가 불가능한 일을 가능한 일로 바꾸어 놓았다.

보기2

A 평범한 진술: <흥부전>의 흥부는 매우 긍정적인 인물이다.

B 논리적 진술

<방향제시> <흥부전>의 흥부는 긍정적인 측면과 부정적인 측면을 지니고 있다.

<분　　석> 1) 긍정적인 측면으로는 형제 간에 우애가 깊고, 충효겸전하고, 측은지심을 지니고 있고, 감정에 기복이 없는 편이고, 이웃과 화합하려는 마음이 강하다는 점을 들 수 있다.

2) 부정적인 측면으로는 경제적 능력이 없고, 소모적인 삶을 영위한다는 점을 들 수 있다.

<종　　합> <흥부전>의 흥부는 매우 긍정적인 인물이다.

(신태수, 『LEET 논술』, 태학사, 2012, 16-17쪽)

제6장

띄어쓰기와 **맞춤법**

1. 띄어쓰기 문제를 해결하려면??

띄어쓰기를 잘 하려면 무엇보다도 국어 사전을 곁에 두고 자주 뒤적이는 습관을 길러야 한다. 국어 사전은 엄청난 정보를 저장하고 있어 우리가 부딪히는 대부분의 문제를 해결해 준다. 문제에 부딪힐 때마다 주위 사람한테 물어서 그 문제만 해결하고 넘어간다면 고기 잡는 방법은 익히지 않고 남이 잡은 물고기를 그때 그때 돈으로 사는 것과 마찬가지 꼴이 된다.

한글 맞춤법의 띄어쓰기 규정을 전부 외운다 하더라도 띄어쓰기 문제 해결 능력이 별로 향상되지는 않는다. 우리가 목표로 삼아야 하는 것은 띄어쓰기 규정을 외우는 것이 아니라 사전을 이용해서 띄어쓰기 문제를 해결해 낼 수 있는 능력을 배양하는 것이다.

띄어쓰기 문제를 해결하려면 국어사전 이용법을 알아야 한다.

사실 띄어쓰기 규정은 매우 단순하다. 몇 개의 허용 조항을 제외하고 큰 원칙만 보면 다음과 같다.

(1) 띄어쓰기의 원칙

가. 문장의 각 단어는 띄어 씀을 원칙으로 한다(제2항).

나. 조사는 그 앞말에 붙여 쓴다(제41항).

(1)은 9개 품사(명사, 대명사, 수사, 동사, 형용사, 관형사, 부사, 감탄사, 조사) 중에서 조사를 제외한 나머지는 모두 띄어 쓰는 것이 원칙이라는 의미이다. 품사의 자격이 없는 어미나 접사(접미사, 접두사) 등은 당연히 붙여 써야 한다.

따라서 띄어 쓸 것인가 아니면 붙여 쓸 것인가를 결정하기 위해서는 다음 사항을 알아야 한다.

- ㅇ 문제가 되는 표현의 품사는 무엇인가?
- ㅇ 문제의 표현을 하나의 단어로 볼 것인가 아니면 둘 이상의 단어로 볼 것인가?
- ㅇ 문제의 표현이 단어인가 아니면 어미와 접사 등과 같이 단어의 자격이 없는 요소인가?

(2) 가. 우리는 그 때 논도 없고 밭도 없고 <집밖에> 없었다.

나. 우리 <집밖에> 사과 나무가 한 그루 있었다.

(2)의 <　> 부분은 어떻게 써야 할까? 일단 사전에서 관련 어사들을 찾아 보면 다음과 같은 정보를 얻을 수 있다.

(사전 자료1)

밖[명] ①무슨 테나 금을 넘어선 바깥 쪽 ②겉으로 드러난 부분 ③가리킨 둘레 안에 들지 않은 것 ④=바깥

밖에[조] : 체언 뒤에 붙어 '그것 말고는', '그것 이외에는'의 뜻을 나타내는 말. 뒤에 반드시 부정이 따름. *하나밖에 없는 귀한 아들

집[명] : ①사람이 거처하는 건물 ②동물의 보금자리 …

에[조] : 체언 또는 용언의 명사형 아래 붙는 조사.

(2가)는 '다른 것은 없고 집만 있다'는 뜻이고, (2나)는 '집 바깥에……이 있다'의 뜻이어서 의미상으로도 구분된다. 이와 같은 의미 차이를 염두에 두고 사전 자료를 검토해 보면 (2가)는 <집(명사)+밖에(조사)>의 구성이고, (2나)는 <집(명사)+밖(명사)+에(조사)>의 구성임을 아는 것은 너무 쉽다. 따라서 (2가)는 '집밖에'로 써야 하며, (2나)는 '집 밖에'로 써야 한다.

다음 문제는 약간 어렵다. 그러나 사전을 이용하면 해결할 수 있는 문제다.

(3) 철수는 <안싸웠다>.

(3)의 < > 부분을 띄어 쓸 것인가 아니면 붙여 쓸 것인가? 조사를 제외한 단어는 모두 띄어 쓰는 것이 원칙이라 하였으므로 '안싸우다'가 하나의 단어인지, 만일 두 개의 단어라면 '안'의 품사는 무엇인지 확인해 보면 문제는 다 해결한 셈이다. 이 때 필요한 것이 국어 사전이다.

어떠한 국어 사전에도 '안싸우다'는 표제어로 나오지 않는다. 이는 '안싸우다'가 하나의 단어가 아님을 의미한다. 그렇다면 '안'은 띄어 쓰는 것이 옳다. 조사는 앞말에 붙여 쓰는 것이므로 '안'처럼 다른 단어의 앞에 오는 단어는 조사일 수 없기 때문이다.

이제 조금 어려운 문제를 보자. 다음 (5)와 같은 경우를 만나면 사전의 도움 없이 문제를 해결하기는 어렵다.

(4) 가. 영이는 <뛸듯 말듯> 한참 머뭇거렸다.
나. 소금 바가지에 미꾸라지 <뛰듯(이)> 날뛴다.
다. 영이는 곧 <뛸듯(이)> 웅크리고 있었다.
라. 세상이 거꾸로 <돌아가는듯하다>.
마. 영이는 못 <오는듯싶다>.

문제가 될 만한 '듯, 듯이, 듯하다, 듯싶다' 등이 사전에서 어떻게 처리되고 있는지 알아 보는 것이 급선무다. 이것들과 관계가 있다고 생각되는 어사들을 전부 찾아 모아보면 다음과 같다.

(사전 자료2)

듯[명] : '듯이[명]'의 준말.

-듯(어미) : '-듯이'의 준말

듯-싶다[보형] : 어미 '-ㄴ, -은, -는, -ㄹ, -을' 아래에 쓰이어 주관적인 추측을 나타내는 말. 성싶다. *봄이 온 듯싶다.

듯이[명] : 짐작이나 추측을 나타내는 말.

-듯이(어미) : 모든 어간 아래에 붙어 '그 어간의 뜻하는 내용과 거의 같게'의 뜻을 나타내는 어미. *구름에 달 가듯이 가는 나그네.

듯하다[보형] : 어미 '-ㄴ, -은, -는, -ㄹ, -을' 아래에 쓰이어 객관적인 사리에 따른 추측을 나타내는 말. 성하다. *봄이 온 듯하다.

사전에는 해당 표제어가 쓰인 예문까지 들고 있으므로 조금만 주의 깊게 살펴보면 별다른 분석을 하지 않아도 자신이 원하는 정보를 얻어서 띄어쓰기에 이용할 수 있다. 만일 그와 같은 능력이 없다면 이상의 내용 중 우선 분명히 드러나는 것부터 하나씩 정리하여 보면 된다.

다음과 같은 점은 쉽게 정리되어 눈에 들어온다.

(5) '듯싶다', '듯하다'는 (보조) 형용사로서 하나의 단어다.

(4라, 마)의 <　> 부분에 보이는 '듯싶다, 듯하다'는 (보조)형용사로서 각각 '돌아가는', '오는'과 별개의 단어이므로 '돌아가는 듯하다', '오는 듯싶다'로 써야 한다.

(사전 자료2)에서 다음과 같은 사실도 파악할 수 있다.

(6) 가. '듯(이)'는 명사와 어미의 용법을 가지고 있다.
　　나. 어미 '듯(이)'는 용언의 어간 아래에 붙는다고 하였으므로 용언의 어간 아래 온 경우가 아니면 명사이다.

(6나)에 의해서 용언 어간 아래 붙은 (4나)는 어미이고, (4가, 다)의 '듯(이)'는 명사임을 확인할 수 있다. 따라서 (4가)와 (4다)는 각각 '뛸 듯 말 듯', '뛸 듯(이)'로 띄어 서야 하며, (4나)는 '뛰듯(이)'로 붙여 써야 한다.

다음과 같은 문제도 비슷한 방법으로 해결할 수 있다. 사전에서 얻을 수 있는 정보도 함께 제시한다.

(7) 가. 언니는 서울로 <가는데> 동생은 부산으로 가려고 한다.
　　나. 문제는 그녀가 혼자 <가는데> 있다.

(사전 자료3)
-는(어미) : 동사의 어간에 붙어 동작의 현재 진행을 나타내는 어미. *가는 세월
-는데(어미) : ①동사의 어간에 붙어서 다음 말을 끌어내기 위하여, 이에 관계 있는 사실을 미리 말할 때에 쓰는 어미. *해는 지는데 … ②스스로 무엇을 느낄 때 쓰는 어미. *꽤 잘 읽는데.
데 [명] : ①'곳'이나 '장소'. *가는 데 ② '일'이나 '것'. ③'경우'

의미상 (7가)의 <가는데>가 <가(동사어간)+는데(어미)>의 구조임을 아는 것은 어렵지 않다. 결론부터 말하자면, (7나)는 <가(동사어간)+는(어미)+데(명사)>의 구조이다. 다음의 자료를 보자.

(8) 가. 사람을 돕는 데(에) 애 어른이 어디 있겠습니까?/
　　나. 사람을 돕는 일(에) 애 어른이 어디 있겠습니까?/
(9) 가. 머리 아픈 데(에) 먹는 약
　　나. 머리 아픈 경우(에) 먹는 약

앞의 자료에서 드러나듯이 (8가)와 (9가)의 '데'는 '일'이나 '경우'의 의미를 가지는 명사다. 여기의 '데'가 명사라는 점은 그 뒤에 '-에'와 같은 격조사가 붙을 수 있다는 사실에서 확인할 수 있다. (7나)에 보이는 '가는데'의 '데'도 '데'의 뒤에 '에'를 붙일 수 있

으며, ‘것’의 의미를 뜻하므로 명사임을 알 수 있다. 따라서 (7나)는 ‘가는 데’로 띄어 써야 한다.

(4가)의 ‘듯’과 (7나)의 ‘데’와 같은 명사는 홀로 쓰이지 못하므로 의존명사라 한다. 의존명사는 흔히 1음절인 경우가 많아 띄어쓰기에서 자주 혼동을 불러 일으키나 띄어 써야 옳다.

다음 예도 종종 혼동하는 사람들이 있다.

(10) 우리는 일단 구조 작업을 중단하고 <하산할수밖에> 없었다.

앞에서 설명한 바 있듯이 ‘수’는 의존명사이며, ‘밖에’는 조사이므로 ‘할 수밖에’로 써야한다. 그렇다면 ‘하산할’로 써야 할까 아니면 ‘하산 할’로 써야 할까? 이를 판단하기 위해서는 국어사전에서 ‘하산’ 항목을 찾아보면 된다. 다음은 이를 옮긴 것이다.

(사전 자료4)
하산(下山)[명] ①산에서 내려오거나 내려감. ②깨달음을 얻거나 생활할 수 없어 산에서의 생활을 그만둠. ...
하산-하다[동] ①=>하산① ②=>하산② ...

위 자료에서 ‘하산’의 아래에 ‘하산하다’가 부표제어로 제시되어 있음을 확인할 수 있다. 사전에 따라서는 ‘하산’의 아래에 ‘--하다’와 같이 제시되어 있는 경우도 있는데, 이처럼 부표제어로 제시되어 있는 경우에는 하나의 단어로 간주된다는 것을 의미한다. 따라서 (10)은 ‘하산할 수밖에’로 써야 옳다.

이상으로 국어사전을 이용하여 띄어쓰기 문제를 해결하는 능력을 기르는 방법에 대하여 간략하게 언급하였다. 이와 같은 방식으로 몇 번 반복하다 보면 자신도 모르는 사이에 우리말의 어휘 및 문법에 대해 어느 정도의 안목을 갖게 되어 사전이 없이도 웬만한 문제는 스스로 해결할 수 있게 된다.

다음은 그밖의 띄어쓰기에 관한 조항들을 정리한 것이다.

출전	규정	예시
한글맞춤법 제43항	단위를 나타내는 명사는 띄어 쓴다(다만 순서를 나타내는 경우나 숫자와 어울려 쓰이는 경우에는 붙여 쓸 수 있다.)	한 개, 차 한 대, 금 서 돈, 제일 과/제일과, 삼학년/삼학년 육 층/육층, 80 원/80원
한글맞춤법 제44항	수를 적을 때는 '만(萬)'단위로 띄어 쓴다.	십이억 삼천사백오십육만 칠천팔백구십팔
한글맞춤법 제45항	두 말을 이어 주거나 열거할 적에 쓰이는 다음의 말들은 띄어 쓴다.	국장 겸 과장, 열 내지 스물, 이사장 및 이사들, 사과, 배, 귤 등등
한글맞춤법 제46항	단음절로 된 단어가 연이어 나타날 적에는 붙여 쓸 수 있다.	그 때 그 곳/그때 그곳 좀 더 큰 것/좀더 큰것
한글맞춤법 제47항	보조 용언은 띄어 씀을 원칙으로 하되, 경우에 따라 붙여 씀도 허용한다. 다만, 앞말에 조사가 붙거나 앞말이 합성 동사인 경우, 그리고 중간에 조사가 들어갈 적에는 그 뒤에 오는 보조 용언은 띄어 쓴다.	막아 낸다/막아낸다 될 법하다/될법하다 도와 드린다/도와드린다 책을 읽어도 보고 잘들 놀아만 나는구나 잘난 체를 한다(잘난 체한다)
한글맞춤법 제48항	성과 이름, 성과 호 등은 붙여 쓰고, 이에 덧붙는 호칭어, 관직명 등은 띄어 쓴다. 다만, 성과 이름, 성과 호 등을 분명히 구분할 필요가 있을 경우에는 띄어 쓸 수 있다.	김철수, 서화담 박정희 씨, 최치원 선생 충무공 이순신 장군 남궁억/남궁 억 독고준/독고 준 황보지봉/황보 지봉
한글맞춤법 제49항	성명 이외의 고유 명사는 단어별로 띄어 씀을 원칙으로 하되, 단위별로 띄어 쓸 수 있다.	영남 대학교/영남대학교 공과 대학/공과대학
한글맞춤법 제50항	전문 용어는 단어별로 띄어 씀을 원칙으로 하되, 붙여 쓸 수 있다.	만성 골수성 백혈병 /만성골수성백혈병 중거리 탄도 유도탄 /중거리탄도유도탄

2. 맞춤법의 이론과 실제

한글 맞춤법 제1장 총칙 제1항에서는, "한글 맞춤법은 표준어를 소리대로 적되, 어법에 맞도록 함을 원칙으로 한다."고 규정하고 있다. '소리대로 적음'은 현실적 소리를 중시하는 표음(表音)주의 원리이고, '어법에 맞도록 적음'은 단어나 형태소 등을 한 가지 모양으로 고정시켜 적는 형태주의 원리이다.

(1) 가. 소리대로 적되 -------> 표음주의 원칙
　　나. 어법에 맞도록 -------> 표의주의(형태주의) 원칙

한글 맞춤법의 기본 원칙은 표음주의와 형태주의의 절충

표음주의와 형태주의는 서로 충돌하는 면이 있다. 표음주의에 충실하면 형태주의를 위배하게 되고, 그 역도 마찬가지다. 다음 자료를 보자.

(2) 가. (소리) : 울다 - 울면 - 우니까
　　나. (표기) : 울다 - 울면 - 우니까

위 자료에서 보듯이, '울다'의 '울'은 '-니까' 앞에서는 [우]로 소리가 바뀌는데, 표기도 그대로 따른다. 이는 표음주의 원리에 바탕을 둔 것이다.

(3) 가. (소리): 입또 - 임만 - 잎이
　　나. (표기): 잎도 - 잎만 - 잎이

한편 '잎(葉)'은 그 뒤에 오는 소리에 따라 [입], [임], [잎] 등으로 소리가 바뀐다. 그러나 그 소리대로 적지 않고. '잎' 하나로 고정시켜 적는다. 이는 형태주의 원리에 바탕을 둔 것이다. 연철하지 않고 분철하는 것도 형태주의 원리이다. '이피'(연철)로 적지 않고, '잎이'(분철)로 적으면, 형태가 하나로 고정된다.

한글은 소리글자이므로, 우리 말을 소리나는 대로 적을 수 있다. 우리가 쉽게 읽고

쓸 수 있는 것은 대체적으로 우리의 발음에 바탕을 두어 우리말을 표기하는 표음주의 원칙 덕이다. 그런데 표음주의 원칙만을 충실히 따른다고 하여 맞춤법이 쉬워지지는 않는다. (3가)에서 본 바 있듯이 '잎'은 때로 [입]으로 발음되기도 하고, [임]으로 발음되기도 하는데, 소리나는 대로만 적는다면 때로 '잎'인지 '입'인지 아니면 '임'인지 구별하기 어려운 경우가 생길 수 있는 것이다.

형태주의 표기법은 '잎도[입도], 잎만[임만], 잎이[이피](葉)'에서는 '잎'으로, '입도[입도], 입만[임만], 입이[이비](口)'에서는 '입'으로 그 형태를 고정시키므로 두 낱말의 의미가 표기에 의해 구분된다. '낮', '낫', '낯' 등과 같이 소리는 같지만 다른 단어인 경우에도 형태주의 표기법은 표기에 의해 쉽게 구별할 수 있게 해 준다. 형태주의 표기법은 표음주의 원리에 위배되지만, 독서 능률이라는 관점에서 보면 무시 못할 장점이 있는 것이다.

그러나 형태주의만을 고집하기도 어렵다. 앞에서 살펴본 '우니까'를 '울니까'로 적는다든가, '들어도(듣(聽)+어도)'를 '듣어도'로 적는 것은 발음현실과 너무 거리가 있기 때문이다. 한글 맞춤법이 상호 위배되는 두 가지 원칙을 절충하고 있는 것은 바로 여기에 이유가 있다.

한글 맞춤법은 단순한 것이 아니어서 누구나 틀릴 수 있다. 중요한 것은 맞춤법을 지키고자 부단하게 노력하는 일이다. 영어 낱말의 철자법을 모르면 부끄러워하면서도, 우리말을 맞춤법에 맞게 표기하지 못해도 별로 특별한 느낌을 갖지 않는 사람이 많다. 영어 사전은 닳도록 뒤적거리면서, 국어사전 하나 없이 글을 쓰는, 용감한 사람들이 얼마나 많은가? 맞춤법을 잘 지키면서 글을 쓰고자 한다면, 늘 국어사전을 곁에 두고 뒤적여 보는 습관을 길러야 한다.

맞춤법을 틀리지 않으려면 국어 사전을 곁에 두고 늘 뒤적여 봐야 한다.

'해당 사항 없슴'(×), '방 있슴'(×), '갓길 없슴'(×)과 같은 표현을 흔히 본다. '-음'이 맞는지 ' 슴'이 맞는지 잘 모르겠으면 국어사진을 찾아보면 된다. '-음'은 사전에 두 가지가 나오는데, 하나는 명사를 만드는 접미사이고, 다른 하나는 명사형 어미이다. 대부분의 사전에는 용례까지 실어 놓고 있다.

-음1 [접미사] 용언의 어근에 붙어, 명사로 만드는 말. 물-음, 얼-음, 걸-음.

-음2 [어미] 자음으로 끝나는 어간에 붙어, 명사형을 만드는 어미. 산의 높-음과 바다의 깊-음.

그러면, '-슴'은 어떤가? 국어 사전을 아무리 샅샅이 살펴 보아도 '-슴'이란 형태는 찾을 수 없다. '갓길 없음'의 '-음'이 위 두 가지 '음'의 용법 중 어느 것에 해당되는지를 몰라도, 맞춤법을 지키는 데는 아무 문제가 없다. 우리말에는 '-슴'과 같은 어미나 접미사는 존재하지 않기 때문이다. 국어사전을 한 번만 찾아 보면 피할 수 있는 실수를 수많은 지성인들이 반복하여 저지르는 어처구니 없는 상황이 벌어지고 있다. 참으로 부끄러운 일이다.

표기에 자신이 없는 낱말을 사전에서 확인하는 것이 따분하고, 들이는 노력에 비해 현실적 이득은 별로 없는 것처럼 보일 수 있다. 그러나 이 방법만큼 확실하게 맞춤법 준수를 보장해 주는 것은 없다. 더욱이 맞춤법을 지키지 않은 글이 글을 쓴 사람에게 돌아올 영향을 생각한다면 과연 현실적인 이득이 전혀 없다고 할 수 있을까?

한글 맞춤법과 관련된 문제를 좀 더 체계적으로 해결하고자 한다면, 한글 맞춤법 규정을 소개하고 해설을 덧붙여 놓은 책을 한 번쯤은 정독해 보아야 한다. 경우에 따라서는 맞춤법의 어느 부분에 관련 규정이 있는지조차 찾기가 어려운 때가 있다. 그러나 대학생 정도의 수준이라면, 한 번만 정독해 보아도 어디에 있었는지 정도는 기억할 수 있을 것이다.

이제부터 한글 맞춤법과 관련하여 흔히 잘 틀리는 경우를 문제 형식으로 제시하고, 관련 규정을 간략히 소개한다. 더 상세한 정보를 얻으려면, 소개된 규정을 한글 맞춤법 해설 책에서 직접 찾아보기 바란다. 그와 같은 노력이 쌓이면, 큰 자신감이 생길 것이다.

▶ 우리 말과 글의 어문규정

1) 한글 맞춤법 : 문교부 고시 제88-1호(1988.1.19)

※ 부록에 문장부호에 관한 규정이 있음.

2) 표준어 규정 : 문교부 고시 제88-2호(1988.1.19)

3) 외래어 표기법 : 문교부 고시 제85-11호(1986.1.7)

4) 국어의 로마자 표기법 : 문화관광부 고시 제2000-8호(2000.7.7)

5) 그밖에 어문규정에 준하는 것 : 표준 국어대사전(1999, 국립국어연구원)

---

[1] '초점'과 '촛점'(한글 맞춤법, 제30항)

[문제 1] 다음 자료의 { }한 부분에서 올바른 표기를 골라 보라.

(1) 가. {배가죽/뱃가죽}이 얇아 설사를 자주 한다.

나. {배사람/뱃사람}의 애환을 담고 있다.

(2) 가. 사공의 {배노래/뱃노래} 처량도 하다.

나. {배머리/뱃머리}를 돌리자니 사랑이 운다.

(3) 가. {배나무/뱃나무}에 배가 주렁주렁 달렸다.

나. {배탈/뱃탈}이 나 밤새 고생을 했다.

[해설] 사이시옷의 첨가에 관한 문제이다. 이와 관련된 몇 가지 원칙을 소개한다. 첫째, 둘 이상의 낱말이 합하여져 하나의 낱말을 이룰 때, 앞말이 모음으로 끝나고, 뒷말의 첫소리가 된소리로 바뀌거나 ㄴ 소리가 덧나는 경우에는 사이시옷을 붙인다. 발음에 아무런 변동이 없으면 붙이지 않는다.

[문제 2] 다음 자료의 { }한 부분에서 올바른 표기를 골라 보라.

(4) 가. 눈의 {초점/촛점}이 흐려진다.

나. 사과의 {개수/갯수}를 헤아려 보자.

(5) 가. {전세집/전셋집} 구하기가 참 어렵구나.

나. {머리방/머릿방}에서 여자 친구를 만났다.

(6) 가. 가을이 되니 거리에 {나무잎/나뭇잎}이 뒹군다.

나. {내가/냇가}에 가서 멱 감고 놀자.

[해설] 둘째, 위와 같은 조건에서도 문제의 낱말이 한자어(漢字語)와 한자어의 결합이면 사이시옷을 붙이지 않는다. 한자어와 고유어가 모여서 된 낱말이나 고유어끼리 모여서 된 낱말은 사이시옷을 붙인다.

[문제 3] 다음 자료의 { }한 부분에서 올바른 표기를 골라 보라.

(7) 가. 庫間{고간/곳간} 나. 貰房{세방/셋방} 다. 數字{수자/숫자}

라. 車間{차간/찻간} 마. 退間{퇴간/툇간} 바. 回數{회수/횟수}

[해설] 위의 낱말들은 뒷말의 첫소리가 된소리로 발음되나, 완전한 한자어여서, 사이시옷을 붙이지 않는 것으로 생각하기 쉽다. 위의 여섯 개 낱말은 완전한 한자어이지만, 예외적으로, 사이시옷을 붙인다.

[2] '확율'과 '확률'(한글 맞춤법, 제11항, 붙임1)

[문제 4] 다음 자료의 { }한 부분에서 올바른 표기를 골라 보라.

(8) 가. 命中率(명중율/명중률) 나. 失敗率(실패율/실패률)
다. 旋律(선율/선률) 라. 調律(조율/조률)
마. 先烈(선열/선렬) 바. 分裂(분열/분렬)

(9)) 가. 確率(확율/확률) 나. 視聽率(시청율/시청률)
다. 定型率(정형율/정형률) 라. 支離滅裂(지리멸열/지리멸렬)
바. 炸裂(작열/작렬)

[해설] 確率을 '확율'로 적어야 하는지 '확률'로 적어야 하는지 판단하기 쉽지 않다. '炸裂하는 포탄 아래…'에서의 炸裂은 '작열'이 옳은지 '작렬'이 옳은지 헷갈릴 때가 많다. 표기 원칙은 의외로 간단하다. 모음이나 ㄴ받침 바로 뒤에 오는 한자어'렬'(列, 烈, 裂, 劣)과 '률'(律, 率, 栗, 慄)은 '열'과 '율'로 적고, 나머지 경우는 모두 원음대로 '렬'과 '률'로 적으면 된다.

[3] '기름양'과 '기름량'(한글 맞춤법, 제11항, 붙임4)

[문제 5] 다음 자료의 { }한 부분에서 올바른 표기를 골라 보라.

(10) 가. 食事量(식사양/식사량) 나. 降雨量(강우양/강우량)
다. 積雪量(적설양/적설량) 라. 寒冷前線(한냉전선/한랭전선)
마. 空冷式(공냉식/공랭식) 바. 水冷式(수냉식/수랭식)

(11) 가. 구름量(구름양/구름량) 나. 기름量(기름양/기름량)
다. 소금量(소금양/소금량)

[해설] 위 자료에서의 한자어(漢字語) '量'과 '冷'은 낱말의 첫머리에 온 경우가 아니므로, 원음대로 '량'과 '랭'으로 적는 것이 원칙일 터이다. 그러나 약간의 예외도

있다. 첫째, 한자어(漢字語) 뒤에 결합된 경우에는 이 원칙을 따른다. 둘째, 순우리말과 결합된 경우에는 이 원칙이 지켜지지 않는다. 한자어는 독립성이 강한 것으로 여겨져, 실제로는 낱말의 첫머리가 아닌데도 낱말의 첫머리인 양 행세하여, 두음법칙의 지배를 받는 수가 있기 때문이다.

[4] '올게'와 '올께'(한글 맞춤법, 제53항)

[문제 6] 다음 자료의 { }한 부분에서 올바른 표기를 골라 보라.

(12) 가. 이 책은 내일 돌려 {줄게/줄께}.

나. 숙제부터 {할걸/할껄} 괜히 엉뚱한 짓만 했어.

다. 이 책은 내일 돌려 {줄가/줄까}?

라. 물가가 {오를수록/오를쑤록} 살기가 힘들어진다.

마. 어떻게 해야 {될지/될찌} 모르겠다.

바. 차라리 {죽을지언정/죽을찌언정} 자수를 할 수는 없다.

[해설] 의문형 어미를 제외하고는 모두 예사소리로 적는다.

[5] '으로서'와 '으로써'(한글 맞춤법, 제57항)

[문제 7] 다음 자료의 { }한 부분에서 올바른 것을 고르라.

(13) 가. 우리는 국토방위의 첨병{으로서/으로써} 어떠한 적의 침략도 두려워하지 않는다.

나. 지성인이라고 하는 대학생{으로서/으로써}, 어찌 폭력{으로서/으로써} 문제를 해결하려 하는가?

(14) 가. 칼{로서/로써} 일어선 자는 칼{로서/로써} 망한다.

나. 오랑캐{로서/로써} 오랑캐를 제압하려고 한다.

[해설] '죽음으로서' 나라를 지키는 건지, '죽음으로써' 나라를 지키는 건지 혼동하는 사람이 많다. 어떤 지위나 신분, 자격을 가진 뜻으로 말할 때는 '(으)로서'가 맞고, 재료나 수단, 방법을 나타낼 때는 '(으)로써'가 맞다.

[문제 8] 다음 자료의 { }한 부분에서 올바른 것을 고르라.

(15) 가. 그는 부지런하다. {그러므로/그럼으로} 잘 산다.

나. 그는 공부를 열심히 한다. {그러므로(써)/그럼으로(써)} 부모의 은혜에 보답한다.

[해설] '그러니까'의 뜻일 때는 '그러므로'가 맞고, '그렇게 함으로써/그렇게 하는 것으로(써)'의 뜻일 때는 '그럼으로(써)'가 맞다.

[6] '-읍니다'와 '-습니다', '없음'과 '없슴'(표준어 규정, 제17항)

[문제 9] 다음 자료의 { }한 부분에서 올바른 표기를 골라 보라.

(16) 가. 저는 어제 {왔읍니다/왔습니다}.

나. 얼음이 {녹읍니다/녹습니다}.

[해설] 종전에는 '-읍니다'로 적기도 하였으나, 1988년 개정된 표준어 규정에서는, 자음으로 끝나는 말 뒤에서는 '-습니다'로 적으며, 모음으로 끝나는 말 뒤에서는'-ㅂ니다'로 적는다.

[문제 10] 다음 자료의 { }한 부분에서 올바른 표기를 골라 보라.

(17) 가. 갓길 {없음/없슴}. 나. 해당 사항 {없음/없슴}.

다. 때밀이 {있음/있슴}.

[해설] '-읍니다'가 없어지고 '-습니다'로 적도록 한 후, 명사형 어미 '-음'을 '-슴'으로 적는, 참으로 어처구니 없는 실수가 생겨나기 시작했다. 이러한 실수는 '있음', '없음', '갔음'의 '음'이 앞말의 ㅅ 받침으로 인하여 '슴'으로 발음되는 데서도 영향을 받은 것으로 보인다. 그러나 '받슴(×), 먹슴(×)'이라고 하지 않는 것에서 알 수 있듯이 국어에는 '-슴'이라는 어미가 없다.

종결어미이면 '-ㅂ니다/습니다', 명사형 어미이면 '-ㅁ/음'

[7] '서슴지 않다'와 '서슴치 않다'(한글 맞춤법 제40항 관련)

[문제 11] 다음 자료의 { }한 부분에서 올바른 표기를 골라 보라.

(18) 가. 그 사람은 {서슴지/서슴치} 않고 곧장 주먹을 휘둘렀다.

나. 그 사람은 말을 {삼가지/삼가치} 않다가 화를 입었다.

(19) 가. 그 사람은 내가 {원지/원치} 않은 일을 끝내 하고 말았다.

나. 저 물건은 {간편지/간편치} 않다.

[해설] 한글 맞춤법 제40항에서는, "어간의 끝음절 '하'의 'ㅏ'가 줄고, 'ㅎ'이 다음 음절의 첫소리와 어울려 거센소리로 될 적에는 거센소리로 적는다"고 하고 있다. 따라서 '원하다', '간편하다'의 경우는 거센소리로 적어야 한다. 그러나 '서슴다', '삼가다'는 '-하다'로 끝나는 말이 아니므로, 거센소리로 적을 이유가 없다.

[문제 12] 다음 자료는 본말과 준말을 나란히 놓은 것이다. { }한 부분에서 올바른 표기를 골라 보라.

(20) 가. 원하지 : {원지/원치} 나. 원하게 : {원게/원케}

다. 간편하지 : {간편지/간편치} 라. 간편하게 : {간편게/간편케}

마. 가(可)하다 : {가다/가타}

(21) 가. 생각하지 : {생각지/생각치} 나. 생각하건대 : {생각건대/생각컨대}

다. 섭섭하다 : {섭섭다/섭섭타} 라. 섭섭하지 : {섭섭지/섭섭치}

[해설] '-하다'가 붙은 말이 준말이 될 때에, 첫째, '하'의 'ㅏ'만 줄고 'ㅎ'은 남는 경우도 있고, 둘째, '하' 전체가 주는 경우도 있다. 첫째 경우는 'ㅎ'이 남아 있기 때문에 다음 음절의 첫소리가 거센소리로 날 것이고, 둘째 경우는 그렇지 않을 것이다. '원하나, 간편하다, 가하다' 등은 첫째 경우이고, '생각하다, 섭섭하다' 등은 두 번째 경우이다. 이를 정리하면 다음과 같다.

(22) 가. 간편하다 : 간편치, 간편컨대, 간편케

나. 생각하다 : 생각지, 생각건대, 생각게

[문제 13] 다음 자료는 본말과 준말을 나란히 놓은 것이다. { }한 부분에서 올바른 표기를 골라 보라.

(23) 가. 아니하다 : {아니다/아니타/않다}, {안고/안코/않고}
 나. 그러하지 : {그러지/그러치/그렇지}, {그러고/그러코/그렇고}
 다. 저러하고 : {저러고/저러코/저렇고}

[해설] '하'의 'ㅏ'가 줄고, 남은 'ㅎ'을, 관습적으로, 받침으로 표기하는 경우가 있다. 앞의 예들이 전부 그러한데, 이 문제는 우리의 눈에 익은 것이어서, 틀리는 경우가 없을 것이다.

[문제 14] 다음 자료의 { }한 부분에서 올바른 표기를 골라 보라.

(24) <아뭏든/아무튼> 네가 알아서 해라.

[해설] '결단코, 결코, 기필코, 무심코, 아무튼, 요컨대, 정녕코, 필연코, 하마터면, 하여튼, 한사코' 등의 부사는 소리대로(거센소리로) 적는다.

제7장

비문의 진단과 치료

1. 말과 글

좋은 글을 쓰기 위해서는, 생각을 조리있게 하는 훈련과, 생각을 글로 조리있게 표현하는 훈련이 모두 필요함은 물론이다. 그러나 조리 있게 생각하고 표현하기 위해서는 말의 도움을 받아야 한다. 생각과 말의 관계는 여기서 섣불리 다룰 수 없을 만큼 복잡한 문제를 안고 있는 것이지만, 말이 없으면 우리의 생각을 논리적으로 가다듬을 수 없음은 분명하다. 다음은 어떤 교수가 쓴 글이다.

> 영어 조기 교육은 반가우면서도 조심스런 일이다. 반가운 일이라 함은 언어 민감기가 5세에서 10세초라고 발달 심리학 쪽에서는 내세우는 주장이고 보면 언어 습득 능력은 이제 10세 이전에 이뤄져야 된다는 쪽이니 말이다.

위 문장은, 짧은 분량의 글 속에 많은 어법적 오류를 저지를 수 있음을 보여 주기 위해 의도적으로 만든 것 같다. 첫째, '반가운 일이라 함은'에 걸리는 서술어가 없다. 둘째, '주장이고 보면'에서의 '주장이다'에 걸리는 주어가 없다. 셋째, '언어 습득이 10세 이전에 이뤄진다'는 것은 가능하지만, '언어 습득 능력이 10세 이전에 이뤄져야 한다'는 것은 의미상으로 말도 안 된다. 글을 이 정도 수준으로 쓰는 사람의 머리 속에서 어떤 논리적인 사고가 가능하겠는가?

생각을 조리 있게 말로 표현하는 작업에서도 말의 구조에 대한 지식이 필수적이다. 어떠한 성격의 글이든 간에 그것은 우리의 말이 바탕이 된다. 글이란 우리가 쓰는 말을 문자로 옮겨 놓은 것에 불과하다고 해도 과언이 아니다. 좋은 글을 만들기 위해서는 말을 잘 다듬을 줄 알아야 하며, 말을 잘 다듬기 위해서는 말의 구조에 대해 알고 있지 않으면 안 된다.

말의 구조를 따질 때는 대개 문장을 기초적 분석 단위로 삼는다. 말은 수없이 많은 문장들로 이뤄진다고 보는 것이다. 우리 한국어는 한국어 문장들의 집합이라고 보는 것과 같다. 이러한 관점을 받아 들이면, 말의 구조를 따지는 작업이 그 말을 구성하는 문장의 구조를 따지는 것과 동일하게 된다.

2. 비문의 진단과 치료

비문(비정형적인 문장)을 골라낼 수 있는 능력을 가졌다는 것은, 의사로 치면, 상대방이 건강한 사람인지 병든 사람인지 구분할 수 있다는 것과 같다. 병이 있는지 그렇지 않은지를 판단하는 능력이 실로 유용한 것이듯이, 특정한 문장의 적절성 여부를 즉각적으로 알아차리는 능력 또한 유용한 것이어서, 조금의 훈련만 쌓으면, 우리의 언어·문자 생활에 큰 도움이 된다. 예를 들어 보자.

(1) 영조 9년(1733) 4월에 청원군에 사는 김상중은 그의 잠상활동이 발각되어 효시된 다음, 그와 거래하던 청인이 강을 건너와서 파수장졸을 묶어 데리고 가서는 인질로 삼고 강 건너편에서 상중에게 건네 준 인삼값을 물어 내라고 외쳤다는 것이다.

위 문장은 비문이다. 그러나 어디가 잘못된 것인지 알아차리기가 쉽지 않다. 문장이 상당히 길고, 낱말 중의 일부가 쉬운 일상어가 아니며, 내용 또한 우리가 쉽게 경험할 수 있는 사건이 아니어서 낯설게 느껴진다. 직관적으로 판단하기 어려운 이유는 바로 여기에 있다. 이런 경우를 대비해 훈련이 필요한 것이다.

우리가 해야 할 훈련은 대단한 것이 아니다. 다음과 같은 몇 가지의 요령만 익힌 다음, 반복하여 익히면 자연스레 능력이 붙게 마련이다.

① 문장의 뼈때만 추려 본다.
② 우리에게 친숙한 사건의 내용으로 교체한다.
③ 가능한 한 쉬운 낱말을 쓴다.

위 문장의 뼈대를 추려 보면 다음과 같다.

(2) 가. 김상중은 … 효시된 다음, 청인이 … 외쳤다.
나. X은/는 ………… 된 다음, Y이/가 … 했다.

이를 바탕으로, 쉬운 낱말과 우리에게 친숙한 내용으로 교체하면, 다음과 같은 문장으로 환원하여 상정할 수 있다.

(3) *갑순이는 시집을 간 다음, 갑돌이가 밤마다 울었다.

이젠 어떤가? 모든 학생들이 이 문장을 듣는 순간 매우 어색한 점이 있음을 느낄 것이다. 이와 같은 느낌은 마치 본능적인 것이어서, 즉각적이고도 무차별적이다. 다시 말하면, 한국어 토박이 화자이면 누구나 이 문장이 어법에 맞지 않는 것임을 즉각적으로 알게 된다는 것이다. 따라서 우리는 (3)의 문장에 비추어, (1)이 비문임을 알 수 있게 된다. 문장의 정형성에 대한 판단 능력을 이용하고자 하는 우리가 거쳐야 할 훈련은 바로 이런 것이다.

사람이 앓는 질병을 진단하고 치료하는 행위는 매우 복잡하여 쉽게 흉내낼 수 없는 것이겠지만, 평범한 우리가 일상 생활에서 겪는 질환은 사실 몇 가지 안 된다. 감기·몸살, 배탈·설사가 고작이며, 열이 나면 해열제를, 통증이 있으면 진통제를, 소화가 안되면 소화제를 먹는 식으로, 몇 가지로 유형화해서 대처할 수 있다. 이와 마찬가지로, 문장의 구조를 따져 정확한 문장으로 고쳐 쓰는 것도 몇 가지로 유형화하여 연습할 수 있다. 우리가 저지르는 실수도, 비슷한 것끼리 묶으면, 몇 가지 안 되며, 실수의 유형에 따라 고치는 방법도 간단히 익힐 수 있는 것이다.

이제부터는 우리가 문장을 부려쓰는 과정에서 저지르기 쉬운 실수와 간단한 치료법을 몇 가지로 유형화해서 제시한다. 이를 토대로 국어 문장을 정확하게 부려쓰는 능력을 기를 수 있을 것이다.

3. 비문의 유형과 수정

1) 주어가 잘못 생략된 문장

하나의 문장이 성립하기 위해서는 몇 가지 성분이 필요한데, 문장의 성립에 필수적인 성분을 주성분이라 하고, 그렇지 않은 성분을 부속성분이라 한다.

어떠한 경우에도 주어는 필수적 성분이 된다. 그러나, 이것은 순수히 문법적인 관점에서 보았을 경우이다. 우리는 구체적인 맥락 속에서 말을 하므로, 문장이 놓인 맥락의 특성에 따라 불필요하다고 판단할 때에는 대개 주어를 생략한다.

(1) (문) 버스가 몇 시에 도착합니까?
　(답) 가. 11시 10분에 도착합니다.
　　　나. 버스가 11시 10분에 도착합니다.
(2) 가. 우리는 영화를 보고 나서 식사를 하였다.
　나. 우리는 영화를 보고 나서 우리는 식사를 하였다.

(1)의 예는 질문과 응답이 짝을 이루고 있는 경우인데, (a)처럼 주어를 생략하여 응답해도 주어 '버스가'가 질문 속에 있으므로 아무런 문제가 생기지 않는다. (2)의 예에서도 (가)가 (나)보다 더 자연스럽다. 밑줄친 선행절 속에서 '우리는'이라는 주어를 찾을 수 있기 때문이다. 불필요한 것을 되풀이하면 문장이 단조로와 보여 거친 느낌을 준다.

주어가 생략되어도 주어진 맥락에서 찾을 수 있다는 것은, 전문적 용어로 나타내면, '회복 가능성'이 있다는 뜻이다. 즉. 회복 가능성이 있을 때에만 생략하여야 하며, 그렇지 않은 경우에 주어를 빼면, 의미 해석에 큰 혼란이 생길 수 있다. 글을 쓸 때에는 이 점을 꼭 명심해야 한다. 다음 예문을 보자.

(3) 그러나 이와 같은 높으신 뜻(세종이 훈민정음에 부여한 뜻)을 겨우 그 아드님 되는 세조에까지 이어가고 그 뒤에는 아무렇게나 발음되는 대로 적는 소위 언문 글자로 떨어지고 말았다.

위 문장은, 뼈대 부분만 간략히 추리면, 대략 다음과 같은 두 개의 문장이 결합된 것으로 볼 수 있다. 그런데, s1과 s2는 모두 밑줄친 서술어 '이어갔다'와 '떨어지고 말았다'에 호응하는 주어가 없다. 높으신 뜻을 이어간 주체가 누군지, 언문글자로 떨어지고 만 주체가 무엇인지 앞 뒤의 맥락을 통해 짐작하기 어렵다.

(4) s1 * 높으신 뜻을 겨우 그 아드님되는 세조에까지 이어갔다.
(?)<————┘
s2 * 발음되는 대로 적는 소위 언문 글자로 떨어지고 말았다.
(?)<————┘

s1의 경우, 주체를 민중 또는 지배계급이나 왕(세조)이라고 생각하는 사람도 있을 것이며, s2의 경우에는 생략된 주어가 훈민정음이라는 점을 쉽게 알 수 있지 않겠느냐고 반문할 수도 있을 것이나, 일반적인 독자로서는 사정이 다르다. 따라서, (3)의 문장은 회복 가능성이 없는 주어가 생략되어 있으므로 비문이다.

s1의 경우 글쓴이가 문제의 주체를 '세조'라고 보았다면, '세조에까지'를 '세조가'로 바꾸어야 하고, '세조에까지'라는 표현을 살리고 싶다면 문장의 구조를 수동문으로 고쳐야 한다.

(5) s1 높으신 뜻을 겨우 그 아드님 되는 세조가 이어갔다.
s1 높으신 뜻은 겨우 그 아드님 되는 세조에까지 이어졌다.

그리고, s2는 다음과 같이 수정해야 한다.

(6) s2 훈민정음은 … 소위 언문 글자로 떨어지고 말았다.

이상과 같은 점을 고려하면 (3)은 다음과 같이 다듬을 수 있을 것이다.

(7) 그러나 이와 같은 높으신 뜻(세종이 훈민정음에 부여한 뜻)은 겨우 그 아드님 되는 세조에까지 이어지고, 훈민정음은 그 뒤에 아무렇게나 발음되는 대로 적는 소위 언문 글자로 떨어지고 말았다.

2) 서술어가 잘못 생략된 문장

서술어도 회복가능성이 있을 때에는 생략할 수 있다. 다음의 예를 검토해 보라.

(1) (문) 넌 어제 어디 갔었니?
(답) 가. 서울(에).
나. 서울에 갔었어.
다. 난 어제 서울에 갔었어.
(2) 가. 영이는 사과를, 순이는 배를, 나는 수박을 먹었다.
나. 영이는 사과를 먹었고, 순이는 배를 먹었고, 나는 수박을 먹었다.

서술어도, 필수적 성분이어서, 주어와 마찬가지로 회복가능성이 있을 때에만 생략해야 한다. 그렇지 않으면 비문이 된다. 다음의 예문을 보자.

(3) 여기서 특이한 점은 30대 연령층의 평균 수치보다 청소년기에 속해 있는 수험생들이 건강에 대한 요구 수치가 높게 나타났다.

위 문장을, 뼈대만 추리는 방식으로, 주요 성분들만으로 문장을 재구성해 보면 다음과 같다.

(4) 특이한 점은 수험생들이 건강에 대한 요구 수치가 높게 나타났다.
└─>(?) └─>(?) └──────┘

서술어 형식을 취하고 있는 것은 유일하게 '높게 나타났다'인데 그것의 주어는 '요구

수치'이다. 그러므로 밑줄친 '특이한 점은'과 '수험생들이'에 걸리는 서술어가 없음을 알 수 있다. 문제점을 정리하면 다음과 같다.

(5) 가. <특이한 점은> ---------- < ? >
나. <수험생들이> ---------- < ? >
다. <요구수치가> ---------- <높게 나타났다>

(나)에서는 '수험생들이'는 '수험생들의'로 바꾸어 관형어로 만들면 서술어가 필요 없게 되지만, (가)에서는 적절한 서술어를 만들어 보충시키는 도리 외에는 방법이 없다. 따라서 다음과 같은 식으로 수정되어야 한다.

(6) 가. <특이한 점은> ---------- <…는 사실/점이다>
나. <수험생들이 → 의>
다. <요구수치가> ---------- <높게 나타났다>

(7) 여기서 특이한 점은 30대 연령층의 평균 수치보다 청소년기에 속해 있는 수험생들의 건강에 대한 요구 수치가 높게 나타났다는 {사실이다/점이다}.

연습문제 (7장-01)

대학	학부/학과	학번:
이름:	제출일: 년 월 일	평점:

1. 다음은 주어가 잘못 생략된 경우이다. ( ) 속에 적절한 형식의 주어를 새로 만들어 넣거나, < >한 부분을 주어 형식으로 고쳐, 자연스러운 문장이 되도록 하라.

(1) 그런데 ( ) 우리 소설사가 뒤에 단편 소설로 자리를 바꾸면서 그 사고적인 것, 사상성 같은 것이 거의 무시되어 버리고 만 사실이다.

(2) 헨델에게 새로운 길이 열렸는데 ( ) 비운에 빠진 그를 아일랜드 총독이 초청한 일이다.

(3) 하나의 철학적 <문제를 중심으로> 수 세기 동안이나 끊임없이 논의된 것은 드문 일이다.

(4) <이로 인한> 사회에 미칠 영향 또한 크다고 본다.

(5) 바이러스를 퇴치하는 <프로그램을> 자동적으로 {실행되도록} 하여야 한다.

(6) 정부에서 손을 떼면 노사는 <정상관계로> {될 것이다}.

(7) 음식을 골고루 먹으세요. ( ) 건강 악화의 {원인이 됩니다}.

(8) 시동이 꺼지면 엔진룸의 열 감지센서가 작동하지 않게 되므로 <자동적으로 연료 분사를 {차단하여}> 연료를 절약할 수 있습니다.

(9) 택시에서 내릴 때는 뒤 쪽에서 오는 오토바이나 자전거를 조심하세요. ( ) {다치거나} 문이 파손될 수 있습니다.

2. 다음은 밑줄 친 부분에 걸리는 서술어가 없는 경우이다. 적절한 형식의 서술어를 새로 만들어 넣거나, 특정한 한 부분을 서술어 형식으로 고쳐, 자연스러운 문장이 되도록 하라.

(1) 우리말에는 토박이말이 잘 발달되어 있다. 다만 {문제는} 우리나라의 지식인들은 자기 자신의 토박이말보다 외국서 들어 온 말을 더 중요하게 여겼다.

(2) 중앙재해대책본부는 19일 지난번 폭우로 피해를 본 수재민들에게 {겨울철 이전

에} <주택복구를 위해> 86억 원의 자금을 지원키로 했다.

(3) 대학생은 그 본질적 임무인 <{학문탐구와} 그 뿐만 아니라> 사회에 대해서도 열심히 봉사해야 함은 당연하다.

(4) {밀폐된 공간에서의 보일러 가동은} 산소 부족으로 질식할 수 있습니다.

(5) 전자는 조직 폭력배가 공권력에 대한 일종의 도전이었고 후자는 경찰의 직무 소홀에 의한 결과가 아닐 수 없다.

(6) 지기(地氣)는 곧 지자기(地磁氣)라는 가정도 성립될 수 있다. 우리들이 흔히 '지기를 받아야 산다.'등의 의미는 무엇인가?

3) 관형어가 잘못 사용된 문장

글을 쓸 때에 관형어와 관련하여 주의할 사항으로 대표적인 것은 <명사+의>로 된 관형어 문제이다. 이를 잘못 쓰면, 비문이라고 꼬집어 말할 수는 없지만, 부자연스런 문장이 된다.

첫째, <명사+의> 관형어를 잘못 사용하면 의미의 불명확성을 야기할 수 있다. 다음에서 보듯이, <신성일의 영화>란 표현은 여러 가지 의미로 해석될 수 있다.

(1) <신성일의> 영화는 우리 영화사에서 무시 못 할 비중을 차지한다.

(2) 가. 신성일이 출연한 영화
　　나. 신성일이 감독한 영화
　　다. 신성일이 제작한 영화

글쓴이는 신성일 씨 하면 보통 영화배우로 생각하므로 (가)의 의미로 해석하는 것을 당연시하여 이와 같은 표현을 썼다고 해도, 무엇인가 곰곰이 따지기 좋아하는 사람에게는 매우 무책임한 표현이 된다.

둘째, 주격조사를 쓰는 것이 좋을 듯한 자리에 조사 <의>를 쓰거나, 뚜렷한 이유 없이 불필요하게 조사 <의>를 덧붙여 놓은 예가 많다.

(3) <너희의> 비판하는 그 비판으로 너희가 비판을 받을 것이오./<너희가>

다음의 예문에서 쓰인 <의>는 불필요하다. 불필요한 부분은 과감히 줄이는 것이 좋다.

(4) 한국 교회에 우리<의> 것이 있는가?

셋째, 다음에서 보듯이 이 관형어를 계속 반복하여 사용하면 문장이 단조롭게 되어 매우 부자연스런 느낌을 주기도 한다.

(5) 한국과<의> 결승에서<의> 판정<의> 선택

넷째, 이와 같은 관형어를 쓰면 자연스런 입말(구어)체로부터 벗어나 딱딱한 느낌을 받게 되는 수가 많다. 다음의 자료를 검토해 보라.

(6) 저는 편집 분야로<의> 진출을 원합니다(편집 분야로 진출하기를)

4) 부사어가 잘못 사용되거나 생략된 문장

체언에 부사격조사가 붙어서 된 부사어 중에도 필수적 성분인 경우가 있다. 다음 중 (2)는 문법적으로 또는 의미·논리적으로 매우 불완전하여 비문으로 본다.

(1) 가. 나는 영철이를 <동생으로> 삼았다.
　나. 이것은 가짜인데 <진짜와> 똑 같다.
　다. 김군은 <무역회사에> 다닌다.
　라. 이 화분을 <식탁 위에> 놓아라.
　마. 그가 <너에게도> 선물을 주더냐?
(2) 가. *나는 영철이를 삼았다.
　나. *이것은 가짜인데 똑 같다.
　다. *김군은 다닌다.
　라. *이 화분을 놓아라.
　마. *그가 선물을 주더냐?

다음 (3)이 비문이 되는 이유도 동일한 관점에서 설명할 수 있다.

(3) *인간은 자연을 지배도 하<고> 복종도 하<며> 살고 있다.

(3)은, 크게 보아, 다음과 같은 세 개의 문상이 연결어미에 의해 결합된 접속문 구성이다.

(4) s1 인간은 자연을 지배한다.
　s2 인간은 자연에 복종한다.

s3 인간은 살고 있다.

이렇게 보면, (3)은 s2의 서술어 <복종한다>에 필요한 부사어 <자연에>가 탈락되어 없어짐으로써 비문이 되었음을 알 수 있다. <자연을>은 목적어이므로 그것을 대신할 수 없다. 따라서 다음과 같이 수정해야 한다.

(5) 인간은 자연을 지배도 하고 자연에 복종도 하며 살고 있다.

부사어는 서술어에 덧붙어서 그 뜻을 한정하여 주는 말이므로 그 둘 사이의 호응 관계가 문법적으로 또 의미적으로 타당성을 가져야 한다. 다음 예를 보자. 아래 문장은, 크게 보아, 두 개의 문장이 연결 어미에 의해 연결된 접속문 구성이다.

(6) *○○○ 선수는 올 안으로 3체급 석권의 위업을 달성하고 <내년쯤> 명예로운 은퇴를 꿈꾼다.

(7) s1 ○○○ 선수는 올 안으로 3체급 석권의 위업을 달성한다.
s2 ○○○ 선수는 <내년쯤> 명예로운 은퇴를 꿈꾸고 있다.

(X)

s2의 부사어 <내년쯤>이 수식하는 서술어는 어느 것일까? 서술어가 될 수 있는 것은 '꿈꾼다'밖에 없다. 그러나, 의미상으로 보아, '꿈을 내년에 꾼다'일 수는 없고, '은퇴를 내년에 한다'라는 뜻이어야 하므로, 부사어 <내년쯤>이 '은퇴' 부분을 수식할 수 있도록 다음과 같이 수정해야 한다.

(8) ○○○ 선수는 올 안으로 3체급 석권의 위업을 달성하고 <내년쯤> 명예롭게 은퇴하기를 꿈꾼다.

연습문제 (7장-02)

대학	학부/학과	학번:
이름:	제출일: 년 월 일	평점:

1. 다음 문장 중, < >한 부분 속에 있는 조사 '의'를 삭제하거나 다른 조사로 바꾸어, 자연스런 문장이 되도록 하라.

(1) 플라톤은 인생의 최대 승리는 '내가 나를 이기는 것'이라고 역설했다. <인생의> 넘어야 할 시련의 언덕, 건너야 할 고난의 강이 허다하다.
(2) 교회 개척 당시부터의 주보가 한 자리에 모여 있어 <교회의> 발전해 온 모습을 보여 준다.
(3) 은행 대출을 받는 과정에서 OOO씨가 압력을 행사했는지<의> 여부를 조사했다.
(4) 한국<의> 최초의 신부이며 선각자이신 김대건 신부

2. 다음 문장은 수식 표현에 문제가 있는 경우이다. < > 부분을 고쳐 올바른 문장이 되도록 하라.

(1) <가능한> 움직이지 말고 조용히 기다리세요.
(2) 처음엔 자동차를 천천히 운전하십시오. <그렇지> 않으면 연료가 많이 소모됩니다.
(3) 심각한 <대화할> 때는 흥분을 억제할 수 있어야 합니다.
(4) 새로운 기억은 <먼저> 기억과 함께 저장되며, 먼저 저장된 기억은 지워지지 않습니다.
(5) 본사 제품을 구입하고자 하는 분은, <아래와 같이> 수신자 부담 전화를 이용하여 주문하여 주시기 바랍니다.
(6) 어떤 작업이라도 <비교적 마무리 단계에서> 긴장이 풀어져 사고가 날 수 있다.
(7) 이 라디오는 현재의 상태에서 수신 가능한 채널 중에서 가장 수신 상태가 좋은 채널 순으로 <선정하는 향상된 프로그램이 장착되어 있다>.
(8) 오토바이, 자동차, 비행기 등과 <같은> 속도를 추구하는 현대 생활의 필수적 기기들은 한편으로 강한 야만성을 내포하고 있다.

(9) <과도한 지나친> 해외 투자로 말미암아 그룹 전체의 재무 구조가 심각하게 왜곡되어 왔다.

(10) 채소를 힘들이지 않고 풍성하게 가꾸려는 욕심에 농약을 살포하게 되는데, 조심하여 적정량을 살포해야 합니다. 만일 <실수로 과잉살포 시에는> 농사도 망치고 건강도 망치게 됩니다.

3. 다음 문장은 조사 '의'의 부적절한 사용으로 문어체 같은 느낌을 준다. 이를 삭제한다면, 나머지 부분을 어떻게 고쳐야 하겠는가?

(1) 우리는 발전기금<의> 대폭적인 확충을 통한 명문 대학으로<의> 발전을 위해 …

(2) ○○당은 소선거구제로<의> 당론 변경을 위해 …

(3) 프랑스 혁명은 봉건제도에서<의> 탈피와 인간의 자유와 평등을 존중하는 민주제도를 형성하게 하였으며, 사람들에게 생의 희망과 보람을 갖게 하였다.

4. 다음 문장은 부사어가 빠져 있어 불완전한 느낌을 준다. 부사어 하나를 보충하라.

내가 무소르그스키의 곡을 특히 좋아하는 까닭은 그 곡들이 재능만으로 이뤄진 것이 아니라 그의 인간성이 스며있기 때문이다.

5. 다음 문장은 모두 <　> 부분의 수식 대상이 어느 것인지 확실하지 않다. 수식 대상이 될 수 있는 부분들을 열거하고, 글의 내용상 적절한 수식 대상을 찾아 수식관계를 분명히 하기 위해서는 어떻게 고쳐야 하는지를 지적하라.

(1) <우연히> 열려진 성문 안으로 두 남녀가 들어가는 것을 보았다.

(2) <설상가상으로> 정년퇴임하는 경우 극히 일부를 제외하고는 많은 사람들이 연금이나 퇴직금의 수혜를 받지 못하거나 ……

(3) 그런 그가 <지난 8월 30일> 뉴스를 끝으로 앵커 활동을 끝내고 영국으로 2년간 훌쩍 유학을 떠나 버렸다.

5) 연결되는 성분끼리 균형이 이뤄지지 않은 문장

접속문 구성은 둘 이상의 단순문이 연결 어미에 의해 연결된 구조이다. 그 중에서 대등적인 접속은 연결되는 요소들이 '동질적'인 성격이어야 한다. 그렇지 않은 문장은 매우 어색하게 보인다.

(1) 가. ?*철수는 책을 읽고 화가이다.
　　나. 철수는 책을 읽고 자리에 앉았다.

(1)에서 (가)는 매우 어색한 데 비해 (나)는 그렇지 않다. 각 문장은, 대략 다음과 같은 방식으로, 두 개의 단문이 결합된 것이다.

(2) 가. [철수는 책을 읽는다]s1 -고- s2[철수는 화가이다]
　　나. [철수는 책을 읽었다]s1 -고- s2[철수는 자리에 앉았다]

서술어를 비교해 보면 (가)의 경우에는 '읽는다'와 '화가이다'인데, 앞의 것은 동사이고 뒤의 것은 '명사+조사'이므로 이질적이다. 그러나 (나)의 경우에는 '읽었다'와 '앉았다'로 다 같이 동사여서 동질적이다.

(3) 가. [읽는다] : (동사) -- 이질적 -- (명사+이다) : [화가이다]
　　나. [읽었다] : (동사) -- 동질적 -- (동사) : [앉았다]

대등적으로 접속되는 성분들끼리 동질적이어야 한다는 것에는 품사뿐만 아니라, 표현 방식이나 구성 성분 구조 등의 동질성도 포함된다. 이와 같은 점을 염두에 두고 다음 문장을 보자. (4)는 대략 (5)와 같이 두 개의 문장이 연결된 것으로 볼 수 있다.

(4) ?*글이니 학이니 하는 용어가 다 비슷한 내용을 지시하는 것 같기도 하고 서로 다른 점도 있다.

(5) s1 … 용어가 … 비슷한 내용을 지시하는 것 같기도 하다.

s2 … 용어가 … 다른 점도 있다.

(5)의 문장 하나하나를 보면 특별히 어떤 문제를 발견할 수 없다. 문제는 연결어미 <-고>에 의해 연결되는 과정에서 발생한 것인데, 밑줄 친 두 부분을 비교해 보면 표현 방식이 서로 이질적이다. 따라서 다음과 같은 방식으로 통일시켜야 어색함을 줄일 수 있다.

(6) s1 … 용어가 … 비슷한 내용을 지시하는 것 같기도 하다.
  s2 … 용어가 … 다른 점을 지시하는 것 같기도 하다.

(7) 글이니 학이니 하는 용어가 다 비슷한 내용을 지시하는 것 같기도 하고 서로 다른 점을 지시하는 것 같기도 하다.

다음의 (8)도 동일한 관점에서 오류를 지적할 수 있다.

(8) ?*이 날 회의는 미성년자에게 술 담배를 팔거<나> 풍기문란영업 행위에 대해 벌칙을 강화하는 내용의 미성년자 보호법 개정안을 백지화, 이 법을 개정하지 않기로 했다.

(8)에서 밑줄친 부분은 대등접속의 연결어미 <거나>에 의해 연결되어 있는데, 두 부분만 따로 분리하면 다음과 같이 분석된다.

(9) 가. [… 미성년자에게 술 담배를 팔다] : 문장의 형식
  나. [… 풍기 문란 영업] : 명사구의 형식

앞의 두 요소는 매우 이질적이다. 하나는 문장 형식이고 다른 하나는 명사구 형식이기 때문이다. 따라서 다음의 두 경우 중 하나의 방식으로 통일시켜야 한다.

(10) 가. [… 미성년자에게 술 담배를 팔다]s

나. [… 풍기가 문란하게 영업을 하다]s

(11) 가. [… 미성년자에게의 술 담배 판매]NP
나. [… 풍기 문란 영업]NP

(가) 방식을 택할 경우, 다음과 같이 수정할 수 있다.

(12) 이 날 회의는 미성년자에게 술 담배를 팔거<나> 풍기가 문란하게 영업을 하는 행위에 대해 벌칙을 강화하는 내용의 미성년자 보호법 개정안을 백지화, 이 법을 개정하지 않기로 했다.

6) 불필요한 구성 성분이 있는 문장

불필요한 구성 성분이 중복되어 나타나면, 문장이 복잡하게 되어, 분명한 의사 전달에 장애가 될 수 있다. 다음 문장을 보자.

(1) ?*○○대학교 학생이 △△대학교 도서관에 가<서> 공부를 하{는} 학생이 많다.

위 문장을 읽어 보면, 어딘가 어색하다는 느낌을 받지만, 그 이유를 분명히 지적하기는 힘든다. 좀 더 간단한 문장으로 환원하여 따져 보자.

(2) *한국 여대생이 학교에 가서 화장하는 여대생이 많다.

이 문장은 매우 어색한데, 그 원인을 비교적 쉽게 지적할 수 있다. 이를 자연스런 문장으로 고쳐 보라면, 밑줄 친 부분을 다음과 같이 바꿀 것이다.

(3) 한국 여대생 중에, 학교에 가서 화장하는 여대생이 많다.

왜 이렇게 바꿔야 하는가? 좀더 간편한 설명을 위해 다음과 같은 표현을 가정해 보자.

(4) 가. 화장하는　　여대생
(수식어)　　(피수식어)

나. 화장하는　　여대생
(서술어)　　(주어)

(4가)에서 '화장하는'은 '여대생'을 수식하는 수식어(관형어) 역할을 한다. 그런데 의미상으로 보면, '화장하는' 행위의 주체는 여대생이므로, '여대생'은 주어(의미상의 주어)가 되고, '화장하는'은 그것에 대한 서술어가 된다.

이와 같은 점을 염두에 두고, 다음 문장을 보자. 다음 문장의 '화장하는'은 주어가 두 개인 셈이 된다. 하나는 문법적 주어(주어①)인 '한국 여대생'이고, 다른 하나는 의미적 주어(주어②)인 '여대생'이다.

(5) *한국 여대생이　화장하는　여대생이 많다.
주어①　　　　　　주어②

하나의 서술어에 상정되는 주어가 두 개라는 것은 표현이 중복되어 있다는 뜻이다. 그러므로 하나를 주어가 아닌 다른 성분으로 만들거나 삭제해야 한다. 이럴 때는 첫 번째 주어를 부사어로 만드는 것이 좋다. 그리고 '여대생'이란 표현이 두 번 나오므로, 하나를 그냥 '학생'이라고 하면, 더욱 산뜻한 느낌을 준다.

(6) 가. 한국 여대생 중에, 화장하는 여대생이 많다.
나. 한국 여대생 중에, 화장하는 학생이 많다.

이제 앞의 (1)의 문제로 돌아가자. (7)을 다시 인용한다. 위와 동일한 방식으로, 문법적 주어(①)와 의미적 주어(②)를 찾아보면 다음과 같다.

(7) ?*○○대학교 학생이 △△대학교 도서관에 가<서> 공부를 하{는} 학생이 많다.

① ②

(7)은 첫 번째 주어를, (가)부사어로 고치거나, 아예 (나)삭제하는 방식으로 수정하여야 한다. 각각의 방식대로 고치면, 다음과 같이 될 것이다.

(8) 가. ○○대학교 학생 중에, △△대학교 도서관에 가서 공부하는 학생이 많다.

나. △△대학교 도서관에 가서 공부하는 ○○대학교 학생이 많다.

연습문제 (7장-03)

대학	학부/학과	학번:
이름:	제출일: 년 월 일	평점:

1. 다음 문장은 연결되는 성분들끼리 균형이 이뤄지지 않아 매우 어색하다. 자연스런 문장이 되도록 하라.

(1) 잘 지내고 있어요. 호강하고 안전하게.
(2) 한국팀은 불확실한 패스워과 조직력이 뛰어나지 못해 팬들을 실망시켰다.
(3) 우리는 철수에게 현금이거나 수표를 가지고 오라고 했다.
(4) 공원의 형상을 해하거나 시설의 손궤행위를 금함.
(5) 시험 불참 혹은 결석을 많이 해 놓고서는 추가로 과제물을 내어주면 열심히 하겠다고 하면서 학점을 달라고 떼를 쓰는 학생들도 간혹 있다.
(6) 대학 입시가 자주 기본적인 전형 방식의 변경 혹은 세부적인 절차가 바뀌게 되어 많은 혼란이 발생하고 있다.
(7) 잘못된 생활 습관은 질병의 원인과 노화를 촉진시킵니다.
(8) 고급 윤활유는 엔진 수명 연장 및 엔진의 소음을 줄여주어 승차감을 높여 줍니다.
(9) 텔레비전 수상기 자체의 이상 또는 안테나 시설이 좋지 않을 경우 좋은 화면을 볼 수 없다.
(10) 불량한 윤활유이거나 윤활유의 양이 기준치보다 적을 때는 엔진에 심각한 문제가 발생할 수 있습니다.
(11) 제품에 고장이 발생하면 반품과 수리를 요청할 수 있습니다.
(12) 소프트볼이나 야구할 때 포수는 반드시 보호구를 착용하여야 한다.

2. 다음 문장의 밑줄 친 부분에는 불필요한 구성 성분이 들어 있어, 어색한 느낌을 준다. 자연스런 문장이 되도록 수정하라.

(1) 조선 상인이 몰래 대마도에까지 가서 밀무역한 사람이 그렇게 많았으니 보다 쉬운 왜관을 통한 잠상 무역은 훨씬 더 성행했을 것이다.

(2) 지금까지 허송세월을 보냈다.

(3) 그 문제는 다시 재론할 필요가 없다.

(4) 호랑나비 한 마리가 꽃밭에 앉았는데 도대체 한 사람도 즐겨 찾는 이 하나 없네.

(5) 그는 매번 선생님 댁에 갈 때마다 선물 꾸러미를 들고 갔다.

(6) 자동차의 전조등을 끌 때에는 전조등 스위치를 off 위치로 돌리거나 시동키를 뽑으면 전조등이 꺼집니다.

(7) 우유제품의 유통가능기간은 제품의 종류나 제조방법에 따라 유통가능기간이 상당히 달라질 수 있다.

(8) 수강 신청한 교과목을 변경하고자 할 때에는 주어진 기간 안에 수장 신청 변경원을 내면 수강 신청 교과목이 변경됩니다.

(9) 6월 15일 오후 2시, ○○대학교에서 개최된 전국교수대회의 보고를 아래와 같이 보고를 드립니다.

(10) 자기 차례가 되면 게임에 계속 참여할지 그만 둘지 여부를 결정하여 알려야 합니다.

(11) 합리적인 대학 선택을 위해서는 수험생 본인의 적성이 무엇보다도 우선적으로 고려되어야 좋은 선택이 될 수 있다.

7) 구성성분 사이에 호응이 이루어지지 않은 문장

문장의 구성 성분 사이에 호응이 이루어지지 않거나 적절치 않은 경우는 주로 서술어와 나머지 성분 사이에서 흔하게 발견된다.

특정한 형식의 주어는 특정한 서술어와 호응하여야만 한다. 학생들의 글쓰기에서 가장 쉽게 발견할 수 있는 오류의 유형이 바로 이것이다.

(1) *(a)이 승차권은 여러분의 편의와 안전을 (b)위하고자 하오니 불편하시더라도 가지고 계시다가 관계자의 요구가 있을 시 제시해 주시기 바랍니다.

위 문장에서는 주어(a)와 서술어(b) 사이에 호응이 이루어지지 않는다. '위하고자 하는' 주체는 사람이지 '승차권'일 수는 없다. 따라서 '승차권'을 주어로 하고자 한다면 서술어를 달리하여 다음과 같이 고쳐야 한다.

(2) 이 승차권은 여러분의 편의와 안전을 위하여 필요한 것이니 불편하시더라도 가지고 계시다가 관계자의 요구가 있을 시 제시해 주시기 바랍니다.

주어가 '…란'이나 '…라는 것'과 같은 형식일 때는 반드시 체언 서술어(체언+이다)가 와야 한다. 다음 예문을 보자.

(3) {생활철학이란 위대한 철학자가 말하는 그러한 철학이 아니라, 자연물 하나에서라도 어떤 의미를 찾는다}고 하는 것이 더 나을 것이다.

위 문장의 { } 부분은 다음과 같은 두 개의 문장이 결합된 접속문 구성이다. 주요 성분만 간략히 나타내어 본다.

(4) s1 생활철학이란 ---- 그러한 철학이 아니다.
s2 생활철학이란 ---- 의미를 찾는다.

s1의 서술어 '철학이 아니다'는 체언 서술어이므로 아무런 문제가 없으나, s2의 서술

어 '찾는다'는 동사(용언 서술어)이므로 주어와 호응되지 않는다. 다음과 같이 수정해야 한다.

(5) s1 생활철학이란 ---- 그러한 철학이 아니다.
s2 생활철학이란 ---- 의미를 찾는 철학이다.

(6) 생활철학이란 위대한 철학자가 말하는 그러한 철학이 아니라, 자연물 하나에서라도 어떤 의미를 찾는 철학이라고 하는 것이 더 나을 것이다.

8) 의미·논리적인 관점에서 잘못된 문장

문법적인 관점에서는 아무런 문제가 없지만 의미·논리적인 관점에서 문제를 안고 있는 문장도 흔히 발견된다. 이러한 유형의 문장은 글쓴이의 원래 의도를 전혀 엉뚱하게 왜곡할 수도 있다.

(1) "정계복귀·대선불출마 입장 변함없다."

(1)은 어떤 신문 기사의 제목인데, 정계에 복귀할 생각도 없고, 따라서 대통령 선거에 다시 나설 일도 없다고 밝힌 어떤 정치가의 이야기이다. 그러나 위와 같은 제목은 '정계에 복귀하겠지만 대통령 선거에는 출마하지 않겠다'는 뜻으로 오해될 가능성이 있다. 따라서 다음과 같이 고쳐야 한다.

(2) 가. 정계복귀불가·대선불출마 변함없다.
나. 정계은퇴·대선불출마 변함없다.

논리적인 의미를 가지는 연결 구조를 잘못 사용하면 우스운 결과가 나올 수 있다. 다음 예를 보자.

(3) <사립학교법과 초·중등교육법, 고등교육법>을 위반한 경우 사립학교의 임원 취임 승인을 취소한다.

(3)은 2006년도에 개정된 사립학교법이 처음 국회에 제출되었을 때, 어느 야당 국회의원이 법조문의 일부가 어법적으로 문제가 있다고 하면서 제시한 것이다. 괄호 속의 부분은 대략 다음과 같은 3개의 표현이 연접되어 있는 구조다.

(4) 사립학교법 -(and)- 초·중등교육법 -(and)- 고등교육법

이 조문은 '3개의 법 중 하나라도 위배하면 임원 취임 승인을 취소한다'는 것을 나타내려고 한 것이다. 그런데 문제의 표현이 연접 구조를 취하고 있으므로, 논리적으로 따지면, 3개의 법률 모두를 위반한 경우에만 처벌을 할 수 있게 된다. 연접 구조는 요소 명제가 전부 참일 때에만 전체 명제가 참이 되기 때문이다. 따라서 이 부분은 다음과 같은 이접 구조로 바꾸어야 한다.

(5) 사립학교법 -(or)- 초·중등교육법 -(or)- 고등교육법

오늘날의 사회에서 법률만큼 우리의 삶에 직접적 영향을 미칠 수 있는 것은 없다. 만일 법률 조문이 원래의 입법 취지와는 다르게 해석될 수 있도록 기술되어 있다면 이는 엄청난 결과를 가져올 것이다. 이 법 조문은 다음과 같이 고쳐야 한다.

(6) <사립학교법이나 초·중등교육법 또는 고등교육법>을 위반한 경우 사립학교의 임원 취임 승인을 취소한다.

다음 (7)의 문장도 마찬가지다. 이는 어떤 신문의 사설에서 뽑은 것인데, '정부가 의료수가 현실화, 의료보험료 인상 등과 같은, 국민에게 부담을 지우는 대책만 내어놓고, 효과 있는 대책을 내 놓지 못했다'는 내용을 나타내려 한 것이다. 그러나 '의료수가 현실화, 의료보험료 인상' 등이 효과 있는 대책인 양 기술되어 있다. (8)과 같이 고쳐야 한다.

(7) 정부의 대책이라는 것도 국민에게 부담을 지우는 의료수가 현실화, 의료 보험료 인상 등 효과 있는 대책을 내놓지 못해 결국 국민들만 피해를 보는 꼴이 됐다.

(8) 정부의 대책이라는 것도 국민에게 부담을 지우는 의료수가 현실화, 의료보험료 인상 등과 같이 효과를 기대하기 힘든 것뿐이어서 결국 국민들만 피해를 보는 꼴이 됐다.

연습문제 (7장-04)

대학	학부/학과	학번 :
이름 :	제출일 : 년 월 일	평점 :

1. 다음 문장은 밑줄 친 구성 성분들 사이에 호응이 이뤄지지 않아, 비문이 된 경우다. 자연스런 문장이 되도록 고치라.

(1) 노동 쟁의에 대한 사측의 부적절한 대응은 당장에 재정적 손실을 가져올 뿐만 아니라 노사간의 신뢰 관계를 파괴해 지속적인 피해를 입게 됩니다.

(2) 지금 거론되고 있는 신당파가 어떻게 대선 정국의 주도권을 장악하기는 고사하고 거기에 조그만 보탬이나 될 수 있을지 심각하게 반성해 보아야 한다.

(3) 앞으로의 과제는 이러한 업무들이 한치의 오차도 없이 정확하게 수행되도록 우리 모두 철저히 감시해야 한다.

(4) 유아가 있는 가정에서는 어른들이 현관문을 열어 둔 채로 낮잠을 자지 마십시오. 유아가 기어서 집 밖으로 나가는 등 대단히 위험합니다.

(5) 나는 내가 목표하는 科에 가기 위해서라기보다 자칫하면 망각하기 쉬운 진리탐구라는 학생의 직분을 성실히 수행하려고 열심히 노력하겠다.

(6) 그러나 단테가 르네상스와 토착문화의 창조라는 일견 상반되는 두 가지 종류의 일을 동시에 수행할 수 있었던 <이유는>, 13세기에서 14세기로의 전환기에 처해 있던 이탈리아에서는 부활된 헬레닉 문화의 망령의 영향이 압도적으로 강하지 <못했다>.

(7) 영수증을 발행하지 아니하거나 각 기재사항을 불성실하게 기록하는 자에 대하여 누진적으로 과중하게 추계 결정을 받게 됩니다.

(8) ○○○정부의 정국구도 방향에 따라서는 ○○당 자체가 종속변수이기 때문에 어느 한 순간도 방심할 수 없는 것도 사실이다.

(9) 나는 경상남도 초·중·고교의 국어교사들도 각기 향토 방언에 대한 대조와 더 많은 방언 수집의 기회가 되었으면 하는 마음 간절하다.

2. 다음은 의미·논리적인 관점에서 잘못된 문장이다. 올바르게 고쳐보라.

(1) 대학은 모든 시대와 나라에서 형성된 심오한 진리탐구와 투철한 과학정신을 배양 형성하는 도장이다.

(2) 문제가 제기될 수 있으려면 자기 전공분야에 관한 광범한 독서와 최근의 연구 동향을 파악하도록 해야 할 것이다.

(3) 졸거나 과속을 서로 살피자.

(4) 피로 회복제 박카스 드링크

(5) 비정규직 전환, 누가 부담 질 건가!

(6) 하지만 그는 지난해 10월 하순경부터 줄기세포가 가짜일 가능성을 의심한 것으로 검찰은 보고 있다.

(7) 편지는 보내고 싶은 사람의 주소를 정확하게 기입해야 합니다.

(8) 소음의 식민지로부터 벗어나는 일은 대기 오염에 못지않게 우리들 인간의 영원하고도 본질적인 과제가 아닐 수 없다.

제3부

과학기술 글쓰기의 심화

제8장

과학기술 **요약문 작성**

지금처럼 정보의 물결이 홍수처럼 범람하는 시대에는 요약문 작성의 중요성은 더욱 부각된다. 끊임없이 생성되는 새로운 정보를 자신의 필요에 따라 빠른 시간 내 정보의 핵심을 파악하여 자기화할 수 있는 능력은 우리 시대의 또 다른 경쟁력이 될 수 있기 때문이다. 요약이 시대의 경쟁력으로 자리 잡기 위해서는 내용 정리에 그치는 단순한 글쓰기에 머물러서는 안 된다. 요약문이 경쟁력을 갖추기 위해서는 작성 과정도 중요하지만 텍스트 읽기 훈련이 특히 요구된다. 요약은 결국 텍스트 내 핵심 내용을 전달하는 것이기 때문에 텍스트가 담고 있는 저자의 중심 생각을 파악하지 않고는 올바른 요약문이 될 수 없다. 올바른 요약문이 작성되기 위해서는 텍스트 내용에 대한 적확한 이해를 바탕으로 작성 방법에 의거하여 논리적으로 전개할 때 분명한 논지를 담아낼 수 있다.

1. 요약문 작성의 의의

요약(要約)을 일반적으로 정의할 때, 어떤 글을 읽고 글 속에 담긴 필자의 의도와 주제를 정확하게 파악한 후, 그 중심 내용을 문맥에 따라 간추려 정리하는 활동이라 한다. 요약문 작성하기는 새삼스런 것이 아니다. 대학생이 되기 이전부터 학습 과정에서 이미 친숙한 관계를 맺고 있는 것이 요약문 작성이다. 텍스트를 읽는 과정에서 한꺼번에 많은 내용을 숙지할 수 없기 때문에 메모를 한다거나 밑줄을 그어 내용의 경중을 나누는 훈련을 쌓아왔다. 요약의 의미와 방법을 자연스럽게 터득하여 글쓰기에 적용한 셈이 된다. 이공학도가 작성하는 과학기술 요약문도 이와 크게 다를 바가 없다. 올바른 요약문 작성을 위해서는 텍스트를 중요 내용과 부가 내용으로 나누어 중심이 되는 내용을 논리적으로 정리하면 된다. 다만 과학기술 분야가 자연현상에 대한 객관적 사실을 주로 검증한다는 점에서 인문사회 분야와 차이점을 보이므로 텍스트에 대한 요약도 이를 고려하여 작성해야 한다.

올바른 요약문 작성을 위해서는 선결 조건이 있다. 텍스트에 대한 정밀한 독서[精讀]가 우선 되어야 한다. 정독이 이루어질 때 저자가 던진 메시지를 정확하게 이해할 수 있어 텍스트 내에 풀어 놓은 논지를 유기적으로 파악할 수 있다. 이렇게 될 때 비로소 작성자는 저자의 중심 생각을 일목요연하게 요약할 수 있다. 따라서 요약문 작성은 텍스트의 핵심을 간파하는 데 긴요한 방법론이며 과학기술의 지식을 심도있게 획득하는 일차적 수단이 된다. 여기에 더해 작성자는 획득한 지식을 바탕으로 의문을 품고 따져보고 끝까지 음미하는 심화 작업이 필요하며, 때로는 습득한 지식을 확장하여 연쇄반응을 일으켜 새로운 사고를 길러낼 수 있어야 한다. 그런 점에서 이공학도가 지향해야 할 요약문은 지식의 획득과 심화, 그리고 사고의 힘이 결합되어 창의성의 기틀을 마련할 수 있는 글쓰기로 나가야 한다.

이처럼 요약문 작성의 힘이 길러질 때 전공 글쓰기 영역에 해당하는 보고서나 논문 작성이 원활하게 이루어진다. 왜냐하면 요약문을 작성하는 과정에서 텍스트의 논지를 정확하게 간파할 수 있는 혜안이 생기며, 이는 새로운 문제의식으로 나갈 수 있는 길을 열어놓기 때문이다. 주어진 지식에 대한 정확한 이해는 단순히 지식 습득에만 그치는 것이 아니라 유기적 사고 작용을 통해 창의성을 배양할 수 있게 된다. 그런 까닭에 요약문 작성이 보고서나 논문 작성을 위한 기초 자료로서의 역할에 국한하지 않는 이유가 여기에 있다. 아는 만큼 보이고 보이는 만큼 물음은 더해지며 물음은 더 많은 생각과 가치를 이끌어 낸다. 학문의 시작은 박학(博學)에서부터이다. 요약문 작성은 박학의 시작이 되며 박학은 새로운 길을 열어놓는 기초가 된다는 점에서 충실히 다져놓을 필요가 있다.

2. 요약문 작성 방법

좋은 요약문을 작성하기 위해서는 텍스트의 중심 내용이 객관적으로 잘 정리·반영되어야 한다. 그러기 위해서는 요약문 작성에 앞서 텍스트의 이해 과정이 필요하다. 텍스트의 이해 과정은 읽기 전 과정과 읽기 과정으로 나눌 수 있다. 읽기를 통한 텍스트의 전이해(全理解)가 이루어지면 요약의 단계로 넘어간다. 어떤 텍스트를 요약하느냐에 따라 방법의 차이는 있겠지만 일반적으로 요약할 때 고려해야 할 사항이 있다.

첫째, 글의 중요 부분과 부가 부분 가려내기이다. 이는 중심 문장과 뒷받침 문장, 논지와 논거를 찾아내는 과정이다. 둘째, 중요 내용 중 중복되는 경우가 있으면 대표가 되는 하나를 선정한다. 셋째, 중심 내용이 겉으로 드러나지 않을 경우 문맥을 통해 중심 내용을 추출한다. 요약하기가 중심 내용을 정리하는 과정이기 때문에 단순한 듯하지만 결코 쉽지만은 않다. 글의 중심 내용이 표면에 드러날 경우는 문제가 되지 않지만 이면에 감추져 있다면 저자의 의도를 정확하게 파악하지 않는다면 적확한 요약문을 작성하기가 쉽지 않다. 복잡한 사고 과정에 의한 결과물일수록 단시간에 요약문을 작성할 수 없으므로 논지를 정확하게 간파하고 전개 과정을 꼼꼼히 뜯어보는 독서가 필요하다. 그런 후 수정 반복을 통해 온전한 요약문으로 완결지어야 한다.

본격적인 요약의 과정을 살펴본다. 요약문도 글쓰기이기 때문에 일반적인 글쓰기의 과정을 따르면 된다. 일반적 글쓰기의 과정이 '주제설정→자료수집 및 정리→구상·개요작성→글쓰기→고쳐쓰기'를 거친다면, 요약은 주어진 글에 대한 정리라는 점에서 앞의 두 단계에 놓인 '주제설정, 자료수집 및 정리'는 생략하는 대신 '읽기'가 전제되어야 한다. 따라서 요약의 과정은 '읽기 단계→개요작성 단계→글쓰기 단계→수정·보완 단계'로 나눌 수 있다. 이를 도식화하여 각 단계에서 필요한 과정을 제시한다.

<table>
<tr><th>단계</th><th>과정</th></tr>
<tr><td rowspan="2">읽기 단계</td><td>■ 내려 읽기[通讀] : 텍스트의 전체 흐름 파악
① 주제 전개 흐름
② 핵심 주제 및 화두
③ 글의 목표 및 목적</td></tr>
<tr><td>■ 자세히 읽기[精讀] : 텍스트의 전체와 부분의 종합적 파악
① 텍스트의 전체 구조 파악
② 문단의 상호 관계 파악
③ 각 단락의 중심 내용과 보조 내용 구분
④ 각 단락의 주제문 파악</td></tr>
<tr><td>개요작성 단계</td><td>■ 개요작성
① 텍스트 주제문 작성
② 단락의 주제문 작성
③ 단락의 전개에 따른 개요 작성</td></tr>
<tr><td>글쓰기 단계</td><td>■ 글쓰기
① 각 단락의 주제에 따른 요지 작성
② 단락 간 유기적 전개
③ 개요와 원문을 토대로 작성
■ 글쓰기 단계시 주의점
① 글의 내용을 중간중간 베끼거나 단순히 나열한 경우
② 주어진 글의 내용과 어긋나는 경우
③ 관련이 적은 내용을 무리하게 결합하여 글의 응집성을 파괴하는 경우
④ 지나치게 세부 사항에 집착하여 글의 논지를 놓친 경우</td></tr>
<tr><td>수정·보완 단계</td><td>■ 수정·보완
① 주요 논점과 논거가 잘 요약되었나?
② 글의 전개(통일성·긴밀성)는 적절한가?
③ 불필요한 내용이 들어있지 않나?
④ 분량은 적절한가?
⑤ 주어진 조건을 갖추었나?
⑥ 어법·어휘·띄어쓰기는 바르게 했는가?</td></tr>
</table>

3. 요약문 작성하기

제시문 1

'인간'이라는 세균들

이 장에서는 지금의 지구가 어떤 상태에 놓여 있는지 행성과 의사의 눈을 통해 그려 보려 한다. 독자 여러분의 마음 속에 행성과 의사에게 진찰받으러 온 환자로서 지구의 모습을 다시 한 번 떠올려 주기 바란다. 중년기 종합 검진이다. 편안한 얼굴로 의사 선생님 앞에 앉아 있는 중년의 행성, 겉보기에는 아주 건강이 좋아 보인다. 그러나 병리과와 피부과에서 온 보고서에는 몇 가지 눈에 띄는 문제점이 들어 있다.

대기 중의 탄산가스 및 메탄가스의 농도가 환자의 나이에 어울리는 정도보다 꽤 높아서 신열이 좀 있는 것으로 보인다. 육지 표면에 벗겨져 있는 곳이 많이 눈에 띄는 등 피부가 많이 상해 있다. 무엇보다도 놀라운 것은 대기 중에 이상한 성분들이 나타나는 것이다.

예를 들어 염화불화탄소 같은 것은 생물체가 일으키는 자연스러운 화학 작용에서 일절 나오지 않는 물질이다. 의사의 판단으로 볼 때 이런 물질이 Ippb(intermittent positive pressure breathing , 間歇的陽圧呼吸) 수준의 비율로 나타난다는 것은 뭔가 사회적 조직력이 강한 종의 생물이 존재한다는 이야기다. 고도로 발달한 화학 산업을 가진 생물이.

생명체를 가진 행성이 중년에 접어들 무렵이면 지능을 가진 생물을 진화시킬 수 있다는 사실, 그리고 이런 생물의 존재가 그 자체로 질병이라고 할 수는 없을지 몰라도 때에 따라서는 질병이 될 수도 있다는 사실을 행성과 의사는 알고 있다. 그런 질병은 건강을 해치는 것이기는 하지만 치명적인 결과를 가져오는 일은 거의 없다. 경우에 따라서는 오히려 환자에게 이득을 가져다 줄 수도 있는 병이다.

지구 위에서 인류의 행태는 병원균이나 종양 세포와 비슷한 점이 많다. 인류의 숫자가 늘어남에 따라 '가이아'에 폐를 끼치는 그 행동도 자꾸 늘어나서 이제는 그 존재 자체가 마치 하나의 질병처럼 '가이아'의 기능에 장애를 일으키게까지 되었다. 사람의 질병과 마찬가지로 네 가지 결과가 논리적으로 가능하다. 침입한 병원균의 섬멸, 만성적인 감염, 침입당한 생물체의 죽음, 그리고 공생의 길, 즉 양자 모두가 혜택을 볼 수 있는 지속적인 관계가 있다.

만약 병원균이나 종양 세포가 지각을 가진 존재라면 이해할 것이다. 장기적으로 볼 때 스스로를 위해 가장 바람직한 길은 공생을 향한 것임을. 공생의 관계는 일종의 계약 관계와 같은 것이어서 침략자는 한 구역, 또는 한 가지 기능을 담당하고 있으면서 주인에게 봉사하는 대가로 보호와 지원을 받는 것이다. 우리들 한 사람 한 사람의 몸 안에는 미생물들과 이런 계약 관계가 수없이 맺어져 있다.

가장 바탕에 깔려 있는 것이 린 마굴리스가 말하는 '내공생'의 관계다. 독립된 소비성의 원핵 박테리아였던 것들이 지금은 우리 세포 안의 미토콘드리아로서 영원히 길들여져 있는 것과 같은 관계. 그 녀석들에게나 우리들에게나 그 계약의 구속력은 확고한 것이기 때문에 양자의 생존 자체가 모두 이 관계에 걸려 있게 되었다.

그밖에도 우리와 가까운 관계를 맺고 있는 것은 우리 입과 소화기 속에 살고 있는 박테리아 집단이다. 아마 먼 옛날에는 이 박테리아들도 인간과 사이가 좋지 않은 침입자였을 것이다. 그러나 지금은 우리의 음식물을 더 소화시키기 좋고 더 영양가를 좋게 만들어 주면서 자기들보다 나쁜 침입자가 끼어들 여지가 없도록 자리 잡고 있는 것이다.

이런 종류의 지속성 있는 계약 관계는 자연 속에 얼마든지 있어 온 것이기 때문에 지능을 가진 생물로서 우리는 앞으로 나아갈 길을 머릿속에 쉽게 그려 볼 수 있다. 이 길을 따라 나갈 의지만 있으면 다른 아무 문제도 없을 것처럼 생각되기도 한다. 그러나 인간의 내재적인 속성 가운데는 '가이아'와의 공생을 추구하는 지혜로운 길을 가로막는 것들이 있다.

인류라는 종의 속성을 살펴보면 완전히 자유롭고 독립된 개체로서 생활하는 것도 아니요, 그렇다고 벌이나 개미처럼 완벽하게 통합된 사회조직 속에 사는 것도 아니다. 인간의 생태는 부족 중심적인 것이라고 할 수 있다. 그리고 인간의 부족 중심적인 행태는 스스로의 표준으로 보더라도 씩 훌륭한 것이 되지 못하는 일이 너무나 많다.

개인으로서의 인간은 훌륭한 지혜를 보여 줄 수 있으면서도 사회적 집단으로서는 온갖 심술과 미련함을 다 보여 준다. 인간이 인간 상호간에, 그리고 '가이아'의 사이에 조화로운 관계를 이루지 못하는 중요한 까닭이 이 괴리에 말미암은 것이라고 나는 생각한다. 인간이 집단으로서 행동할 수 있는 힘과 그 행동을 이끌어 줄 연약한 지성 사이의 괴리.

개체로서의 인간들, 그리고 수렵과 채집으로 생활하던 작은 집단의 인간들은 이 행성과 조화로운 공생 관계를 누린 적이 있었다. 그러다가 불과 연장을 사용하게 되고 농업을 시작하면서 사회적으로는 상호 의존도가 커지고 머릿수가 늘어나면서 주변에 대한 작용력이 크게 늘어났다. 인간은 지구가 제공하는 환경을 거부하고 스스로의 환경을 만들어낼 능력, '가이아'와의 계약을 파기할 수 있는 잠재적인 힘을 가지게 되었다.

처음에는 옷을 만들어 입는다든가 집을 짓고 사는 등 사소한 위반이 나타나기 시작했다. 얼마 지나자 잡아먹을 동물들을 가축으로 키우고 따먹을 식물들을 작물로 경작하기 시작했다. 그러나 바로 금세기가 시작될 무렵까지만 해도 인간의 위반 행위 -지난 세기까지의 산업 문명을 포함해서- 가 지구에게 그 자체로는 별 위협을 가하지 않고 있었다. 그 후의 성장과 발전을 예고하는 잠재적 위협의 단계였다고 할 수 있다. 그러나 지금 이 시점에는 인구의 성장과 환경에 작용하는 힘의 발전으로 인해 우리 자신과 이 행성, 양자에 대한 위협이 모두 현실로 닥쳐오고 있다.

환경 적응에 성공한 종의 개체수가 늘어나는 과정을 보면 그 첫 단계, 먹이를 얼마든지 구할 수 있는 단계에서는 수학자들이 말하는 지수 함수의 형태로 늘어난다. 그게 무슨 뜻이냐고 물으면 수학자들은 서슴지 않고 대답할 것이다. "아주 간단한 겁니다. 증가의 속도가 현존하는 수량에 비례하는 증가 방식을 지수 함수적 증가라고 하지요." 듣기에는 참 간단하기도 하다. 그러나 이 속에 얼마나 엄청난 뜻이 숨어 있는지 눈치 채지 못하는 사람이 많을 것이다.

지수 함수적 증가 방식의 진짜 의미를 드러내기 위해 한 포기 연꽃이 심어져 있는 연못 하나를 생각해 보자. 매일 연잎이 늘어나서 수면을 덮는 면적이 하루에 곱절씩 늘어난다고 한다. 연못 면적의 절반을 연잎이 덮는 데 19일이 걸렸다. 연잎이 더 늘어나서 연못 전체가 연잎으로 덮이기까지는 며칠 걸릴까? 정답이 바로 떠오르나요? 단 하루만에 19일 걸려서 덮은 것과 같은 면적이 연잎으로 뒤덮이게 된다는 것이?

연못이 가득 찬 다음에는 어떤 일이 벌어질까? 자연계의 개체수 증가는 지수 함수적 방식을 무한정 따를 수 없게 되어 있다. 가장 작은 박테리아라도 지수 함수적 증가를 억제되지 않은 채로 일정 기간 계속하면 그 무게의 총합이 지구의 무게 자체를 넘어서게 되리라는 것은 쉽게 계산할 수 있는 일이다. 실제의 증가 방식은 이른바 로지

제시문 1

스틱 곡선에 더 가깝다. 처음에는 지수 함수와 비슷하게 시작했다가 시간이 지남에 따라 증가율이 둔화되어서 결국은 제로 성장의 안정 상태에 들어가게 되는 것이다. 현실적인 표현으로 바꿔 말한다면 개체수의 증가에 대한 환경의 제약이 갈수록 늘어나면서 사망률이 출생률과 같은 수준으로까지 따라 올라오는 것이다.

우리가 지구의 표면을 농지로, 목장으로, 공장으로, 도시로 뒤덮어 놓은 상태가 19일째의 연못과 같은 상황이라고 할 수 있다. 인류의 지수 함수적 성장은 멀지 않고 자체의 모순으로 인해 중단될 것이다. 19세기 경제학자 토머스 멜서스가 예견한 것처럼 인류의 증가는 식량의 공급과 환경 조건의 한계에 육박하고 있기 때문에 억제되고야 말 것이다. 기아에 의해서든, 질병에 의해서든, 전쟁에 의해서든, 그렇지 않으면 자연재해에 의해서든, 맬서스의 예언은 마침내 현실로 닥쳐오고 있는 것이다. “인간이 없으면 오염도 없다.”는 말 속에는 얼마나 서슬 푸른 진리가 들어 있는가!

오염이라고 하는 것은 분량에 달려 있는 것이다. 자연 상태에는 아무런 오염도 없다. 돌아다니던 동물이 똥 한 덩어리 떨어뜨려 놓는다고 땅이 손상받지도 않고 식물의 성장이 저해되지도 않는다. 오히려 땅을 기름지게 하고 식물에게 영양분을 주는 것이다. 그러나 욕심 사나운 농부가 좁다란 울타리 안에 100마리의 소를 키운다면 그 똥은 진짜 오염을 일으켜 그 땅에서는 풀 한 포기 자랄 수 없는 것이다.

지금 인류에게 닥쳐 있는 골치 아픈 환경 문제들, 열대림의 파괴든, 육지와 해양의 오염이든, 지구 온난화의 위협이든, 오존층 파괴와 산성비든 지구의 인구가 5천만 정도라면 아무 문제가 되지 않을 것이다. 아니, 10억 정도의 인구라 해도 어떻게든 처리해 낼 만한 문제들일 것이다. 그러나 50억이 넘는 지금의 인구에 지금의 생활양식을 가지고는 어느 문제 하나 걷잡을 수 있는 것이 없다. 이 문제들을 제대로 처리해 내지 못한다면 인류와 다른 생물들의 상당수가 파멸을 겪을 것이고 지구는 돌이킬 수 없는 변화를 겪을 것이다.

인류의 개체수가 이토록 걷잡을 수 없이 늘어난 사실 자체가 이 행성에 대해서는 하나의 심각한 질병이 되어 있다고 할 수 있다. ‘가이아’가 앓고 있는 이 병에 이름을 붙인다면 ‘영장성 백혈병’이라 할까, 더 쉽게 말하면 ‘인류병’이다. 인간의 병을 보더라도 중요한 질병이 죽음의 직접 원인이 되는 일은 거의 없다. 소아마비 바이러스에 감염되거나 부상으로 마비 증세를 일으킨 사람들은 마비 자체로 죽음에 이르는 것이

제시문 1

아니라 마비 때문에 자연적인 기능이 교란되는 데서 오는 폐렴이나 요도염으로 죽는 것이 보통이다.

진정 아무 병 없이 고령으로 인해 죽는 사람은 찾아보기 어렵다. 그러나 사망의 원인으로 고령처럼 중요한 것도 없다. 마찬가지로 지구가 지금 가지고 있는 큰 병이 엄청난 인구 과잉과 인간의 파괴적인 행태라고 할 때, 막상 실제적인 문제가 일어날 때는 인간에게 직접 나타나는 것이 아니라 인간의 행위로 인해 지구의 자연적인 기능이 교란되는 데서 나타날 것이다.

이제 인간이 일으키는 교란의 예를 살펴보자. 그리고 그 문제들을 사람들이 환경에 대한 위협으로 얼마나 심각하게 인식하고 있는지를 행성과 의사의 눈에 어떻게 비쳐지는지를 생각해 보자. 행성과 의사의 눈에는 인간이 일으키는 하나하나의 교란이 '인류병'이라는 질병의 구체적인 증세들로 보여지고, 만약 인류의 숫자가 아주 적거나 인류가 지구와 조화롭게 사는 방법만 안다면 제기되지도 않았을 문제들이라는 것이 분명할 것이다.

제시문1 길라잡이

▶**출전**: 제임스 러브록 저, 홍욱희 역, 『가이아』, 갈라파고스, 2004, 302~307쪽.

▶**저자**: 제임스 러브록(James Lovelock, 1919~)

런던 대학교와 맨체스터 대학교에서 화학과 의학을 전공했다. 하버드 대학과 예일 대학의 객원연구원, JPL(제트추진연구소)에서 진행하고 있는 우주프로그램의 생명과학 자문역을 역임했으며, 런던의 왕립학회 특별회원, 해양 생물학회의 회장을 맡고 있다. 또한 NASA에서 실시한 화성생명체 존재 유무에 관한 탐구 계획인 바이킹 위성 발사 계획에 참여하기도 했다. 수상 경력으로, 네덜란드의 왕립 예술 과학 아카데미에서 주는 '암스테르담 환경상(APE)', 마이애미 대학의 로센셜 해양대기 과학원에서 수여하는 '로센셜 해양학상(RAOC)'을 받은 것이 가장 손꼽을 만하다. 주요 저서에 『가이아: 생명체로서의 지구(Gaia: A New Look at Life on Earth)』와 『가이아의 시대(The Ages of Gaia)』가 있다.

▶『가이아』 이해

1970년대 초 러브록은 지구를 살아 있는 생물체로 정의한 가이아 이론을 발표해 논란을 불러일으켰다. 러브록에 따르면, 가이아는 지구의 생물, 대기권, 대양, 토양 등 생물과 무생물로 구성된 초유기체다. 따라서 지구는 자기조절 기능을 갖고 있으며, 마치 자동 온도조절기처럼 주위 환경에 적응해 간다고 한다. 녹색식물과 박테리아 등 생물체가 지구 대기권의 산소와 메탄가스를 항상 일정한 농도로 조절하고 있는 점을 그 예로 들고 있다. 가이아 이론이 지니는 몇 가지 특징을 정리하면 다음과 같다.

첫째, 가이아 이론은 지구의 물질대사 시스템에서 생물의 역할을 크다고 강조한다는 점이다. 대기권의 산소농도가 21%로 유지되고, 바닷물이 염분농도를 조절하며, 지구 기후를 아늑하게 조성한다는 데 주목하고, 생물들의 환경조절 메카니즘으로 자가 규제 시스템(self-regulating system) 혹은 사이버네틱 시스템(cybernetic system)이 있다는 가설을 내놓는다.

둘째, 가이아 이론은 지구를 생물이 통제하고 있다고 하는 데 토대를 둔다는 점이다. 러브록은 생물이 지구를 통제한다고 보는 증거를 지구 그 자체에게서 찾고 있다. 지구의 기후가 생물이 탄생한 37~38억년 동안 평균 기온에는 변화가 없었다는 점을 확인한 뒤, 이 점을 통해 가설을 수립해 낸다. 즉 생물이 존재하지 않았을 경우를 가정할 때 기온은 섭씨 30도 정도 낮아지고, 태양의 빛은 30% 정도가 강해졌으리라는 점이 그것이다. 이를 뒤집어 말하면 지구의 기후를 생물이 통제하고 있으며, 그리고 지구의 환경 변화에 일조해 왔다는 언급이 가능해진다.

셋째, 가이아 이론은 행성 지구의 자기 조절 시스템에 토대를 두고 있기 때문에 오늘날 인간의 그릇된 행태를 비판하는 데 유효하다는 점이다. 지구가 자기 조절 시스템을 상실하는 상황이 온다면, 그것은 순전히 인간에게서 비롯된다. 이미 과학자들은 금세기 중 유럽과 미국 지역 평균 기온이 8도나 높아지고 열대지방 기온은 5도 상승하리라 예측한다. 이런 예측이 타당하다면, 지구의 기후 변화가 회복에 10만 년이 걸리는 '열병(fever)' 단계를 넘어섬으로써 금세기에 수십억 명의 생명을 앗아가리라는 진난을 손쉽게 내놓을 수 있다.

넷째, 가이아 이론은 지구 전체를 하나의 살아 있는 생명체로 간주한다는 점이다. 지구(earth)가 살아 있다는 생각은 원시시대부터 있어 왔으나, 전지구적인 시각을 확보하지는 못했다. 즉 무생물체와 생물체를 망라하여 상호 관계를 조망하는 데까지는 이르지 못했다. 가이아 이론은 바로 여기서 큰 의의를 지닌다. 생물체뿐만 아니라 무생물체까지도 지구를 살아 있게 만든다고 함으로써 지구 전체를 생명체로 간주할 수 있는 길을 열어 놓았기 때문이다.

▶의의

이 글에서는 가이아 이론(Gaia theory)을 제시하고 있다. 가이아 이론이란 러브록이 1978년 『지구상의 생명을 보는 새로운 관점』이란 책을 통해 주장한 새로운 가설이다. 러브록이 말하는 가이아란 지구와 지구에 살고 있는 생물, 대기권, 대양, 토양까지를 포함하는 하나의 범지구적 실체다. 이 이론에 의거하면 지구는 생물과 무생물이 상호 작용하는 생명체이고 유기체이다. 하나의 가설에 지나지 않는 이론이기는 하지만, 지구 온난화 현상 등 작금의 지구환경 문제와 관련해 주목하지 않을 수 없다.

문제 제시문1에 나타난 내용을 요약하고, 글 속의 비판적 시각을 통해 인류가 지향해야 할 바람직한 방향을 제시해 보시오.

제시문 2

인터넷 위기를 불러오는 '빅브라더의 공포'

지난 한 주간 IT와 관련한 뉴스 중에서 가장 쇼킹했던 것 하나만 꼽으라고 한다면, 필자에게는 국가정보원이 이탈리아 해킹업체 '해킹팀'에 돈을 주고 개인용 컴퓨터와 스마트폰을 사찰할 수 있는 해킹 프로그램을 구입했다는 뉴스가 아닐까 싶다. 실제로 이 도구를 이용해서 얼마나 많은 사람들을 사찰 했을지 알 수는 없지만, 이 뉴스는 항상 정권들이 얼마나 '빅브라더'가 되고 싶어하는지를 단적으로 보여주는 사건이라고 하겠다. '빅브라더'는 조지 오웰의 소설 '1984년'에 나오는 가공의 인물로, 당에서 대중을 지배하기 위해 만들어낸 허구의 인물이다. 조지 오웰은 빅브라더의 텔레스크린이 국민의 일거수 일투족을 감시하는 사회를 예견했다.

<새정치민주연합 안철수 의원이 지난 16일 국회에서 열린 '국정원 불법 해킹 프로그램 시연 및 악성코드 감염검사'에서 해킹 되는 자신의 스마트 폰을 들어 보이고 있다.
오대근 기자 inliner@hankookilbo.com>

인터넷의 역사를 살펴보면, 거기에는 처음 시작할 때부터 개방과 공유라는 정신이 아로새겨져 있었다는 것을 알 수 있다. 그런데 최근 인터넷의 이런 개방성이 큰 위기에 봉착한 느낌이다. 이는 우리나라만의 문제가 아니다. 2013년 미국의 정보기관인 국가안보국(National Security Agency, NSA)이 인터넷을 통해 전 세계의 주요 정보들을 빼내 장악하고 있다는 사실을 에드워드 스노든(Edward Snowden)이라는 컴퓨터 엔지니어가 가디언을 통해 폭로한 사건은 전 세계를 경악시키기도 했다.

이와 같은 몇몇 국가들의 행위는 결과적으로 인터넷이 가지고 있었던 네트워크의 네트워크이면서, 개방과 공유를 바탕으로 자율적으로 모든 것이 움직이던 인터넷에 대해 여러 국가들이 서로 관여하겠다고 아우성치게 만드는 구실이 되고 있다.

한국 정부는 사이버 범죄에 대비해 인터넷 망 분리를 의무화했다. 몇몇 나라에서는 인터넷 망을 폐쇄하고 분리하려는 움직임을 보여주고 있는데, 2013년 11월 2일 영국의 가디언은 브라질, 독일, 인도 등이 독자 통신망 구축에 나서 인터넷이 지역 단위로 쪼개질 가능성이 있다고 보도했다. 이미 중국정부는 수백 만명의 인원을 동원해서 인터넷을 검열하고 있다. 인터넷 만리장성(the Great Firewall)은 외국에서 들어오는 정보를 선별적으로 차단하고 있으며, 필요에 따라 인터넷 망을 열기도 하고 닫기도 한다. 이런 여러 나라들의 움직임은 전 세계의 수많은 사람들의 우려를 자아내고 있다.

인터넷의 국가통제와 관련한 우려는 이미 에브게니 모로조프(Evgeny Morozov)의 2009년 TED 강연에서 강력하게 제기된 바 있다. 그는 '인터넷이 민주화를 어떻게 방해할 수 있는지'를 연구한 인물이다. 그는 사이버유토피아론자들이 블로그와 소셜네트워크 등을 통해 민주화를 촉진시킨다고 말하지만, 이는 이상론에 불과한 '아이팟 자유주의'라고 주장한다. 그는 기술의 의도된 사용법과 실제 사용법은 다르다는 점을 강조했다. 러시아와 중국, 이란 등에서는 정부에서 블로거들과 소셜 네트워크 사용자들을 고용하고 훈련시키고 돈을 지불해서 민감한 정치적 이슈에 관해 이념적 댓글을 남기고 이념적 블로그글을 잔뜩 쓰도록 하고 있다고 폭로하기도 한다.

이런 이야기는 우리나라 국민들도 낯설지 않을 것이다. 국가정보원과 국군 사이버사령부가 동원된 댓글 조작사건은 사실 에브게니 모로조프가 이야기한 사례들과 크게 다르지 않은 듯하다.

인터넷과 소셜 웹이 무조건 민주주의에 도움이 되고, 시민의 편이라는 것은 선입견일 수 있다. 권위주의 국가에서는 되려 활동가들을 감시하는데 이런 네트워크가 큰 도움이 될 수 있다. 공개된 출처를 통해서 정보들을 모을 수 있으며, 사찰을 한다면 활동동향을 알기도 쉽다.

존 스튜어트 밀은 "자유론"이라는 고전에서 자유를 다음과 같이 기술했다.

"틀렸다거나 해롭다는 이유로 의견의 표명을 가로막으면 안 되며, 표현의 자유를 일부만 제한하게 되면 곧 모든 표현의 자유가 제한되고 만다. 그러므로 표현의 자유가 무제한 허용되어야 사회는 진보할 수 있다. 단, 이런 자유에 의해 다른 사람에게 직접 피해를 주면 안 된다." 그의 이와 같은 자유의 원칙에 대한 주장은 오늘날 전 세계의 민주주의 국가들의 가장 기본적인 정치원리로 받아들여지고 있으며, 표현의 자유는 시민의 기본권으로서 포괄적으로 인정되고 있다. 이런 자유론의 기본적인 원칙들

제시문 2

은 크게 바뀌지 않겠지만, 최근의 디지털 환경의 변화는 자유에 대한 의미에 대해 조금은 다르게 생각할 여지를 만들고 있다.

<인터넷을 악용하려는 '빅브라더'에 저항하지 않으면 자유는 훼손될 수밖에 없다. **게티이미지뱅크**>

자유를 위해서는 사용자들이 자신들이 가장 중요하게 여기는 여러 자원들에 대한 제어권을 가져야 한다. 이메일과 일정, 주소록은 물론 앞으로는 더욱 다양한 형태의 컨텐츠와 연결관계, 위치 등과 같은 개인과 연관된 자원들이 클라우드에 남게 되고, 이를 거대한 빅브라더가 가져간다면 어떻게 될까? 그렇다고 빅브라더가 무서워서 현재 우리들이 누리고 있는 인터넷과 네트워크의 장점과 혜택을 포기할 수는 없지 않은가?

개개인의 데이터와 네트워크는 모두 그 사람들의 것이다. 인터넷을 사용하는 수많은 사람들은 "자유"라는 권리에 대해서 조금은 더 신경을 써야하며, 인터넷 서비스를 제공하는 기업들이나 인터넷을 악용해서 사람들을 감시하려는 국가의 빅브라더로의 변신을 모두가 힘을 합쳐서 이야기하고 저항하지 않는다면, 지난 수십 년 동안 구축되어온 인터넷의 정신은 뿌리 채 흔들리게 될지도 모른다. 인터넷은 글로벌 시민들에게 "자유"를 선사해왔고, 앞으로도 그래야 한다. 이런 본질을 잃는 순간, 인터넷은 정말 큰 위기에 빠지게 될지도 모른다.

정지훈 교수 (2015.07.19. 한국일보)

제시문2 길라잡이

▶참고

'빅브라더(Big Brother)'는 정보의 독점으로 사회를 통제하는 관리 권력, 혹은 그러한 사회체계를 일컫는 말. 사회학적 통찰과 풍자로 유명한 영국의 소설가 조지 오웰(George Orwell, 1903~1950)의 소설 『1984년』에서 비롯된 용어이다. 긍정적 의미로는 선의 목적으로 사회를 돌보는 보호적 감시, 부정적 의미로는 음모론에 입각한 권력자들의 사회통제의 수단을 말한다.

사회적 환난을 예방한다는 차원에서 정당화될 수도 있는 이 빅브라더는 사실 엄청난 사회적 단점을 가지고 있다. 소설 『1984년』에서 빅브라더는 텔레스크린을 통해 소설 속의 사회를 끊임없이 감시한다. 이는 사회 곳곳에, 심지어는 화장실에까지 설치되어 있어 실로 가공할 만한 사생활 침해를 보여준다. 음모론에 입각하여 재해석하자면, 사회의 희망적 권력체제가 아닌 독점권력의 관리자들이 민중을 유혹하고 정보를 왜곡하여 얻는 강력한 권력의 주체가 바로 빅 브라더의 정보수집으로 완성된다고 할 수도 있다.

과거 빅 브라더의 실체는 매우 비현실적으로 보였지만, 소설 속의 그것과 흡사한 감시체제가 현대에 이르러 실제 사회에서도 실현되기 시작하였다. 미국의 경우 국방부의 규모와 맞먹는 국토안보부가 설치되고, 이들의 감시행동을 법적으로 보호해 줄 애국법이 통과된 상태이다. (두산동아 참조)

문제 제시문2의 내용을 간단하게 요약하고, 인터넷이 선사하는 자유의 맹점을 밝혀 문제 극복의 방안을 제시하시오.

제9장

과학기술 **보고서 작성**

대학생활에서 가장 많이 쓰는 글쓰기 유형이 보고서이다. 전공영역에 따라 보고서의 성격을 달리하므로 일정한 차이를 띤다. 이공계열에서 주로 다루어지는 보고서로는 학습 보고서, 조사 보고서, 실험 보고서 등을 들 수 있다. 보고서의 종류에 따라 차이를 보이지만 자료를 찾고 내용을 이해하고 보고서의 골격을 구상하여 그 결과를 보고한다는 점에서는 동일한 목적을 띠고 있다. 보고서가 요구하는 목적에 따라 충실하게 작성한다면 기대 이상의 학습 목표를 성취할 수 있다. 왜냐하면 보고서 작성을 위한 과정에서 아주 유용한 효과들을 배양할 수 있기 때문이다. 그 효과들을 정리하면 다음과 같다.

첫째, 주제와 관련한 자료 조사 과정에서 폭넓은 독서를 할 수 있다. 둘째, 자료 수집 과정에서 도서관 이용법과 인터넷을 통한 자료 활용법 등을 구체적으로 익힐 수 있고 필요한 자료의 위치를 파악하여 적재적소에 사용할 수 있다. 셋째, 주어진 주제에 대한 독자적 조사로 문제 접근 방법과 그 해결 방안까지 터득할 수 있는 능력을 기를 수 있다. 넷째, 주제와 관련한 여러 자료의 평가 과정에서 비판력을 배양할 수 있다. 다섯째, 보고서 작성과정에서 이루어지는 자료 정리, 논거의 체계화, 터득한 지식의 적용 등을 통해 명확하고 논리적인 문장력과 함께 창조적 사고력을 배양할 수 있다. 보고서 작성이 대학 과정의 통과의례로 그쳐서 안 되는 이유가 여기에 있다.

1. 과학기술 보고서란

과학기술 보고서는 과학기술과 관련된 결과물이나 실험과정을 독자에게 명확하고 효율적으로 전달하기 위한 목적으로 이루어지는 글쓰기 방식이다. 그런 까닭에 논리적 사고를 바탕으로 내용 전달에 명징성이 드러난 글이어야 한다. 보고서가 어떤 주제나 실험에 대한 과정이나 결과를 정리하여 특정한 사람에게 정보를 제공하는 객관적인 글이란 점을 감안한다면 정확한 문장 표현과 객관적 논리적 전개에 기초해서 작성해야 함은 재론의 여지가 없다.

과학기술 보고서는 주로 이공계열에서 다루게 되는데 학습 보고서, 조사 보고서, 실험 보고서가 중심을 이루고 있다. 학습 보고서는 약식 논문 형태나 요약 보고 형태의 글이므로 대체적으로 표지, 목차, 본론, 참고문헌으로 구성된다. 보고서의 핵심인 본론은 서론-본론-결론의 3단 구성으로 이루어진 것이 일반적이다. 조사 보고서는 어떤 문제에 대한 사람들의 생각이나 감정을 현장에서 직접 조사한 결과를 보고한 글로 객관적인 여론의 실상을 파악하는 데 유용한 글쓰기다. 조사 문제에 대한 이론적 정립을 통해 가설을 구상하고 자료를 수집, 분석한 후 분석된 자료를 토대로 보고서를 작성하는 형식이다. 실험 보고서는 실험수업에서 학습효과를 높이기 위해 실험결과를 담은 보고서이다. 실험 보고서는 수업 전에 제출하는 예비 실험 보고서와 실험 후 결과에 따른 실험 결과 보고서로 나누어진다. 실험 보고서는 일정한 형식을 갖추고 있어 주어진 항목의 요구에 따라 정확하고 객관적이면서 논리적으로 전개되어야 한다.

2. 학습 보고서 작성 방법

학습 보고서는 약식 논문 형태나 요약 보고 형태의 글쓰기로 실험 보고서와 함께 이공계열에서 가장 많이 사용되는 보고서라 할 수 있다. 학습 보고서가 약식 논문 형태나 요약 보고 형태로 이루어진다는 점에서 본격적인 논문 작성을 위한 전 단계로 볼 수 있다. 요약 보고서는 책이나 논문 내용의 전체적 구성과 논리 전개를 파악하여 글의 목차에 따라 각 장별로 내용을 요약한다는 점에서 형식상 논문의 요건을 갖추었다. 이에 비해 약식 논문 보고서는 내용의 정리 차원을 넘어 주어진 과제에 대한 능동적 글쓰기라

할 수 있다. 보고서 작성자는 과제 출제자의 의도가 무엇인지 정확하게 파악하여 그에 따른 주제를 정해야 한다. 그런 후 관련 자료를 수집하여 목차를 작성하고 목차에 맞추어 논리적으로 자신의 논지를 전개해야 한다. 보고서 작성 방법을 형식과 작성 과정으로 나누어 진행한다.

1) 학습 보고서의 형식

모든 글의 종류에는 그에 부합된 형식이 있듯이 학습 보고서도 예외는 아니다. 보고서란 점에서 오히려 형식적 요건을 갖추는 것이 더 필수적인 부분이다. 형식이 온전하게 갖추어져야 글쓴이의 의도가 전면에 드러나 일목요연하게 내용을 파악할 수 있다. 학습 보고서의 경우 일반적으로 표지, 차례, 본문, 참고문헌 순으로 이루어진다. 부록이 있으면 참고문헌 뒤에 둔다.

표지는 보고서의 내용을 한 눈에 볼 수 있도록 해야 한다. 보고서의 분량에 따라 표지를 한 면으로 사용할 것인지 서론 앞에서 쓸 것인지를 정해야 한다. 분량이 5쪽 이내면 표지는 따로 두지 않는 것이 좋고, 10쪽 이상이면 표지를 작성하는 것이 바람직하다. 담당교수가 표지를 붙이지 말라고 할 경우에는 표지를 달지 않도록 한다. 표지에 들어갈 내용은 제목, 과목명, 담당교수명, 제출일, 제출자(소속 학과, 이름, 학번) 등이며 순차적으로 나타나야 한다.

<표지 예>

태양 에너지 개발의
현황과 문제점

과 목 명: 이공계열맞춤형글쓰기
담당교수: 박연암
제 출 일: 2016년 4월 30일
제 출 자: 신소재공학과
홍담헌(1627336)

태양 에너지 개발의
현황과 문제점

홍담헌(1627336)

<차례>

Ⅰ. 문제제기
Ⅱ. 태양에너지 개발 현황
Ⅲ. 태양에너지 활용의 문제점
Ⅳ. 결론 : 발전적 제언

Ⅰ. 문제제기
현재의 문명체는 막대한 에너지를 필요로 하고 있다. 문제는 에너지가 무한하지 않다

차례는 표지나 본문 앞부분에 일목요연하게 정리하는 것이 원칙이다. 차례는 문장식과 명사구 형식의 화제식으로 사용할 수 있는데 전과정을 한 눈에 볼 수 있는 장점이 있는 화제식 차례가 일반적이다. 차례를 작성할 때 장, 절, 항의 구분이 필요한데, 보고서의 경우 논문이나 책에 비해 분량이 적으므로 숫자식이 주가 된다.

<숫자식 : 숫자만으로 장, 절, 항을 표시하는 방식>

항목	로마 숫자의 경우		아라비아 숫자의 경우	
장(章)	Ⅰ, Ⅱ로 시작		1, 2로 시작	
절(節)	Ⅰ-1, Ⅱ-1	1, 2	1.1, 2.1	1), 2)
항(項)	1, 2	1), 2)	1.1.1, 2.1.1	(1), (2)

<차례>

Ⅰ. 에너지 문제와 해결 방안 모색
Ⅱ. 태양에너지 개발 실태
  1. 태양에너지 개발 현황
  2. 태양에너지의 기술적 현황
Ⅲ. 태양에너지 활용의 문제점
  1. 태양에너지 개발의 경제성
  2. 태양에너지 개발의 환경지수
Ⅳ. 결론 : 발전적 제언

<차례>

1. 에너지 문제와 해결 방안 모색
2. 태양에너지 개발 실태
  1) 태양에너지 개발 현황
  2) 태양에너지의 기술적 현황
3. 태양에너지 활용의 문제점
  1) 태양에너지 개발의 경제성
  2) 태양에너지 개발의 환경지수
4. 결론 : 발전적 제언

본문은 일반적으로 삼단구성인 서론, 본론, 결론으로 구성한다. 서론에서는 논제에 대한 문제 제기, 선행연구 검토, 논의의 필요성, 연구 목적 등을 서술한다. 본론에서는 차례에 따라 준비된 자료를 바탕으로 각 항목에 따라 필요한 자료 제시와 함께 논리적으로 전개해 나간다. 결론에서는 본론에서 논의한 결과를 요약 정리하는 것으로 마무리한다. 서론의 문제 제기와 논의의 결과가 부합하는지 확인하는 것이 중요하다.

참고문헌에는 보고서를 작성할 때 참고했거나 인용했던 단행본, 학술논문, 신문기사, 인터넷 자료 등을 항목별로 나누어 기록한다. 참고문헌은 작성시 저자는 가나다순, 알파벳순으로 정렬한다. 책 제목은 겹낫표(『 』,《 》), 논문 제목은 낫표(「 」,〈 〉)로 표시한다. 인용 면수의 경우, 쪽 또는 면이라고 표기하기도 하고 영어로 p를 쓰기도 한다. p로 인용할 경우 인용 면수가 한 쪽일 경우에는 p.5.로, 두 쪽 이상인 경우에는 pp.5~7.로 쓴다.

[참고문헌]

<단행본>

강건일(1999), 『신과학 바로알기』, 가람기획.

공인철(2008), 『환경오염 생태학』, 영남대학교출판부.

리처드 도킨스 지음, 홍영남 옮김(2005), 『이기적 유전자』, 을유문화사.

한스 그라스만 지음, 염영록 옮김(2002), 『쿼크로 이루어진 세상』, 생각의 나무.

<학술논문>

김용범(1990), 「탄천의 대형수생식물 군락의 분포와 환경」, 『환경생태학회지』13집, 환경생태학회, 129~134쪽.

송종석(1996), 「낙동강 상류 하천 일대의 하천변식생의 식물사회학적 연구」, 『한국생태학지』19집, 한국생태학회, 431~451쪽.

이창복(1984), 「한국특산식물 및 그들의 분포」, 『식물분류학회지』14호, 식물분류학회, 21~32쪽.

조도순(1995), 「경안천에서 하천변 식생의 분포에 관한 연구」, 『한국생태학회지』18호, 한국생태학회, 55~62쪽.

<신문자료>

윤여창, <흔들리는 환경정책>, 「조선일보」, 2009. 1. 20.

허상수, <생태위기 극복 '아시아를 넘어서'>, 「경향신문」, 2015. 5. 17.

<인터넷자료>

http://news.khan.co.kr/kh_news/khan_art_view.html?code

http://srchdb1.chosun.com/pdf/i_service/pdf_ReadBody.jsp?Y

이공계열 보고서에는 도표나 그림을 제시해야 할 경우가 빈번하다. 그럴 경우 참고문헌 다음에 도표 목록을 덧붙인다.

<표 차례>

<표 1> 낙동강 상류 하천변식생물의 분포 3

<표 2> 경안천변 식생 분포 5

<그림 차례>

<그림 1> 한국특산식물 분포도 4

<그림 2> 한국 4대강 식생 분포도 7

2) 학습 보고서 작성 과정

보고서 작성 과정은 크게 세 단계로 나눌 수 있다. 보고서 작성 전 단계와 보고서 작성 단계, 그리고 보고서 작성 후 단계로 나눌 수 있다. 보고서 작성 전 단계는 계획 단계와 자료 조사 및 정리, 그리고 구성 및 개요 작성 단계로 나눌 수 있다. 보고서 작성 단계는 수집된 자료를 바탕으로 작성된 개요에 따라 순차적으로 원고를 작성한다. 보고서 작성 후 단계는 작성된 원고를 바탕으로 미비한 부분이나 누락된 부분은 보태고 불필요한 부분은 삭제하여 원고를 마무리한다.

| 계획 단계 |

보고서를 작성하기에 앞서 부여된 과제가 무엇을 요구하는지 정확하게 파악하는 것이 중요하다. 부여된 과제에 있어 주제가 주어진 경우도 있지만 그렇지 않은 경우도 있다. 이럴 경우 주제를 정하고 구체화할 필요가 있다. 이때 고려해야 할 것이 과제의 분량이다. 과제의 분량에 따라 주제의 범위가 달라질 수 있기 때문이다. 분량이 긴 경우에는 주제의 폭도 넓어져야 할 뿐만 아니라 주제를 뒷받침할 자료도 충분히 준비가 되어야 하다. 반면 분량이 소량일 경우에는 집중화가 필요하다. 주제를 보다 구체적으로 잡아야 하며 자료도 주제를 가장 잘 대변할 수 있는 자료를 중심으로 이루어져야 한다.

| 자료 수집 및 정리 |

계획 단계에서 구체적인 주제와 글의 분량이 정해졌다면 이를 바탕으로 주제와 관련된 자료를 수집해야 한다. 자료 수집의 효율성을 높이기 위해서는 주제와 관련한 핵심 키워드를 정하고 그와 관련된 자료를 검색하는 것이 효과적이다. 자료 수집을 위해서는 도서관을 최대한 활용해야 한다. 도서관 홈페이지에 접속하여 주제와 관련한 단행본과 학술논문을 찾을 수 있다. 관련 단행본을 찾기 위해서는 '소장자료'를 클릭한 후 '단행본'으로 들어가면 된다. 학술논문의 경우 'eContents'를 클릭한 후 다시 '학술DB'를 눌러 학술지 논문 전문사이트를 찾아가면 된다. 가장 많이 활용하는 사이트로는 'DBpia' 'Kiss' 'RISS'를 들 수 있다. 필요한 논문들을 무료로 다운 받거나 출력을 할 수 있어 자료를 수집하는 데 용이하다.

<학술DB창>

<단행본 검색창>

보고서 작성을 위해 수집된 자료는 서론의 문제제기에 대한 본론의 전개과정에서 근거로 활용된다. 따라서 자료를 수집, 정리하는 데 있어서도 이를 염두에 두고 작성할 필요가 있다. 집필 과정에서 각 자료가 어디에 이용될 것인지를 고려하여 자료의 내용을 기준에 따라 체계적으로 분류하여 정리하면 집필 작업을 훨씬 용이하게 할 수 있다. 경우에 따라 자료 조사에 앞서 개요를 먼저 작성한 후, 개요 항목에 따라 자료를 정리하는 것도 유용하게 활용할 수 있는 한 방법이다. 인용한 경우 출처를 분명히 밝혀야 하기 때문에 자료 정리시 서지 정보를 반드시 저장해 두는 습관을 길러야 한다.

| 개요 작성 |

계획 단계에서 구체적인 주제와 글의 분량이 정해졌다면 이를 바탕으로 주제와 관련된 자료를 분석하고 체계적으로 정리한다. 이를 토대로 주제를 선명하게 드러낼 수 있는 구성을 통해 글의 짜임을 구체화하는 개요를 작성해야 한다. 개요 작성의 구체적 방법은 제2부 4장에서 상세하게 밝혀 놓았으므로 4장의 내용을 바탕으로 작성하면 된다. 개요는 글 전체의 흐름을 보여주고, 글이 나아갈 방향을 제시한다. 또한 글이 주제에서 벗어나는 것을 방지해 주고 글의 균형을 유지해 준다는 점에서 글쓰기의 중요한 과정이다. 그러므로 개요 작성을 생략하고 바로 집필 단계로 나가서는 안 된다.

개요 작성은 차례에 해당한다. 차례를 보면 이 글의 방향성을 알 수 있다. 즉 글의 주제를 어떤 관점에서 엮어가며 무엇을 근거로 논의하는지를 파악할 수 있다. 다음 예는 장대익 교수가 쓴 '호모 리플리쿠스(Homo replicus)'란 글의 목차이다. '복제하는 인간'이라는 뜻의 '호모 리플리쿠스'를 어떻게 논하려는 것인지 목차를 통해서 간파할 수 있다.

<차 례>

1. 서론
2. 모방이란 무엇인가?
3. 동물의 모방적 행동
4. 모방적 행동의 신경 메커니즘
5. 모방, 거울 뉴런, 그리고 밈
6. 결론

<차례>를 통해서 이 글의 방향성을 유추해 볼 수 있다. 본론의 시작에 해당하는 2에서 진정한 모방 행위가 무엇인지를 인간과 동물을 통해 규정한다고 볼 수 있다. 이렇게 예측할 수 있는 것은 3에서 '동물의 모방적 행동'을 논하기 때문이다. 인간과 동물의 모방에 대한 변별성을 말하기 위함으로 볼 수 있다. 이를 증명하기 위해 4와 5의 과학적 이론을 제시하는 것으로 논의가 전개됨을 짐작할 수 있다. 따라서 보고서를 작성할 경우 글쓴이의 의도가 개요 작성에 해당하는 차례를 통해 어떻게 전개되고, 논지를 위한 근거가 무엇인지 선명하게 드러날 때 좋은 개요 작성이 된다.

| 글쓰기 단계 |

글쓰기 단계는 작성된 개요를 바탕으로 어떤 자료를 선택하여 어디에 배치할 것인가가 중요하다. 이런 점을 고려하여 개요의 순서에 따라 자료들을 배치하여 문단을 작성하되 통일성과 긴밀성을 갖추어야 한다. 일반적으로 보고서는 논리적 글쓰기에 해당하므로 서론-본론-결론의 3단 구성이 지배적이다. 3단 구성의 경우, 서론에서는 글의 주제와 목적, 대상의 범위, 그리고 기존 내용 소개 등을 통해 문제제기나 글의 방향을 보여주어야 한다. 본론은 문제 해결의 장으로, 제시한 문제제기를 항목별로 나누어 분석하고 결론을 뒷받침하는 논거들을 제시하여 검증해나간다. 결론에서는 논의된 내용을 요약·정리하고 보고서의 의의나 앞으로 해결해야 할 과제, 또는 전망 등을 언급하고 마무리 한다.

| 고쳐쓰기 단계 |

고쳐쓰기 단계에서는 '재구성, 부가(첨가), 삭제'의 원칙에 따라 글다듬기를 한다. 재구성의 원칙은 주제가 효과적으로 전달되었는지, 전체 주제와 문단 주제, 중심문장과 뒷받침문장 등의 유기성, 내용 전개의 일관성 등을 살피는 것이다. 부가(첨가)의 원칙은 세심하게 살펴 빠뜨린 부분이 있으면 보충해야 한다. 삭제의 원칙은 불필요한 부분이 있으면 삭제하여 간결하게 다듬는 것이다. 그 외 정서법에 맞게 쓰였는지, 띄어쓰기가 잘못된 곳이 있는지, 오탈자가 있는지 등을 살펴서 고쳐야 할 것은 고친다.

| 보고서 작성시 유의사항 |

1. 담당교수가 과제를 부여할 때 요구하는 것이 무엇인지를 정확하게 파악하고 무엇을, 어떻게 쓸 것인가를 고민해야 한다.
2. 객관적이고 정확한 자료를 충분히 확보하라. 자료가 충분히 확보될 때 보편타당한 자신의 주장을 획득할 수 있다.
3. 독자가 충분히 이해할 수 있도록 정확하고 간결한 문장으로 표현해야 한다.
4. 본문 중 인용한 자료들에 대해서는 출처를 밝혀야 한다. 내용에 있어 인용, 사실, 의견을 구분해야 한다.
5. 글의 내용이 타당성을 인정받을 수 있는지 자기 점검을 하라.

3. 실험 보고서 작성 방법

실험 보고서는 이공 계열이나 자연 과학 분야에서 어떤 대상을 실험하거나 실습한 결과를 객관적으로 보고하는 글쓰기이다. 'Experimental write-up'이라고 부르는 문서가 여기에 해당하며, 제한된 한 가지 실험 혹은 세부적인 주제에 대해 자세히 진행된 실험을 정리하여 보고하는 글이다. 실험 보고서는 학술논문이나 연구 보고서의 바탕이 되며, 언제든지 반복 실험을 통해 재연할 수 있어야 하는 특성을 지닌다. 따라서 실험 제목, 실험 일시, 실험 방법 등은 물론 실험하는 동안의 모든 작업 내용을 기록하는 실험 노트를 준비해야 한다. 특히 실험 노트는 실험 결과를 토의하거나, 실험 보고서 또는 연구 보고서를 작성할 때 중요한 토대 자료가 된다.

1) 실험 노트의 작성 방식

실험 보고서는 실험노트를 바탕으로 작성되기 때문에 실험 보고서에 앞서 실험 노트가 제대로 작성되어야 한다. 실험 노트란 실험을 수행하는 연구자가 실험실, 분석실, 야외 연구지 등에서 직접 관찰하고 일을 수행하면서 작성하는 글로서, 실험기록, 야외조사기록, 관찰기록 등의 문서를 모두 포함한다. 이것은 형식을 갖추지 않은 글이지만 깊이 있는 과학 연구 활동을 위한 기초가 된다는 점에서 중요하다.

| 실험 노트 작성의 필요성 |

실험 노트 작성의 기본 목적은 기록을 남기기 위해서다. 기록으로 남겨야 하는 몇 가지 이유가 있다. 첫째, 실험 노트의 기록 내용은 실험 결과가 법적으로 인정되는 데 있어 1차 자료가 된다. 둘째, 실험보고서, 논문 등 향후 완성된 형태의 과학 문서 작성의 기초 자료로 이용된다. 셋째, 과학적 사고의 지평을 넓힐 수 있다. 실험이나 관찰을 진행하면서 실험 노트에 자신의 창의적 아이디어나 추정 등을 자유롭게 기록함으로써 연구자의 과학적 사고 발전에 도움을 줄 수 있다. 실험 노트는 실험 과정의 객관적 기록이란 일차적 목적 수행뿐만 아니라 연구의 논리적 방법 수행과 창의적 사고의 확장으로까지 나가게 한다.

| 실험 노트의 형식과 내용 |

실험 노트는 가공하지 않은 일차적 자료이기 때문에 엄격히 정해진 형식을 가지고 있지 않다. 비록 실험 노트가 완전한 보고서의 형태를 갖추고 있지는 않지만 실험을 염두에 두고 작성하며, 일련의 과정이 실험 보고서 작성의 틀이 된다는 점에서 형식을 고려하지 않을 수 없다. 실험 노트는 실험 보고서를 전제로 작성하기 때문에 그 형식은 실험 보고서에 들어갈 항목들과 크게 다르지 않다. 일반적으로 볼 때 실험 노트는 다음과 같은 내용과 형식을 갖추고 있다.

① 실험 장소, 일시, 실험자 등 실험과 관련된 기초적인 정보가 수록되어야 한다.

② 실험의 핵심 질문과 가설 등에 대한 간단한 설명이 필요하다.

③ 예상 결과는 반드시 작성할 필요는 없으나 직관적인 메모는 좋다

④ 기구, 시약, 장비 및 설치에 대한 자세한 설명이 필요하다. 실험은 일회성에 끝나지 않기 때문에 다시 사용할 때 참고가 되도록 매우 상세하게 기록할 필요가 있다.

⑤ 실험 방법에 대한 자세한 설명이 요구된다. 실험의 각 절차에 대해 자세하게 기록함으로써 누구라도 이 기록만으로도 실험이 가능할 수 있게 해야 한다.

⑥ 결과에 대해서는 자세하게 기록해야 한다. 자세한 결과 기록을 위해 표나 그래프를 이용하여 정확한 수치를 제시하거나 장비에서 나온 출력물을 붙여 객관성을 높인다.

⑦ 자료 분석 방법에 대한 대략적인 설명이 필요하다. 실험으로 얻어진 자료를 어떻게 정리하고 계산할 것인지에 대한 보충 메모를 함께 적는 것이 바람직하다.

⑧ 자료 해석 및 대략적인 결론을 제시해야 한다. 실험의 개괄적 총평이나 소결론, 그리고 향후 실험 방향 등에 대해 간단히 논평해둔다. 실험 과정에서 발생한 문제나 어려운 점, 주의할 점 등이 있다면 밝히는 것이 좋다.

2) 실험 보고서의 구성 방식

실험 보고서는 계열이나 분야에 따라 조금씩의 차이가 있을 수 있으나 구성은 대동소이하다. 다소간의 차이를 보이는 실험 보고서의 구성 몇 가지를 도표로 제시함으로써 전공에 적합한 구성 방법을 채택할 수 있다.

<실험 보고서 구성 방식 예①>

	서 식	기술항목	기술요령
1	표지 및 목차	ㅇ제목 ㅇ제출일자 ㅇ제출자 성명 ㅇ목차	보고서의 일반적 형식과 동일

2	실험 목적과 의의	ㅇ실험 목적 ㅇ실험 의의	실험을 왜 하는지의 실험 목적과 의의를 기술
3	선행 연구, 이론적 배경	ㅇ선행 연구 ㅇ이론적 배경	실험과 관련된 이론적 배경이나 원리에 대해 설명
4	실험 도구	ㅇ실험 도구	실험에 필요한 장치나 재료 등을 도표나 사진으로 제시
5	실험 방법	ㅇ장비 조작 방법 ㅇ데이터 분석 방법	계측 장비의 조작 방법, 데이터 분석 방법 등의 실험 과정을 설명
6	실험 결과 및 고찰	ㅇ실험 결과	실험의 결과를 그림이나 표, 그래프 등을 이용하여 체계적으로 정리
7	결론	ㅇ실험 결과 요약 ㅇ새로운 사실 정리	실험 결과를 요약하고, 새로운 사실을 정리하여 제시한다. 그리고 실험 소감을 덧붙일 수도 있음
8	참고문헌		보고서의 일반적 형식과 동일

<실험 보고서 구성 방식 예②>

	서 식	기술항목	기술요령
	겉표지	ㅇ실험제목 ㅇ실험일시, 실험장소 ㅇ실험자의 인적 사항	보고서의 일반적 형식과 동일
1	실험 제목	ㅇ 실험 제목 ㅇ공동 실험자 이름	실험이 팀별로 이루어지면 팀원 인적 사항 모두를 기록
2	실험 목적	ㅇ실험 목적	무엇을 측정하는지, 그리고 그것을 통해 무엇을 검증할 것인지 제시
3	이론적 고찰	ㅇ연구 관련 이론	실험과 관련된 용어나 개념의 정의, 실험에 사용되는 물리량, 측정과 관련된 수식 등을 기술
4	실험 준비물	ㅇ실험장비	실험에 사용한 장비의 모델명, 용량, 수량 등을 기록
5	실험 방법	ㅇ실험 과정	실험과정을 순서대로 번호를 붙여 가면서 열거
6	실험 결과	ㅇ실험 결과	실험 결과를 일목요연하게 볼 수 있도록 도표를 이용하여 정리

7	고찰 및 이론	ㅇ실험 고찰의 결과	실험 목적에서 고찰하고자 했던 내용에 대한 구체적인 결론을 기술
8	참고문헌	ㅇ실험 관련 자료	보고서의 일반적 형식과 동일

<실험보고서 구성 방식 예③ IMRAD 방식>

보고자		실험일시	년 월 일
서 식	기술항목	기술내용	
1. 제목(Title)	ㅇ제목 작성		
2. 실험목표 (Purpose)	ㅇ실험을 통한 목표 제시		
3. 이론 (Introduction)	ㅇ교재의 핵심 내용, 실험책의 이론	문제제기, 연구의 배경, 기존 연구사의 검토, 연구의 목적 등을 분명하게 요약 정리	
4. 시약 및 기구 (Materials)	ㅇ사용 시약과 기구	다른 연구자가 동일한 실험을 할 수 있도록 실험이나 연구를 수행하는 데 필요한 기구 및 시약, 장비를 구체적으로 제시	
5. 실험방법 (Method)	ㅇ주어진 실험방법의 적용 ㅇ다양한 상황에 따른 실험	동일한 실험을 재현할 수 있도록 실험 조건을 구체적으로 작성. 자료 출처, 자료 수집 방법, 계산 방법, 통계 분석 등을 정확하게 명시	
6. 결과(Result)	ㅇ실험한 결과 작성	실험을 통해 얻은 모든 결과를 요약하여 효과적으로 제시. 결과값뿐만 아니라 결과에 이르는 과정까지도 자세히 설명. 결과의 효과적인 전달을 위하여 표나 그래프 등 시각적 매체와 묘사적 설명 등의 방법을 활용	
7. 토의 (Discussion)	ㅇ실험에 대한 고찰	두드러진 특징, 해석, 추이에 대한 토론. 실패한 실험의 경우 처음의 기대치와 결과의 상위성에 대한 이유 분석. 전제나 가설 혹은 재료 및 방법의 오류 때문인지를 사실대로 기록. 에러를 없앨 수 있는 방법에 대한 토론	
8. 참고문헌 (Reference)	• 참고 문헌 작성	보고서의 일반적 형식과 동일	

4. 과학기술 보고서 작성하기

제시문 1

새로운 역사관의 틀 - 엔트로피

엔트로피 법칙에 의하면 환경에서의 이러한 정성적 전환은 각각 이전 시대의 것보다 유용한 에너지의 사용을 더욱 어렵고 힘들게 만든다. 이는 각 단계마다 세계의 사용 가능한 에너지의 저장량이 점점 더 낮은 수준으로 분산되기 때문이다. 세계의 무질서 도는 항상 증가하고 있다. 사용 가능한 에너지양은 항상 줄어들고 있다. 인간의 생존은 사용 가능한 에너지에 의존하기 때문에, 이것은 인간이 점점 악화되는 환경조건에서 살아가기 위해서는 더 많은 일을 해야 하고, 따라서 인간 생활은 유지하기가 점점 더 벅차게 됨을 의미한다. 악화된 에너지 환경에 의해 추가되는 일을 사람들만의 힘으로는 더 이상 처리할 수 없게 됨으로써 결국 더 복잡한 기술이 도입되어 인간의 존재를 가까스로 유지하게 된다.

뉴턴식 패러다임의 신봉자들은 이런 생각을 이해하지 못할 것이다. 그들은 복잡한 새 기술은 비효율적인 인간 에너지를 효율적인 기계 에너지로 대치함으로써 보다 큰 가치를 창출하여 삶의 무거운 짐을 덜어 준다고 주장할 것이다. 비인간적 즉 기계 에너지를 보다 많이 사용하는 것에 따라 문명의 척도를 삼는 것은 그리 드물지 않은 일이다. 수렵 사회에서 사람들은 주된 에너지원으로서 자신들의 근육의 힘에 의존하였다. 어른 한 사람의 힘은 대략 10분의 1마력 정도이다. 미국 국민 한 명이 현대 기술 덕분으로 평균 수천 마력 또는 그만한 기계력에 해당하는 힘을 쓰고 있다. 이 두 경우를 비교해 볼 때 역사는 발전이며 사람들은 과거보다 훨씬 잘 산다고 그런 세계관의 신봉자들은 주장한다. 이러한 사고방식에는 하나의 핵심적 기본 가정이 깔려 있다. 그 에너지 흐름이 클수록 사회는 효율적이고, 문명은 더욱 발달되며 세계는 더욱 질서 있게 된다.

이러한 어리석은 개념을 완전하게 떨쳐 버릴 때가 바로 지금이다. 기술에서 주요한 진전이 일어나면, 계를 통하여 에너지를 추출하거나 흐르게 하는 과정이 일반적으로 가속된다. 그런데 에너지는 창조되거나 소멸될 수 없고, 다만 한 방향 -사용 가능한 상태로부터 사용 불가능한 상태로- 으로만 변화할 수 있음을 명심해야 한다. 따라서 이른바 효율의 증진 -에너지 흐름을 촉진시키도록 설계된 기술에 의해서 측정된 증가- 은 오직 에너지의 분산과 세계의 무질서를 촉진시킬 따름이다. 에너지 흐름이 가속화됨에 따라, 각 엔트로피 분수령 사이의 간격 기간이 짧아져 왔다. 주위 환경의 고갈로 인해 수렵 사회가 드디어 농경 사회로 이행하는 데는 수백만 년이 걸렸다. 농경 사회에서 산업 사회로 전환해야만 하기까지에는 수천 년의 세월이 걸렸다. 그러나 근대에는 기껏 몇 백 년이 되기도 전에 산업 사회에 필요한 자원이 거의 바닥이 남으로써 바야흐로 새로운 엔트로피 분수령을 맞게 된 것이다.

게다가 개인이 생존하는 데 점점 더 많은 에너지를 소비하는 것은 결코 효율적인 것이 못 된다. 현재 믿음과는 정반대로 효율은 일의 감소라고 정의하는 것이 옳다. 일이란 사용 가능한 에너지를 사용해 버리는 것일 뿐이다. 현대 사회의 사람들은 백만 년 전의 사람들이 사용했던 에너지양의 수천 배를 '없애 버린다'. 일이란 사람의 근육의 힘에 의해서가 아니라 기계로 행해지기 때문에 '적은' 양의 일을 하는 것으로 믿고 있다면 그것은 엄청난 착각이다.

역사를 통틀어 동일한 에너지 환경 조건에서도 지극히 오랫동안 존속했던 예외적인 문명들이 있었다. 그들은 식민 단계에서 절정 단계로의 이행을 성취할 수 있었다. 이들 문명에서는 그들이 환경에 적응한다는 것은 에너지 흐름을 늦추고 따라서 전체 환경에서 엔트로피 증가를 둔화시키고 있음을 뜻했다. 물론 실제 세계에 있어서 아무리 적응이 잘 되는 절정 단계라 할지라도 특정한 에너지 환경 조건에 전혀 변화를 일으키지 않는다는 것은 불가능하다. 문제는 항상 계속적으로 나타나는 엔트로피 분수령이 얼마나 빠르게 또는 얼마나 느리게 올 것인가 하는 점이다. 그들의 환경과 정상 상태로 조화를 이룬 문명들은 세계를 닫힌계로 보려는 경향이 있었음이 드러나는 것은 흥미로운 사실이다. 그들이 채우고 있으며, 그 계로부터 도저히 도피할 수 없는 그런 계이다. 그들에게는 '한계 내에서 살아가는 것'이 제2의 천성이었던 것이다.

그러나 근대적 세계관은 전혀 다른 개념을 반영한다. 기계적 패러다임은 기본적으로 운동하는 물질에 관심을 두고 있다. 그것은 운동과 거리에 최고의 가치를 둔다. 그것은 끊임없는 발전이라는 이미지에 얽매어 있다. 한계라는 것은 패배의 징조이다. 우

제시문 1

제시문 1

리 세대의 시대정신은 팽창과 정복의 것이다. 무엇보다도 거기에는 정복할 신세계가 항상 존재한다. 이제 문제는 세계 인구가 매 40년마다 두 배가 됨으로써 지구 방방곡곡 어느 곳이나 사람으로 만원이 되고 있다. 유용한 에너지를 찾아내는 일은 차츰 어려워지고 있으며, 에너지 폐기물을 내다 버릴 곳을 찾는 일도 차츰 어려워지고 있다. 드디어 지구라는 행성의 한계점에 다가가고 있다. 우리 상호간에 이리 밀리고 저리 밀리고 하기 시작하자, 군중 한가운데서 새로운 소리가 들리기 시작한 '우리 한계 안에서 살자.'라는 신음 같은 소리는 차츰 커져가고 있으며, 그 소리는 인류의 식민 단계가 종말을 고해야 함을 절규하고 있다.

그러나 이렇듯이 명백한 진실을 거부하는 사람들도 있다. 오늘날의 개척자 정신은 우주로 눈을 돌릴 열광자들에게 강하게 살아 있어서, 그들은 다른 행성을 정복하고 개발함으로써 문제를 풀 수 있다고 주장한다. 그러나 그들의 기대는 달성될 수 없다. 6일 동안에 태어나는 아기들 수만큼 우주로 내보내는 데에도 일 년 동안의 GNP가 모두 투입되어야 할 것이기 때문이다. 더욱이 지구와 비교될 만한 기후 조건을 가진 행성은 태양계에서 가장 가깝다 하더라도 아마 10광년 정도는 떨어져 있을 것이고, 현재의 기술로 이 정도의 거리를 달리는 데는 100년 이상 걸릴 것이라는 것이 천문학자들의 주장이다. 또한 우리가 알고 있는 삶의 방식을 유지하는 게 가능하리라는 아무 보장도 없다. 마지막으로 다른 행성들로부터 주요 자원을 채굴해서 지구로 가져온다는 생각은 완전히 난센스이다. 지구상의 자원을 캐는 것도 가격 때문에 이미 곤란을 겪고 있는 판국에, 지구에서 필요한 자원을 가진 행성을 찾아내어 그 곳에서 캐고 운반한다면 그 가격은 너무 엄청나서 상상도 못할 정도일 것이기 때문이다.

우리가 지구라고 부르는 이 닫힌계의 물리적 한계를 양심적으로 인정하고 나서 계속해서 살아남기 위한 파격적인 조정을 하지 않고는 다른 방법이 없다. 인간 그리고 그 밖의 생물의 존속 여부는 우리가 자연과 얼마나 잘 조화를 이루고 생태계와 잘 협동해서 살아갈 것인가의 의지에 달려 있다. 우리가 그렇게 생활함으로써 자연의 재순환 과정이 인간들이 입힌 상처를 치유할 여유를 주게 된다면, 인간과 모든 생명체들은 지구상에서 오래 존속되고 건강한 생활을 누릴 수 있게 될 것이다.

그러나 만약 인간이 여전히 식민의 방법을 끊임없이 휘둘러 그 삶에 관련되는 모든 것을 파괴한다면, 인간이 선택할 수 있는 미래는 더 이상 존재하지 않게 될 것이다. 지구의 물질 즉 에너지는 완전히 고갈됨으로써 회복 불가능한 위급한 한계 상황에 이르게 될 것이다. 그 때 낮은 엔트로피의 자원은 거의 바닥이 날 것이며 따라서 생존을 이어가는 데 필요한 생태계의 평형을 회복시켜 줄 자연의 재순환 과정은 불가능하게 될 것이다.

생존 방식에서 식민 단계로부터 절정 단계로의 변환은 인류가 치루어야 할 가장 근본적인 변화이다. 그 교차로가 우리 눈앞에 다가와 있다.

제시문 1

제시문1 길라잡이

▶**출전**: **제레미 리프킨 저, 이창희 역, 『엔트로피(Entropy)』, 세종연구원, 2007, 117~120쪽.**

▶**저자**: **제레미 리프킨**(Jeremy Rifkin, 1945~)

콜로라도주 덴버에서 태어나, 일리노이주 시카고에서 자랐다. 1967년 펜실베이니아대학교 워튼스쿨에서 경제학을 전공한 뒤, 터프츠대학교 플레처스쿨에서 국제관계학 석사학위를 받았다. 미국의 세계적인 경제학자이자 문명비평가로, 1989년 기계적 세계관에 근거한 현대문명을 비판하고, 에너지 낭비가 가져올 인류의 재앙을 경고한 저서 『엔트로피 법칙』으로 세계적인 이름을 얻었다. 1995년에는 정보화 사회로 인해 머지않아 수많은 사람들이 일자리를 잃게 될 것을 경고한 『노동의 종말(The End of Work)』을 출간했다. 2000년에는 인터넷 접속으로 상징되는 정보화 시대에 사람들이 어떻게 살아갈 것인지 의문을 제기한 『소유의 종말(The Age of Access)』로 많은 반향을 불러 일으켰다.

▶**제시문의 이해**

뉴턴식 패러다임의 신봉자들은 엔트로피 법칙을 이해하지 못한다. 초기값을 알면 결과를 예측할 수 있다고 하는 뉴턴 역학의 신봉자들이 다름 아닌 뉴턴식 패러다임의 신봉지들인데, 이들은 자연을 개발하면 개발할수록 문녕이 발전한다고 믿는다. 이런 믿음이 틀리지는 않았지만, 문명의 발전 이면에 엔트로피의 증가를 헤아리지 못하는 맹점이 있다. 지구는 '닫힌계'로서 물리적 한계가 있다는 사실을 명심하고 파격적으로 삶의 자세를 조정하지 않으면 안 된다. 즉 자연과 조화를 이루고 생태계와 잘 협동해서 살아가려는 자세를 철저히 견지해 나가야 한다.

▶**의의**

우리들은 과학이 발전함에 따라 인류의 진보가 이루어지고 보다 편리한 삶을 살게 되리라고 생각하지만, 제레미 리프킨의 『엔트로피』에서는 그렇지가 않다고 한다. 보편적인 사고가 언제나 진리일 수는 없다는 점을 깨우쳐 준 셈이 된다. 제레미 리프킨은 엔트로피라는 관념과 관련하여 엔트로피 세계관을 설명하고 있다. 주장을 뒷받침하기 위해 사회 여러 분야인 교육, 과학, 경제를 동원하여 엔트로피 세계관에다 적용시키는 방식을 취한다.

▶**참고**: 열역학 제2법칙이란?

엔트로피의 법칙이다. 엔트로피의 법칙에 의하면 에너지는 한 방향으로만 변한다. 즉 유용한 상태에서 무용한 상태로, 획득 가능한 상태에서 획득 불가능한 상태로, 질서 있는 상태에서 무질서한 상태로의 한 방향으로만 변한다. 현재의 모든 에너지 석탄, 석유 등을 보면 에너지로 쓰기 전에는 유용한 에너지이지만 일단 사용되고 나면 무용한 물질이 되고 만다.

문제 제시문1에서 리프킨은 뉴턴식 패러다임의 문제점을 지적하고 그 극복 방안으로 저엔트로피의 지향을 말하고 있다. 제시문을 바탕으로 뉴턴식 패러다임이 가진 문제점을 극복하기 위한 보고서를 작성할 때 이에 합당한 개요를 작성하시오. (조건: 본론의 대항목 2개 이상, 대항목에 따른 중항목 각각 2개 이상)

문제 앞의 문제에서 작성한 개요를 바탕으로 서론에 해당하는 부분을 작성하시오. (조건: 최소 두 단락 이상, 문제제기와 글의 방향성이 드러날 수 있도록 작성)

“보카노프스키 법” 하고 소장은 반복했다. 그러자 견습생들은 그들의 작은 노트 속에 적힌 그 단어에 밑줄을 그었다.

한 개의 난자로부터 하나의 태아가 나오고 거기서 한 사람의 성인이 생긴다. 이것을 정상이라 한다. 그러나 보카노프스키 법으로 처리된 알은 싹이 나고 증식해서 분열한다. 8에서 96개의 싹을 틔우며 그 한 개 한 개가 성장하여 완전한 형태를 지닌 태아가 되고 각각의 태아는 완전한 크기의 성인이 된다. 전에는 한 인간이 자라던 곳에서 96명이 자라도록 한다. 이거야말로 진보가 아니고 무엇인가!

“본질적으로 보카노프스키 법이란 일련의 성장억제조치로 구성된 것입니다. 정상적인 성장을 억제할 때 알들은 그것에 대응하여 발아현상을 일으킨다는 말입니다. 정말 역설적인 현상입니다.” 하고 소장은 결론을 내렸다.

(이것에 대응하여 발아현상을 일으킨다)- 견습생들의 연필은 바삐 달렸다.

소장은 지적했다. 매우 서서히 움직이는 컨베이어 위에 놓인 시험관이 가득한 선반이 큼직한 금속 상자 속으로 들어가고 또 하나의 시험관이 담긴 선반은 거기에서 나오고 있었다. 기계는 부드러운 소리로 울고 있었다. 시험관들이 그곳을 통과하는 데는 8분이 걸린다고 그가 설명했다. 강력한 X레이를 8분간 견딘다는 것은 난자가 감당할 수 없는 극한치라는 것이다. 그 중에는 사멸하는 난자도 있다.

생존한 것들 중에서 가장 반응이 약한 난자는 2개로 분열하지만 대개는 4개의 싹을 내민다. 어떤 것은 8개의 싹을 내민다. 다시 모든 것은 부화기로 환원된다. 거기서 싹은 자라기 시작한다. 그러다가 이틀 후에는 급격히 냉각시킨다. 냉각시켜 발육을 억제시키는 것이다. 그 각각의 싹은 2, 4, 8개로 발아된다. 발아가 끝나면 사멸할 정도까지 알코올에 담근다. 거기서 다시 싹을 내미는데, 그 발아 과정이 끝나면 이 세 번째 싹은 더 이상 발육을 억제하면 치명적이기 때문에 그냥 평화롭게 발육하도록 방치된다. 이 시점에 이르면 최초의 난자는 8에서 96개의 태아가 될 가능성이 있는 것이다. 이것이야말로 자연에 가해진 놀라운 개선이라는 점에서 이론이 있을 수 없을 것이다. 난자가 때로 우연한 분열을 일으키던 모태시대에서 보았던 보잘것없는 쌍둥이나 세 쌍둥이가 아니라 훌륭하고 똑같은 쌍둥이가 나오는 것이다. 그것도 한 번에 몇 다스씩, 아니 몇 십 쌍씩 나오는 것이다.

제시문 2

"몇 십 쌍!"

소장은 그 어휘를 반복하고 마치 기분 좋게 선심을 쓰듯 그의 팔을 앞으로 뻗었다.

"몇 십 쌍씩 나오는 것입니다."

그러나 한 견습생이 "그렇게 되면 무슨 이익이 있습니까?"하고 바보 같은 질문을 던졌다.

"이건 놀랄 일이로군!"

소장은 그 학생 쪽으로 몸을 급히 돌렸다.

"자넨 그것을 모르겠나? 그걸 정말 모르겠나?"

그는 한 손을 올렸다. 그의 표정은 엄숙했다.

"보카노프스키 법은 사회안정의 중요한 수단의 하나야!"

사회안정의 중요한 수단의 하나.

표준형 남녀, 균등한 집단, 보카노프스키 과정을 거친 한 개의 난자로부터 태어난 인간으로 충원된 작은 공장.

"아흔여섯 명의 일란성 쌍생아들이 아흔여섯 개의 동일한 기계를 조작하는 거다!"

"여러분들은 지금 여러분들이 어디에 있는지 알고 있지 않습니까? 인류 역사상 최초로 공유, 균등, 안정이 실현된 것입니다. 우리가 무한히 보카노프스키 과정을 지속시킬 수 있다면 모든 문제는 해결될 것입니다."

표준형의 감마계급, 한결같은 델타 계급, 균등한 엡실론 계급의 경우는 이미 해결되었다. 수백만의 일란성 쌍생아를 생산할 수 있다. 대량생산의 원칙이 마침내 생물학에 응용된 것이다.

제시문2 길라잡이

▶출전: 올더스 헉슬리 저, 이덕형 역, 『멋진 신세계』, 문예출판사, 1998, 10~12쪽.

▶저자: 올더스 헉슬리(Aldous Leonard Huxley, 1894~1963)

저명한 영국의 과학자 가문과 문학가 가문의 사이에서 태어났다. 헉슬리는 원래 의학을 공부하려고 옥스퍼드 의대에 진학했으나 눈이 나빠 도중에 영문학과로 전과해서 공부하고 오랫동안 신문 언론계에서 문예비평을 담당했다. 이러한 그의 출생배경과 성장배경은 과학뿐 아니라 예술, 문학, 종교 등 광범위한 인문학에 대한 그의 넓은 견해와 비평안을 키워 그의 문학세계를 한층 심화시키고 다양하게 만들었다. 그는 소설『크롬 옐로우』(1921)를 필두로『어릿광대의 춤』(1923),『대위법』(1928) 등의 작품을 통해 그는 20세기를 대표하는 작가의 한 사람이 되었다. 그의 작품 속에는 수많은 예술가, 과학자, 작가, 사상가 등의 지식층이 많이 나오는데, 그것들은 모두 다양한 그의 사상을 대변하는 역할 분담자로 보인다. 대표작인『멋진 신세계』(1932)에는 문학과 과학의 화합적 절충과 조화를 작가 정신으로 하고 있는 올더스 헉슬리의 문학관이 잘 나타난 작품이다.

▶제시문의 이해

제시문은 '런던 중앙 인공부화, 조건반사 센터'를 소개하면서 시작되는 소설의 도입부분이다. 신세계 사람들은 태어나는 것이 아니라 유전학적으로 선별에 의해 만들어지며 사육된다. 이 건물 1층에 있는 수정실에서 아기들이 인공수정에 의해 마치 공산품을 생산하듯 다량으로 만들어지고 있다. 아기들은 체제의 통제 아래 태아 때부터 알파, 베타, 감마, 델타, 엡실론 등 5계급으로 나뉘어져, 위로는 지도자에서 아래로는 하수도 청소부까지 맞춤형으로 제작된다. 지도층에 속하는 알파와 베타 계급은 난자 하나에서 태아 하나를 만들지만 그 외 생산계층의 계급은 '보카노프스키' 법에 의해 96명의 쌍둥이를 생산한다. 신세계 사람들은 체격, 성격, 지능 등 모든 자연적 운명이 생성 단계에서부터 조작되고 사회적 운명까지 인위적으로 정해진다. 이처럼 멋진 신세계는 안정이란 목적을 위해 과학기술조차도 그에 복속시켜 철저하게 인간 본연의 자아를 파괴하고 있다.

▶의의

멋진 신세계는 사회적 안정과 개인의 행복을 철저하게 보장해주는 유토피아를 그려내고 있다. 문제는 물질적 안정과 행복을 보장받는 대신 자신의 존재를 상실하는 데 있다. 자아의 희생에서 얻어진 행복과 안정이 과연 우리가 진정 바라던 것인가를 생각하게 한다. 인간에게는 행복과 안정보다 중요한 무엇이 있다. 생각할 수 있는 권리, 개인적 가치를 추구할 권리, 스스로의 삶을 만들어 갈 수 있는 권리 등이 있을 때 인간의 모습을 갖추었다고 할 수 있다. "인간은 추구하는 한 방황하게 마련이다"라는 파우스트의 경구처럼 스스로 무언가를 지향하는 삶은 그만큼 고통스러운 과정을 견뎌야 하는 것이다. 인간은 스스로 고민하고 선택하며 결정하고 행동하는 과정에서 진정한 모습을 찾게 된다.

문제 제시문2를 근거로 실험 보고서를 작성하시오. 재료나 실험 방법에 있어서는 기존의 관련 연구를 이용하거나 각자의 상상을 토대로 작성해도 무방함.

보고자		실험일시	년 월 일
1. 제목(Title)			
2. 실험목표 (Purpose)			
3. 이론 (Introduction)			
4. 시약 및 기구(Materials)			
5. 실험방법 (Method)			
6. 결과(Result)			
7. 토의 (Discussion)			
8. 참고문헌 (Reference)			

제10장

과학기술 논문 작성

보고서가 어떤 문제나 주제에 대하여 요약·정리, 조사·관찰, 실험·실습, 답사 등의 과정이나 결과를 정리하여 특정한 사람에게 정보를 제공하는 객관적인 글이라면, 논문은 어떤 주제에 대한 새로운 사실이나 주장을 객관성과 논리성을 바탕으로 일정한 형식과 체계에 따라 일관성 있게 작성하는 글이다. 우리의 경우 논문을 크게 학위 논문과 학술 논문으로 구분하지만 영어로는 'Thesis, Dissertation, Paper'로 나누어 말하고 있다. 'Paper'가 학위 논문을 제외한 모든 수준의 논문을 지칭하는 포괄적인 용어라면, 'Research Paper'는 특정 주제에 대하여 깊이 있게 연구한 전문 학술 논문을 지칭하고 있어 우리의 학술 논문에 해당한다. 'Thesis, Dissertation'는 학위 논문을 지칭하는데, 박사학위 논문을 'Dissertation', 석사학위 논문을 'Thesis'로 나누는 것이 일반적이다.

논문은 일반 글과 달라서 그 성격에 부합되는 몇 가지 요건을 갖추어야 한다. 논문은 새로운 사실이나 주장을 논리적으로 증명한다는 점에서 독창성이 생명이다. 새로운 자료를 발굴하여 독창적인 주장을 제기하거나 기존의 이론을 뛰어넘는 창조적 글쓰기로 갈 때 논문으로서의 가치를 인정받게 된다. 논문이 되기 위한 요긴으로 독창성, 합리성, 실증성 등을 들 수 있다. 독창성은 소재·연구의 시각·결론을 유도하는 방법 가운데 최소한 한 가지 이상에서 독자성을 발휘하여 기존의 연구 성과를 창조적으로 극복하거나 계승할 때 가능하다. 실증성은 논문이 객관적이고 타당성을 검증하는 데 필요한 부분이다. 실증성이 담보되지 않은 독창성은 주관적 주장에 불과하다. 논문의 생명인 독창성을 확보하기 위해서는 정확하고도 확실한 증거가 충분히 마련되어야 한다. 논리성은 논자의 주장이나 이론의 정당성을 독자에게 합리적이고 객관적으로 설득하기 위해 필수적이다. 논리성은 논문의 가치를 높이는 데 필수적인 요건이 된다.

1. 과학기술 논문이란

과학기술 논문은 방법론적 접근에 있어 인문사회 계열의 논문과는 다소의 차이를 보인다. 연구 분야의 전공 특성이 논문에 반영되는 까닭에 글쓰기 양식이 조금씩 다를 수 있다. 인문사회 계열의 논문은 논제에 따라 저자의 주장을 논리적으로 펼쳐내는 것이 일반적이다. 반면 과학기술 논문은 자신의 이론을 검증하는 과정이 필요하므로 실험 과정을 구체적으로 제시해야 한다. 이런 이유로 과학기술 논문은 인문사회 계열 논문에 비해 분량이 대체적으로 짧고, 실험 관련 도표나 수식 및 공식 등이 자주 사용된다.

| 과학기술 논문의 형식 |

논문의 형식은 학위 논문과 학술 논문에 따라 차이를 보인다. 학술 논문은 학위 논문의 본문에 목차와 요약이 더해지는 형식을 취한다. 학위 논문의 일반적 체제를 보면 서두와 본문 그리고 참고 자료로 나눌 수 있다. 과학기술 논문 작성시 채택하는 형식은 다음과 같다.

<과학기술 논문 체제>

1. 서두
   - ㅇ표지, 제목
   - ㅇ인준서
   - ㅇ감사의 글
   - ㅇ목차
   - ㅇ그림 및 표 차례
   - ㅇ국문요약

2. 본문

ㅇ서론

ㅇ재료 및 방법

ㅇ실험결과

ㅇ고찰 및 논의

ㅇ결론

3. 참고 문헌

ㅇ참고문헌

ㅇ부록(Appendix) - 필요한 경우

ㅇ영문 요약

2. 과학기술 논문 작성 방법

1) 작성 방법

논문의 집필은 논문 체제 '2. 분문'에 해당하는 부분을 작성하는 것이다. 논문은 세부 전공에 따라 글쓰기의 형태가 달라질 수 있다. 앞서의 논문 체제처럼 실험을 전제로 한 논문일 경우에는 9장 3절의 '실험보고서 작성'에 준해서 논문의 요건에 맞추어 집필하면 된다. 그 외는 서론·본론·결론으로 나누어 항목에 따라 논제가 지향하는 바를 창의적이고 논리적으로 전개하면 될 것이다.

| 서론 작성 |

서론은 이 논문이 무엇을, 왜, 어떻게 다루려고 하는지를 밝히는 부분이다. 따라서 서론에는 '무엇'에 해당하는 '연구 대상과 연구 목적'이 나와야 하며, '왜'에 해당하는 '연구 동기나 의의, 필요성'이 나와야 하며, '어떻게'에 해당하는 '연구의 이론적 배경이나 연구 방법론(구체적 방법론을 제시할 경우 본론에서 작성해도 됨)'을 제시해야 한다. 이처럼 서론은 본 논문이 지향하는 바가 무엇인지를 구체적으로 제시하고 있어, 논문을 대할 때 제목과 함께 가장 관심있게 보는 대목이란 점에서 신중하게 접근할 필요가 있다.

<서론의 예>

본 논문에서는 나노유체 태양열 집열기에 관한 기본연구로서 평판형 태양열 집열기의 효율을 평가하기 위한 이론적인 연구를 수행해 보았다. 이를 위해 본 연구에서는 평판형 집열기의 온도분포에 관한 기존 이론적인 모델을 단순화시킨 해석적인 해를 구하였으며, 이를 바탕으로 물-기반 단일벽 탄소나노혼(Single Wall Carbon Nanohorn, SWCNH) 나노유체를 사용할 경우 부피비, 외부 열손실양, 집열기 높이에 따라 집열기 내부 온도 분포가 어떻게 변하는지 파악해 보았다. 또한 기존 평판형 집열기의 효율과 비교하여 나노유체 태양열 집열기의 적용 가능성에 대해서도 모색해 보았다.

위의 글은 이승현·장석필의 논문 「나노유체를 이용한 평판형 태양열 집열기의 효율에 관한 연구」 서론을 발췌한 것이다. 서론의 내용은 선정한 문제를 어떤 각도에서 접근하여 무슨 방법으로 다룰 것인지를 밝히고 그 적용 가능성을 보여주고 있다. 따라서 서론에서 다루어야 할 연구 목적, 연구 방법, 기대 효과 등을 간결하게 적시하여 글의 방향성을 명료하게 제시했다. 서론은 논문 전체에서 배경적인 논의에 해당하며 이론적인 내용을 담고 있는 경우가 많기 때문에 보다 논리적이어야 한다. 특히 서론에 언급된 내용을 본론에서 다루지 않는 것은 큰 실수의 하나이므로, 본론에서 다루지 않은 내용이 언급되지 않았는지 반드시 확인해야 한다.

| 본론 작성 |

본론은 서론에서 제기한 문제나 가설의 검증이 이루어지는 곳이다. 본론은 논문의 성패를 판가름하므로 자료에 대한 충분하고도 정확한 분석과 해석이 필요하며 논증의 전체 과정을 조리 있게 전개하여 확실한 결론에 도달할 수 있게 해야 한다. 과학기술 논문의 경우 본론에는 실험 재료 및 방법, 실험 결과, 논의(고찰) 등의 순으로 이루어진다.

<재료 및 방법의 예>

Elastase 저해활성 측정

Elastase 저해활성 측정은 Cannell 등의 방법에 따라 측정하였다. 추출물을 일정 농도가 되도록 조제하여 0.5ml씩 시험관에 취하고, 50mM Tris-HCl buffer (pH 8.6)에 녹인 porcine pancreas elastase (2.5 U/ml)용액 0.5ml을 가한 후 50mM Tris-HCl buffer (pH 8.6)에 녹

인 기질 N-succinyl-(L-Ala)3-p-nitroanilide (0.5mg/ml)을 첨가하여 20분간 반응시켜 기질로부터 생성되는 p-nitroanilide의 생성량을 405nm에서 측정하였다. Elastase 저해 활성은 시료용액의 첨가구와 무첨가구의 흡광도 감소율로 나타내었다.

<통계처리>

실험 결과는 3회 반복 측정 후 평균 ±SD로 나타내었다. 통계분석은 SAS program (SAS Institue, Cary, NC, USA)을 이용하여 분산분석한 후 Duncan의 다중검정을 실시하였으며, 상관관계를 분석하였다.

위의 예는 장민정·전순주 등이 연구한 논문인 「밤부산물(율피)의 주름개선 및 미백효과」의 본론 가운데 '재료 및 방법'에서 발췌한 것이다. '재료 및 방법'에서는 구체적인 실험 방법과 실험 결과의 통계 처리까지 분명하게 제시하는 것이 일반적이다. 논문의 본론에서 핵심적인 부분이 되는 실험 재료 및 방법은 실험결과를 도출하기 위한 과정이므로 객관적이고 논리적인 기술이 요구된다.

<실험 결과의 예>

Elastase 저해활성 측정

이러한 주름 생성과 관련한 elastase 저해활성을 측정한 결과 Fig. 1과 같다. 율피 열수 추출물 100ug/ml의 경우 10.0% 이하의 낮은 활성을 나타낸 반면 율피 아세톤 및 에탄올 추출물 100ug/ml의 경우 51.0%, 35.4%의 elastase 저해활성을 나타내었다. 특히 율피 아세톤 추출물의 경우 동일 농도의 대조군인 ursolic acid 보다 elastase 저해활성이 높은 것으로 나타났으며, Kwak 등의 각종 약용 식물로부터 elastase 저해활성을 측정한 결과, 대부분이 100ug/ml에서 30% 미만의 저해활성을 나타낸 것과 비교 시 율피 아세톤 추출물이 높은 저해율을 나타내었다.

실험 결과에서는 처리된 결과를 항목별로 명료하게 사실을 있는 그대로 기술해야 한다. 연구자의 해석이나 추정 등은 포함시키지 않는 것이 원칙이다. 실험결과를 제시함에 있어 가장 유의해야 할 점은 다음과 같다.

첫째, 기대했던 바와 다른 결과가 나왔더라도, 의도적인 누락이나 왜곡은 해서 안 된다.
둘째, 통계량은 정확해야 하며, 비교가 가능하도록 일관성 있게 제시해야 한다.
셋째, 일반적인 내용부터 제시하되, 연구목적을 수행하기 위해 필요한 통계량만 제시한다.

<고찰 및 논의의 예>

주름개선 효과를 검증하기 위하여 elastase 저해활성과 collagenase 저해활성을 측정한 결과, tyrosinase 저해활성 시험과 같이 CA의 주름개선효과가 뛰어남을 확인할 수 있었다. 그 중 elastase 저해활성 측정한 결과 CA는 50ug/ml에서 40.0% 이상의 효과를 나타내었으며, 이는 대조군으로 UA보다 2배 이상의 elastase저해활성을 나타내어 우수한 주름개선 효과가 있음이 확인 되었으며, collagenase 저해활성도 CA 50ug/ml에서 96.4%의 저해활성을 나타내어 우수한 주름개선 효과가 있음을 확인할 수 있었다.

고찰이나 논의에서는 연구결과를 근거로 하되 연구결과의 내용을 중복 기술하지 않도록 유의해야 한다. 결과에 대한 무리한 추정은 금물이며, 관련된 선행 연구의 견해 등과 비교하면서 논의를 진행한다. 이미 유사한 결과와 해석이 있는 경우에는 반드시 인용하여야 하며, 결과가 다르거나 견해를 달리하는 경우에는 결과가 다른 원인이 어디에 있는지, 유사한 결과를 달리 해석하는 이유는 무엇인지 등을 논리적이고 명백하게 밝혀야 한다. 논문의 수준을 가장 잘 드러난 부분이 고찰이나 논의이므로 연구자의 세심함이 요구된다.

| 결론 작성 |

결론은 본론에서 논의한 바를 요약하고 최종적인 성과를 간명하게 제시함으로써 논문을 매듭짓는 부분이다. 결론은 자신이 실험, 조사, 연구한 범위 내에 머물러야 하며, 과장이나 독단을 경계해야 한다. 또한 결론에서는 본론에서 철저히 밝히지 못한 부분이나 이후에 해야 할 연구 과제 등을 제시할 수 있다.

<결론의 예>

밤잎의 각 용매별 1, 50, 100ug/ml의 농도로 collagenase 저해활성을 측정한 결과 3가지 추출물은 100 ug/ml에서 열수 추출물 18.0%, 아세톤 추출물 14.3%, 에탄올 추출물 5.3%의 순으로 collagenase 저해활성능을 나타내었다. 이는 Cho 등의 지골피 및 빈랑자 에탄올 추출물의 collagenase 저해활성 측정 결과 1,250ug/ml에서 각각 10%, 30%의 저해율을 나타낸다고 보고한 것과 비교시 밤잎 추출물의 elastase 저해활성이 우수함을 확인할 수 있었다. 이러한 결과로 밤잎 추출물이 collagenase 활성을 저해함으로써 collagen의 분해를 막아 피부의 주름을 개선할 것으로 판단되며, 기능성 화장품 소재로서 이용 가능성이 높을 것으로 사료된다.

2) 주석 및 참고문헌 달기

논문을 집필할 때 연구자는 선행 연구를 참조하여 인용하는 경우가 빈번하다. 인용은 연구자의 연구결과에 대한 타당성을 뒷받침해 주며, 연구자의 견해와 관련되는 기존의 논의를 치밀하게 검토했음을 보여준다는 점에서 필수적이다. 연구자가 인용 표시를 소홀히 할 경우 자칫 표절로 간주될 수 있으므로 인용한 부분은 반드시 밝혀야 한다. 모든 연구 및 학술 단체에는 연구윤리 규정을 제정하여 표절 문제를 엄중하게 다루고 있어, 연구자가 기존 저작물을 인용할 경우 반드시 주석을 통해 그 출처를 드러내야 한다. 일반적으로 많이 활용하는 방법으로 내주(內註, in-text note, 내각주)와 각주(脚註, footnote, 외각주)가 있다. 내주는 이공계열의 연구 논문이나 소논문 작성할 때 많이 활용하는 반면, 각주는 학위논문이나 인문사회계열 논문 작성시 활용도가 높다.

| 내주 작성법 |

내주는 인용한 글의 서지 사항 중 저자와 출판년도만을 적어 본문의 인용문 끝에 붙여놓는 방식이나. 내주는 각주처럼 본문 아래쪽에 주석을 달아놓지 않아 내용을 깔끔하게 정리할 수 있을 뿐만 아니라 각주 작성의 번거로움을 피하고 지면을 아낄 수 있다는 장점이 있다. 단 내주의 서지 사항(책명, 출판사, 출판연도, 인용면수 등)을 알기 위해서는 참고문헌에서 관련 서지 사항을 찾아야 한다는 번거로움이 있다.

<내주의 예>

여가경험의 결과로서 여가만족도에 영향을 미치는 요인들은 다양하다(Beard, J. G. & Ragheb, M. G. 1980). 여가활동 참여 동기에 따라 여가만족도는 달라지며(김선영 외, 2007; 한승엽 외, 2007), 특정 계층이나 세대별 여가활동 특성 또한 여가만족도의 차이를 나타내는 요인이 된다(황수영 외, 2010; 현홍준 외, 2010).

예문 가운데 '김선영 외, 2007; 한승엽 외, 2007', '황수영 외, 2010; 현홍준 외, 2010'가 내주의 예이다. 이들 내주에 대한 완전한 서지 사항은 참고문헌에서 알 수 있다. 내주의 예와 관련한 참고문헌 작성은 다음과 같다.

<참고문헌>

김선영·장병주·이주(2007),「생태관광동기, 여가만족, 삶의 질의 영향관계 연구」,『관광연구』22집, 대한관광경영학회, 59~76쪽.

한승엽·김홍렬·윤설민·장윤정(2007),「여가활동 유형에 따른 여가만족과 생활만족의 관계 연구」,『관광연구』22집, 대한관광경영학회, 323~339쪽.

황수영·서성용·김성혁(2010),「노년층의 여가활동 참여유형과 여가만족도 및 인지된 자유감에 관한 연구」,『관광·레저연구』22집, 한국관광레저학회, 647~667쪽.

현홍준·양승필·서용건(2010),「대학생의 여가제약 요인과 여가만족도에 관한 연구」,『관광·레져연구』22집, 한국관광레저학회, 627~645쪽.

Beard, J. G. & Ragheb, M. G.(1980). Measuring Leisure Satisfaction. *Journal of Leisure Research*. 12, pp.20~33.

| 각주 작성법 |

각주는 본문에서 언급된 내용 가운데 보충 설명이 필요한 경우나, 관련 서지 사항을 보여주기 위해서 페이지의 바로 아래 부분에 기술한다. 각주는 내주 작성에 비해 번거로운 점은 있으나 본문과 관련한 보충 설명을 해줄 수 있다는 이점과 관련 서지 사항을 보기 위해 참고문헌을 찾아야 하는 번거로움을 덜 수 있다는 편리함이 있다. 또한 과제 제출자가 각주를 처리하여 과제를 제출할 경우 과제를 충실하게 작성했다는 인상을 줄 수 있다.

<각주의 예>

독서 목적의 현격한 차이는 당연히 독서법의 차이로 귀결될 수밖에 없다. 본고는 그 차이점을 밝히기에 앞서 율곡 독서론을 통해 우리의 전통 독서법부터 고찰하고자 한다. 고전독서론에 대한 연구는 서구 독서이론에 대한 우리의 전통 독서이론 확립이란 취지 아래 그간 많은 연구자들에 의해 활발하게 연구[1]되어 왔다. 특히 인물 중심의 독서론 연구에 있어 이덕무, 이황, 정약용을 중심으로 이루어졌다. 이들에 비해 본고에서 논의할 율곡의 독서론은 아직까지도 미진한 상태[2]이다. 동서로 병칭되는 율곡의 위상을 고려할 때 그의 독서론 또한 당대 퇴계에 못지않은 것이다.

1) 고전독서론과 관련한 전반적 개관은 김기호의 「고전독서론 연구의 현황과 과제」에 잘 정리되었다. 김기호는 기존에 발표된 고전독서론 관련 80여 편의 논문을 정리하여 지금까지의 연구 현황을 제시했다. 이후에도 인물을 중심으로 독서론 연구가 활발하게 진행되었는데, 그 가운데서도 퇴계의 독서론을 집중적으로 조명한 신태수의 논문들은 고전독서론의 새로운 방법론을 보여주어 의미있는 작업이라 할 수 있다.

2) 권호, 「율곡 이이의 독서론」, 『독서문화연구』 4호, 2004. 홍운녕, 「율곡 이이의 독서론 연구」, 한국교원대 교육대학원 석사논문, 2004. 조희정, 「전통적인 글읽기의 성격과 과정 – 『성학집요』를 중심으로」, 『문학교육학』, 김영, 「조선시대 독서론 연구 – 퇴계와 율곡의 경우를 중심으로–」, 『한국한문학연구』 12집, 한국한문학회, 1989. 김원준, 「퇴계와 율곡의 독서법 용어를 통한 고전독서이론의 모색」, 『영남학』 21호, 2012.

【각주 작성법】

위의 예를 바탕으로 '흔글'에서 각주 다는 방법을 순차적으로 제시한다.

1 인용할 부분의 마지막 부분인 '못지않은 것이다.' 바로 뒤에 커서(cursor)를 둔 다음 입력 항목에서 주석을 선택하여 각주 항목을 클릭한다.

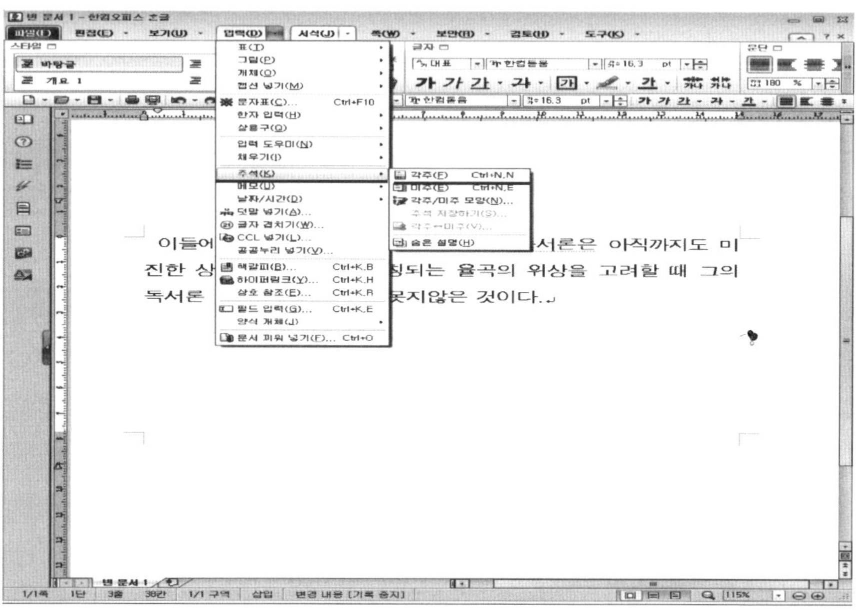

2 각주 사용이 잦을 경우 'Ctr'l을 누른 상태에서 'N'을 두 번 누르면 바로 각주로 넘어가게 된다. 각주 항목을 선택하면 해당되는 쪽수의 꼬리말 부분에 1)이라는 표시가 나오는데 이 부분에 관련 내용을 입력하면 된다. 이후의 번호는 자동적으로 넘어간다. 다시 본문으로 나갈 경우, 마우스를 사용하여 본문으로 커서를 옮기든지 'Shift + esc'를 누르면 된다.

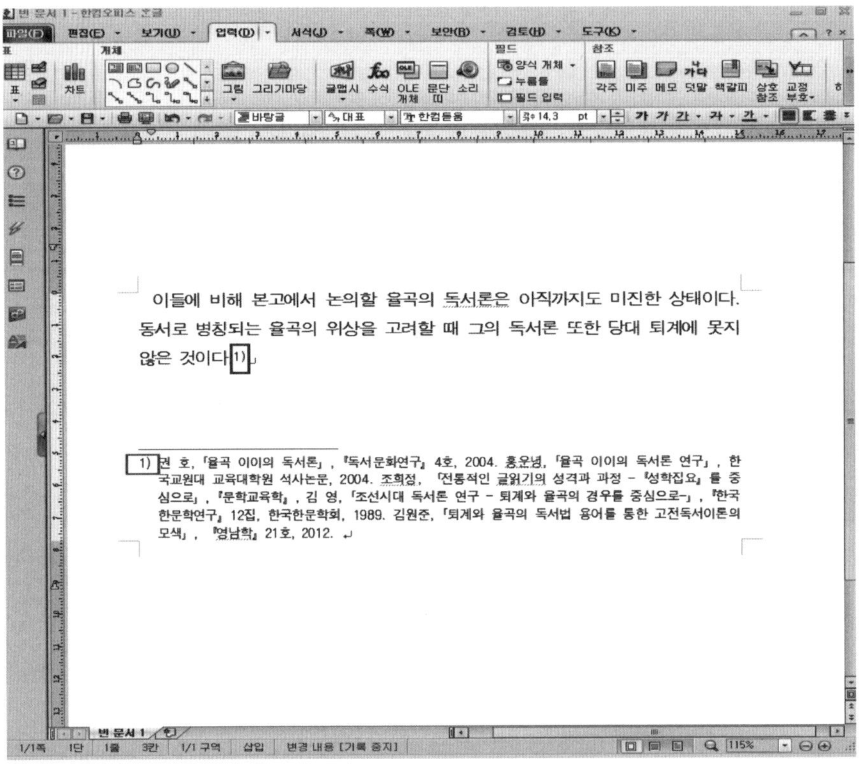

3 완전 주석 달기

서지 사항과 관련하여 최초 주석을 달 경우 완전 주석을 해야 한다. 이 경우 학술 논문이냐 저서냐에 따라 다소의 차이가 있다.

ㅇ저서의 경우 : 저자명(서양인명은 이름, 성순), 『책명』, 출판사, 출판년도, 인용쪽수.
토마스 쿤, 『과학혁명의 구조』, 까치글방, 2013, p.12(pp.12~15).

ㅇ논문의 경우 : 저자명, 「논문명」, 『책명』호(집), 학회명, 출판년도, 인용쪽수
김원준, 「율곡 독서론의 전개와 특징」, 『한민족어문학회』70집, 한민족어문학회, 2015, pp.203~205.

4 약식 주석 달기

최초 주석일 경우 서지 사항 전반을 작성해야 하지만 이후 동일한 책이나 논문을 재인용했을 경우 완전 주석의 번거로움을 피하기 위해 약식 주석을 단다. 약식 주석을 제시하면 다음과 같다.

○Loc.cit. : '상게서(상게논문), 같은 곳' 또는 '위의 책(위의 논문), 같은 곳'을 뜻한다. 'Ibid.'와 차이점은 쪽수가 같냐 다르냐의 차이이다.

예) 1) 김선영·장병주·이주, 「생태관광동기, 여가만족, 삶의 질의 영향관계 연구」, 『관광연구』22집, 대한관광경영학회, 2007, p.59.

2) Loc.cit.

○Ibid. : '상게서(상게 논문), 다른 곳' 또는 '위의 책(위의 논문), 다른 곳'을 뜻한다.

예) 1) 김선영·장병주·이주, 「생태관광동기, 여가만족, 삶의 질의 영향관계 연구」, 『관광연구』22집, 대한관광경영학회, 2007, p.59.

2) Ibid. pp.62~63.

○loc.cit. : '전게서(전게 논문), 같은 곳' 또는 '앞의 책(앞의 논문), 같은 곳'을 뜻한다. 'Loc.cit.'와 차이점은 '상게서(위의 책)'가 아니라 '전게서(앞의 책)'이기 때문에 항상 저자명이 먼저 나와야 한다. 혼돈하기 쉬운 부분이므로 구분할 필요가 있다.

예) 1) 김선영·장병주·이주, 「생태관광동기, 여가만족, 삶의 질의 영향관계 연구」, 『관광연구』22집, 대한관광경영학회, 2007, p.59.

2) 한승엽·김홍렬, 「여가활동 유형에 따른 여가만족과 생활만족의 관계 연구」, 『관광연구』22집, 대한관광경영학회, 2007, pp.323~339.

3) 김선영·장병주·이주, loc.cit.

○op, cit., : '전게서(전게 논문), 다른 곳' 또는 '앞의 책(앞의 논문), 다른 곳'을 뜻한다. 'op, cit.' 역시 전게서이므로 저자가 먼저 나온 다음 다른 쪽수를 적어야 한다.

예) 1) 김선영·장병주·이주, 「생태관광동기, 여가만족, 삶의 질의 영향관계 연구」,

『관광연구』22집, 2007, p.59.

2) 한승엽·김홍렬, 「여가활동 유형에 따른 여가만족과 생활만족의 관계 연구」, 『관광연구』22집, 대한관광경영학회, 2007, pp.323~339.

3) 김선영·장병주·이주, op.cit., p.225.

| 참고문헌 작성법 |

참고문헌 작성시 우선적으로 해야 할 것은 인용한 자료들을 분류하는 것이다. 참고자료를 '원전, 단행본(국외·국내), 논문(학위논문·학술논문), 기타(각종 인터넷 사이트)' 등으로 분류한 후 '가나다'와 'abc' 순으로 작성하면 된다. 참고문헌 작성에 있어 논문을 내주로 했느냐 각주로 했느냐에 따라 약간의 차이를 띤다. 내주는 본문 가운데 저자명과 출판년도만 나오므로 참고문헌도 이에 따라 저자 다음에 출판년도를 먼저 제시한다. 출판년도를 제외한다면 나머지 서지 사항은 각주와 동일한 순서에 따라 이루어진다.

【내주의 참고문헌 작성】

ㅇ저서의 경우: 저자명(출판년도), 『책명』, 출판사.
토마스 쿤 저, 김명자 역(2013), 『과학혁명의 구조』, 까치글방.

ㅇ논문의 경우: 저자명(게재년도), 「논문명」, 『책명』호(집), 학회명, 인용쪽수.
김원준(2015), 「율곡 독서론의 전개와 특징」, 『한민족어문학회』70집, 한민족어문학회, pp.201~234.

ㅇ참고문헌 작성 예

[단행본]

김오중(1994), 『여가·레크레이션 총론』, 대경북스.

이후석(2001), 『생태관광』, 백산출판사.

조명한·차경호(1998), 『삶의 질에 대한 국가간 비교』, 집문당.

[논문]

<학위논문>

김선희(2003), 「우리나라 동해안 사구 해송림 생태학적 특성」, 서울대학교대학원 박사학위 논문.

류연지(1996), 「성격 및 욕구수준이 주관적 안녕에 미치는 영향」, 연세대학교대학원, 석사학위 논문.

최재우(2004), 「뉴질랜드 생태관광의 특성」, 경북대학교대학원, 박사학위 논문.

<학술논문>

김선영·장병주·이주(2007), 「생태관광동기, 여가만족, 삶의 질의 영향관계 연구」, 『관광연구』 22집. 대한관광경영학회. 59~76쪽.

이정순·전원배(2005), 「관광활동, 여가만족, 심리적 웰빙, 주관적 웰빙의 관계」, 『관광학연구』 32집, 한국관광학회. 149~172쪽.

현홍준·양승필·서용건(2010), 「대학생의 여가제약 요인과 여가만족도에 관한 연구」, 『관광·레져연구』22집, 한국관광레저학회, 627~645쪽.

Beard, J. G. & Ragheb, M. G.(1980). Measuring Leisure Satisfaction. Journal of Leisure Research. 12: 20~33.

Witt, P. A(1987), Leisure Diagnostic Battery, Division of Recreation and Leisure Studies, North Texas University, pp.3~15.

【각주의 참고문헌 작성】

ㅇ저서의 경우 : 저자명, 『책명』, 출판사, 출판년도.

토마스 쿤 저, 김명자 역, 『과학혁명의 구조』, 까치글방, 2013.

ㅇ논문의 경우 : 저자명, 「논문명」, 『책명』호(집), 학회명, 게재년도, 인용쪽수.

김원준, 「율곡 독서론의 전개와 특징」, 『한민족어문학회』70집, 한민족 어문학회, 2015, pp.201~234.

ㅇ참고문헌 작성 예

[단행본]

김오중, 『여가·레크레이션 총론』, 대경북스, 1994.

이후석, 『생태관광』, 백산출판사, 2001.

조명한·차경호, 『삶의 질에 대한 국가간 비교』, 집문당, 1998.

[논문]

<학위논문>

김선희, 「우리나라 동해안 사구 해송림 생태학적 특성」, 서울대학교대학원 박사학위 논문, 2003.

류연지, 「성격 및 욕구수준이 주관적 안녕에 미치는 영향」, 연세대학교대학원 석사학위 논문, 1996.

최재우, 「뉴질랜드 생태관광의 특성」, 경북대학교대학원 박사학위 논문, 2004.

<학술논문>

김선영·장병주·이주, 「생태관광동기, 여가만족, 삶의 질의 영향관계 연구」, 『관광연구』22집,

대한관광경영학회, 2007, 59~76쪽.
이정순·전원배,「관광활동, 여가만족, 심리적 웰빙, 주관적 웰빙의 관계」,『관광학연구』32집, 한국관광학회, 2005, 149~172쪽.
현홍준·양승필·서용건, 「대학생의 여가제약 요인과 여가만족도에 관한 연구」,『관광·레져연구』22집, 한국관광레저학회, 2010, 627~645쪽.
Beard, J. G. & Ragheb, M. G.. Measuring Leisure Satisfaction. Journal of Leisure Research. 12, 1980, pp.20~33.
Witt, P. A, Leisure Diagnostic Battery, Division of Recreation and Leisure Studies, North Texas University, 1987, pp.3~15.

3. 과학기술 소논문 작성하기

제시문 1

지구상의 모든 에너지의 근원인 태양은 그 지름이 140만 Km로, 지구 질량의 약 33만 배나 되는 거대한 항성이다. 태양은 질량의 73%는 수소, 25%는 헬륨으로 이루어진 기체 덩어리인데, 특히 태양 중심으로부터 반지름의 약 23%정도 되는 공간은 매초 약 500만 톤의 수소의 핵들이 헬륨으로 바뀌는 핵융합반응과정을 통해 엄청난 양의 에너지가 방출된다. 이 중 170조Kw의 에너지가 태양으로부터 1억5천만Km 떨어진 지구에 도달한다. 이 중에서 30%는 직접 반사되고 나머지 70% 정도가 지구에 도달하는데, 이와 같이 60분간 지표 전체에 내리쬐는 에너지양은 세계의 연간 에너지 소비량과 대등할 정도의 막대한 에너지양이다.

태양에너지는 지상에서 일사량이 가장 많은 시간을 기준으로 하여 에너지 밀도가 1Km/㎡ 정도로 매우 낮고 기상, 지형 등의 자연 조건에 구애받는 등의 단점을 가지고 있다. 비록 이러한 단점을 지니고 있지만 태양이 없어지지 않는 한 태양에너지는 고갈되는 일이 없으며, 깨끗한 에너지원이며 어느 곳에서나 이용이 가능하다는 장점을 가지고 있다. 그런 점에서 태양에너지는 무궁무진한 에너지원의 보고임에는 틀림없다. 문제는 환경 친화적인 이 막대한 에너지를 어떻게 유효하게 활용할 것이냐다. 이는 현재를 살고 있는 우리들의 과제라고 생각한다.

<지구환경과 태양에너지>, 유권종·박경은의 글 가운데 (일부 수정)

문제 위의 제시문1에서 저자는 에너지의 보고인 태양에너지 개발의 당위성을 말하고 있다. 제시문1을 배경으로 지구환경과 우리시대 에너지 위기를 고려하여 태양에너지의 발전적 활용방안을 주제로 논문을 쓰려고 한다. 각자의 전공과 연계하여 서론을 작성해보시오.

제시문 2

과학자 세계에서의 이런 변형에 대한 기본 원형으로서, 시각 게슈탈트(visualgestalt)(시각에 의해 포착되는 모습)에서의 친숙한 전환의 증거들은 매우 시사적인 것으로 밝혀진다. 혁명 이전의 과학자 세계에서 오리였던 것이 혁명 이후에는 토끼로 둔갑한다. 처음에는 위쪽에서 상자의 외부를 내려다 보았던 사람이 나중에는 아래쪽으로부터 그 내부를 들여다보게 된다. 이와 같은 변형들은 대체로 보다 점진적이고 거의 어김없이 비가역적인 것이기는 하지만, 과학적 훈련에 공통되는 부수물이다. 등고선 지도를 보면서 학생은 종이 위에 그려진 선들을 보지만, 지도 제작자는 지형에 관한 그림을 본다. 기포 상자(bubble-chamber) 사진을 보면서 학생은 혼란스럽게 끊어진 선들을 보지만, 물리학자는 낯익은 원자 핵 내부의 사건들의 기록을 읽어낸다. 그러한 시각적 변형을 숱하게 거친 뒤에서야 학생은 과학자 세계의 일원이 되어 과학자가 보는 것을 보고 과학자가 반응하듯이 반응하게 된다. 그러나 학생이 그렇게 해서 들어간 세계는 한편으로는 환경의 본질에 의해서, 다른 한편으로는 과학의 본질에 의해서 단번에 고정되는 것은 아니다. 그것은 환경, 그리고 학생이 추구하도록 훈련받았던 특정 정상과학의 전통에 의해서 연합적으로 결정된다. 따라서 정상과학의 전통이 변화하는 혁명의 시기에는 과학자 자신의 환경에 대한 지각 작용은 재교육되어야 한다. 과학자는 어떤 친숙한 상황에서 새로운 게슈탈트를 보는 것을 배워야 한다. 그렇게 한 후의 그의 연구 세계는 여러 가지 형태에서 이전에 그가 살아 왔던 세계와 같은 표준으로 비교할 수 없게(incommensurable) 보일 것이다. 상이한 패러다임에 의해 주도되는 학생들이 항상 서로 얼마간 엇갈리게 마련인 또 다른 이유가 바로 여기에 있다.

물론 가장 일반적인 유형에 있어서 게슈탈트 실험은 지각 작용 변형의 본질만을 설명해 줄 따름이다. 게슈탈트 실험들은, 패러다임의 역할 또는 지각 작용의 과정에서 이미 동화되었던 경험의 역할에 관해서는 아무 것도 알려주는 것이 없다. 그러나 이 점에 대해서는 심리학 문헌들이 풍부하게 갖추어져 있고, 그 중 많은 부분이 하노버 연구소(Hanover Institute)의 선구적 업적에서 유래되고 있다. 상을 거꾸로 만드는 렌즈의 안경을 쓴 피실험자는 처음에는 온 세상을 거꾸로 보게 된다. 초기에는 그의 감각기관은 안경 없이 가능하도록 훈련되었던 때처럼 작용하게 되고, 따라서 각도의 방향 상실에 이르러 당사자는 심각한 위기에 부딪친다. 그러나 피실험자가 대개 시각이 몹시 혼란해지는 과도기를 거친 뒤, 새로운 세계를 다룰 줄 알기 시작한 후에야, 그의 시야 전체는 거꾸로 뒤집어진다. 그 뒤에는 물체들이 다시 안경을 쓰기 전에 있었던 것처럼 보여진다. 이전의 이상(異常) 시야가 그 장에 동화 작용하여 시야 전체를 변화시킨 것이다. 비유적일 뿐만 아니라 문자 그대로, 이 거꾸로 보이는 렌즈에 익숙해진 사람은 시각에서의 혁명적인 변형을 거친 것이다.

제시문 2

제시문2 길라잡이

▶**출전**: 토마스 쿤 저, 김명자 홍성욱 역, 『과학혁명의 구조』, 까치글방, 2002, 117쪽.

▶**저자**: 토마스 쿤(Thomas S. Kuhn, 1922~1996)

토마스 쿤은 미국 신시내티에서 엔지니어인 사무엘 쿤의 아들로 태어났다. 1943년 물리학을 전공하여 하버드 대학을 최우등으로 졸업했고 49년 박사학위를 받았다. 쿤이 과학사에 관심을 갖게 된 것은 이때쯤이다. 쿤은 과학발전은 한 패러다임(paradigm)에서 다른 패러다임으로 바뀌는 '혁명적인 과정'이라고 본다. 과학혁명은 한 패러다임 내의 과학이 모순으로 부글부글 끓다가 뉴턴이나 아인슈타인 같은 혁명가에 의해 새로운 패러다임으로 전환하는 과정이다. 쿤의 생각은 과학이 누적적 지식에 의해 점진적으로 발전한다는 당시 통념에 엄청난 반향을 일으켰다. 쿤의 저서로는 문제작 『과학혁명의 구조(1962)』 이외에 구체적인 과학혁명의 예를 다룬 『코페르니쿠스적 혁명(1957)』과 『흑체이론과 양자 불연속성(1978)』, 『주요한 긴장 (1977)』이 있다.

▶**제시문의 이해**

패러다임의 변화는 곧 과학의 혁명이다. 세계의 모습이 패러다임의 변화에 따라 다르게 보이기 때문이다. 즉 혁명 이전의 과학자 세계에서 오리로 보이던 대상이 혁명 이후에는 토끼로 보이게 된다. 패러다임이 변화하면 대상을 파악하는 방법까지 달라진다. 처음에는 위쪽에서 상자의 외부를 내려다 보았던 사람이 나중에는 아래쪽에서부터 그 내부를 들여다 보게 된다. 패러다임의 변화는 과학기구에 의해서도 이루어진다. 허셸의 망원경이 그 좋은 예이다. 망원경이 발명된 뒤에 천체에 대한 인식이 그 이전에 비해 현격하게 바뀌었으니, 특별한 계기에 의해 과학의 혁명 즉 세계관의 변혁이 언제든지 일어날 가능성이 있다.

▶의의

쿤은 그의 과학 발전에 대한 이론뿐 아니라 그가 사용한 용어 면에서도 많은 영향을 끼쳤다. 그가 도입했던 패러다임(paradigm)이라는 용어가 이제는 광범위하게 사용되고 있는 것만 보아도 잘 알 수 있다. 정착된 하나의 패러다임은 이상과학을 통해서 이루어진다고 볼 때 하나의 고정된 시각에서 벗어나 다양한 시각에서 세상을 볼 줄 알아야 한다.

▶참고

***전 패러다임(pre-paradigm)**: 자연과학에서도 성숙되지 못한 시절에서는 하나의 패러다임이 존재하지 않고 여러 학파들이 난립하여 각기 경쟁하게 된다. 그는 이 시기를 전 패러다임이라고 부른다. 전 패러다임 시기에는 학설을 평가해 주는 방법에 대해 일치된 준거점이 없다. 따라서 각각의 기준에 의해 정당성을 부여받는 여러 학파들이 난립하여 경쟁하는 상태가 이어진다. 그러다가 하나의 학파가 승리하면 전 과학의 단계는 종결되고 드디어 정상과학(normal science)의 단계가 시작된다.

***정상과학(normal science)**: 정상과학은 하나의 패러다임에 근거한 연구 활동을 의미한다. 즉, 정상과학의 연구는 패러다임으로 확립된 선배 과학자들의 문제 해결 방식을 모델로 하여 그것이 제시하는 여러 가지 문제들을 해결해 가는 작업이다. 정상과학은 패러다임에 관하여 기본적으로 보수적이며 결코 새로운 것을 추구하지 않기 때문에 그 결과로 연구의 능률성을 얻게 된다. 이러한 정상과학에서 패러다임은 문제 해결의 방식뿐 아니라 해결해야 할 문제거리와 그 문제 해결의 타당성을 평가하는 기준을 제공해 주는 역할을 한다.

문제 제시문2를 읽고 각자의 전공 영역에서 시각 게슈탈트를 통해 찾아낼 수 있는 우리 시대의 패러다임을 논제로 잡고 그에 따른 목차를 작성하시오. 아울러 논문 작성에 필요한 참고문헌을 찾아 참고문헌 작성법에 따라 작성하시오.

논제 :

목차 :

참고문헌 :

제시문 3

도시 내의 공원과 가로수를 포함한 수목이 탄소를 저장하고 흡수하는 양이 산림수목에 비하면 극히 작은 양임을 보여준다.[1] 그러나 이미 지적하였듯이, 공원 내의 식재면적과 식재밀도, 식재수종 등에 따라 단위면적당 탄소저장량이 4배 이상 차이가 날 뿐 아니라, 식재수종에 따라서도 탄소저장량은 7.6배,이산화흡수량은 13배까지 차이가 난다.[2] 흡수량은 현재의 면적 조건 하에서도 탄소저장량과 이산화탄소 흡수량을 증대시킬 수 있는 여지가 많다는 것을 의미한다.[3] 또한, 도시화에 따라 점점 도시면적이 확대되고 있는 시점에서 공원과 가로수는 도시 내의 중요한 탄소흡수원으로서 그 기능이 중요한 의미를 가지며[4], 결과적으로 도심 내에서 계속해서 수목을 식재하고 바이오매스를 증가시켜 나가야 하는 충분한 이유와 요구가 있기 때문에 현재의 수준과 비교하여 녹지와 수목 바이오매스의 증가와 탄소저장량 증가는 분명 중요한 의미를 갖는 수준에 이를 수 있을 것이다.[5] 이러한 의미에서 수목 식재와 녹화의 도심 내 탄소흡수원 증대 사업은 보다 구체적이고 가시적인 목표, 예를 들면 현재 수준의 도시수목 탄소저장량을 두 배로 증가시킨다는 등의 구체적 목표를 설정하고[6], 이의 실현을 위한 목표지향적 실행방안을 찾고, 사업 시행에 따른 탄소흡수의 효과적 산정과 모니터링하는 작업을 통하여 평가하는 것이 필요하다.[7]

박은진, 「도시 수목의 이산화탄소 흡수량 산정 및 흡수효과 증진 방안」(각주는 편집자 임의)

문제 제시문3에는 7개의 각주를 달았다. 완전 주석은 약식 주석으로 바꾸고, 약식 주석은 완전 주석으로 바꾸시오.

1) 손요환·이숙희, "토지이용 형태의 변화와 토양내 탄소와 질소의 관계", 『한국임학회지』 90호, 한국임학회, 2001, pp.242~248.

2) 정성호, "중부지방 주요침엽수의 직경성장 추정에 관한 연구", 『한국임학회지』 60호, 한국임학회, 1985, pp.52~59.

3) Ibid. p.62.

4) 손요환·이숙희, "토지이용 형태의 변화와 토양내 탄소와 질소의 관계", 『한국임학회지』 90호, 한국임학회, 2001, pp.232~235.

5) 정성호, loc.cit.

6) 손요환·이숙희, op.cit., p.225.

7) 손요환·이숙희, "토지이용 형태의 변화와 토양내 탄소와 질소의 관계", 『한국임학회지』 90, 한국임학회, 2001, p.225.

3.

4.

5.

6.

7.

과학기술 **에세이 작성**

지난 수세기 동안 과학기술은 비약적인 발전을 이룩하여 우리 삶의 양식에 커다란 변화를 불러왔다. 과학기술의 발전이 인간 삶의 편리와 물질적 풍요를 가져왔다는 외적인 변화뿐만 아니라 정치·경제·사회·문화와 같은 인간 삶의 토대까지도 새로운 변혁의 바람을 몰고 왔다. 변화와 변혁이란 이름은 항상 긍정적이고 바람직한 결과만을 가져다주지 않는다. 이기(利器)의 편리함만으로 치달을 경우 인간의 본연성(本然性)을 상실할 뿐만 아니라, 주객이 전도되어 인간을 위한 과학기술이 아닌 과학기술을 위한 인간으로 예속화될 수 있다. 이 장에서는 과학기술의 발전에 따른 다양한 양상들을 소통과 통찰의 관점에서 접근하고자 다양한 예문을 제시했다. 각 관점에서 제시된 예문을 통해 우리 시대 과학기술을 어떻게 바라보아야 할 것인지 에세이 작성을 통해 자신의 생각을 담아보기로 한다.

1. 과학기술과 대중

과학기술 의사소통의 지형

제시문 1

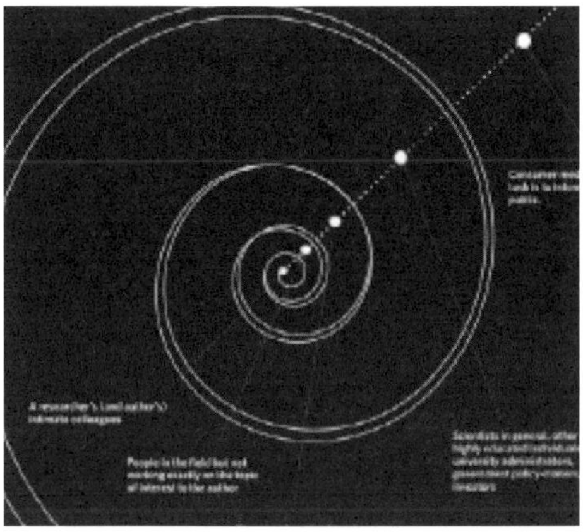

그림 1. 과학 출판의 달팽이 모형
(http://www.the-scientist.com/supplementary/html/53808/53808-1.html)

저자(Joseph Esposito)가 나선 모형을 통해 설명하는 바를 요약하면 다음과 같다. 연구자 자신을 가리키는 한복판의 중심점에서 출발한 나선의 가장 안쪽에는 연구자가 매우 잘 아는 자기 분야의 동료 집단이 있다. 이 집단에서는 특별한 보충 설명 없이도 연구자들끼리 논문을 즉시 그리고 직접 주고받아 평가할 수 있다. 정보와 지식은 완전한 공개 접근으로 오갈 수 있다. 나선이 바깥쪽으로 더 나아가면 이제는 세부 전공 분야가 다른 과학자들이 어울려 소통하는 좀 더 큰 집단이 나타난다. 동일한 세부 관심사를 지니지는 않지만 같은 분야에서 일하는 사람들이다. 더 큰 바깥 나선 쪽으로 나아가보자. 거기에는 큰 학문 분야로 뭉뚱그려지는 과학자사회가 놓여 있다. 다시 더 바깥쪽으로 나아가면 일반 과학자들의 사회가 나타난다. 이처럼 나선이 바깥쪽으로 확장할수록, 그러니까 연구자가 더 큰 세계의 청중을 마주할수록 연구자는 점점 더 넓은 회로, 친밀한 네트워크에서 익명의 네트워크로 나아가게 된다. 이 그림에서 나선의 맨 바깥에는 소비자 미디어(consumer media)가 놓여 있다.

저자는 이런 과학 논문 출판의 나선형 확장 구조를 제시하면서 익명의 네트워크에서 발표되는 논문의 신뢰성을 확인하는 동료심사(peer review), 그리고 그 동료심사에 권위를 부여해주는 전통적 출판인의 역할은 인터넷의 온라인 환경이 확산되더라도 여전히 계속 필요할 것이라고 주장한다. 인터넷의 등장으로 출판인의 역할이 축소되고 사라질 것이라는 전망에 대한 반박이다. 연구자들을 간접 연결하는 출판인은 나선 안쪽에서 생기는 연구자의 연구 내용을 정확하게 '번역'해 더 넓은 세계로 옮기는 역할까지 수행한다. 소통의 중개자다.

저자가 직접 언급하지는 않았지만 이 그림을 활용해 그림에 담겨 있을 법한 다른 해석도 생각해볼 수 있다. 먼저 이런 나선 모형은 소통의 연속과 확장을 보여준다는 점에서 흥미롭다. 친밀한 자기 분야의 집단에서, 더 큰 전문가 집단으로, 또 더 큰 과학자 일반의 집단으로, 그리고 일반 대중의 영역으로 확장하면서, 전문가는 계속 다른 성격의 청중들과 마주치게 된다. 종종 과학기술인들은 대중매체 언론인한테 "대중에게 어떻게 말해야 하나"라는 물음을 자주 던지는데, 이런 확장의 연속으로 보면 나선 테두리의 크기가 다를 뿐 전문가와 대중은 격리된 채 따로 존재하는 두 세계가 아니다. 전문가는 대중과 소통하고자 할 때에 좀 더 일반적인 세계를 마주하는 것이지, 새로운 세계 속으로 뛰어드는 것은 아니다.

과학기술 소통의 새로운 패러다임

쌍방향의 의미를 이해한다면, 사실 '과학기술의 대중화'라는 말도 쓰기 힘들다. 과학기술 대중화라는 말에는 '아는 과학자'가 '모르는 대중'에게 과학을 가르치고 전파한다는 일방향의 뜻이 은연중에 담겨 있기 때문이다. 쌍방향에서는 과학자가 언제나 화자가 되고 대중은 언제나 청자가 되는 고정된 화자-청자의 관계가 아니다. 화자가 말을 하더라도 잠재적 발언권이 청자한테도 있음을 의식하고 전제하면서 말해야 한다. 그래서 과학기술학 분야에서는 과학기술의 대중화라는 말보다는 '대중의 과학 이해(PUS)'나 '과학 커뮤니케이션' 같은 말이 더 자주 쓰인다.

몇 가지 쌍방향의 소통을 보여주는 근래의 사례들이 있다. 1998년에 미국항공우주국(NASA) 조지마셜우주비행센터의 우주과학연구실(SSL)이 전문가 패널을 꾸려 과학기술 소통 방식의 전환을 꾀한 적이 있다. 전문가 패널에는 과학 커뮤니케이션 연구자와 커뮤니케이터, 퓰리처상 수상 언론인, 저명 과학자 등의 인사들이 참여했다. 패널들은 기존 과학의 소통 방식을 검토하며 찾아낸 몇 가지 중요한 사실들을 정리했는데, 이는 쌍방향 소통의 관점에 시사하는 바 크다. 첫째, 대중은 언제 어디서나 똑같은 집단이 아니며 저마다 과학에 대해 다른 수준, 관심, 요구를 지니고 있다. 둘째, 과학자들은 '과학 알리기'가 곧바로 '대중의 과학 이해'라고 혼동하곤 한다. 셋째, 대중이 무

제시문 1

엇을 알았으면 좋겠다는 식이 아니라 대중의 요구와 관심에 상응하는 방식으로 소통이 이뤄져야 한다. 넷째, 과학자와 대중의 상호존중을 돕는 커뮤니케이션 활동가가 필요하다 등등. 대중은 무대 밖에 있는 계몽의 대상이 아니며, 따라서 대중과 소통하려면 대중은 과연 누구인가에 대해 끊임없이 관심을 기울이며, 그들의 잠재적 발언권을 인정해 소통의 상대편으로 배려할 수 있어야 한다는 얘기로 들린다. 다른 사례로, 광우병 사태로 곤욕을 치뤘던 영국에서 상원 특별위원회가 2000년에 낸 『과학과 사회(Science in Society)』라는 보고서를 보자. 보고서는 광우병 혼란을 교훈 삼아 '과학과 사회의 관계'에 관한 깊은 자성과 방향 전환을 담았다. 이전까지 대중은 더 많은 과학 지식을 깨우쳐야 하는 계몽의 '대상'이었지만, 광우병은 이런 고정관념을 바꿔놓은 계기가 됐다. 먼저, 보고서는 과학에 대한 대중의 신뢰가 위기에 처했음을 직시하면서 '과학의 불확실성'을 인정하는 태도를 나타냈다. 보고서에는 "지금까지 확실하다고 알려진 것들에도 불확실성이 개입할 수 있다… 유전학처럼 빠른 속도로 발전하는 과학 분야에서는 많은 것들이 불확실한 상태다"라는 표현도 등장한다. 올해 7월 영국 혁신대학기술부가 새로 펴낸 『과학과 사회를 위한 비전(A Vision for Science and Society)』이라는 책자에서도 비슷한 태도가 견지되고 있다. 이 책자에서 영국 당국은 과학에 흥미를 느끼고 과학의 가치를 평가할 줄 아는 사회, 과학의 효용을 믿는 사회, 양질의 과학 연구 인력을 갖춘 사회를 '영국을 위한 새 전략' 비전으로 내걸었는데, 그런 사회로 가는 길은 반성에서 출발했다. 보고서 앞부분에는 "몰랐던 과학 지식을 알게만 되면 대중이 과학의 효용을 확실히 지지하리라고 여겼던 예전 방식이 성공했던 적은 드물다.", "(광우병 사태를 겪은) 2000년 이후 대중 참여는 쌍방향 소통과 대화를 통해 강조돼 왔으며, 이에 대해선 지금도 강한 (사회적) 합의가 있다." 같은 문구들을 볼 수 있다.

과학기술과 대중의 쌍방향 소통에 관심을 기울이는 과학 커뮤니케이션 분야의 일부 연구자들은 과학기술계에 나타난 소통 방식의 흐름을 다음과 같이 세 가지 단계로 나누어 제시한다. (1) 1960년대부터 1980년대까지 '과학 문맹 퇴치(Scientific Literacy)' (2) 1985년부터 1990년대까지 '대중의 과학 이해' (3) 1990년대 중반 이후부터 '과학과 사회의 관계'가 세 가지 패러다임의 시기를 이룬다는 것이다. 이처럼 과학기술과 대중의 소통 방식은 계몽에서 이해로, 이해에서 관계로 변화해왔으며, 그 과정은 소통의 두 주체를 모두 바라보는 쌍방향의 방향으로 이뤄지고 있다.

▶제시문1의 이해

제시문1은 오철우의 논문 「과학기술인과 대중의 소통, 그 기술과 철학에 관해」(『공학교육』15권, 2008, 37~41쪽.)의 일부를 발췌한 것이다. 논자는 이 글을 통해 과학 기술과 대중과의 관계를 지금보다 한 단계 더 높이기 위해서는 대중과 소통하는 과학기술의 태도도 바뀌어야 한다고 했다. 지금의 대중은 단순히 새로운 지식의 전파를 기다리지도 않고 과학기술인이 원하는 방향으로 지식과 정보를 받아들이지도 않는다. 그런 점에서 과학기술이 대중과의 진정한 소통을 이루기 위해서는 소통의 상대 주체인 대중이 누구이며 대중과 어떤 태도로 만날 것인지를 진지하게 생각해야 한다.

문제 과학 커뮤니케이션 분야의 일부 연구자들은 과학기술과 대중의 쌍방향 소통에 많은 관심을 기울이고 있다. 여러분이 그 역할을 담당한다고 할 때 대중들과 소통하기 위해서 어떤 변화와 배려가 필요한지 논의한 후 그 결과를 작성하시오.

제시문 2

지배적인 모델과 그 문제점

과학은 순수 지식을 생산해내지만 그 지식은 많은 사람이 이해하기에는 너무 복잡하다. 따라서 순수 과학지식을 일반인의 이해를 돕기 위해 단순화해 설명할 수 있는 중개자 역할을 하는 사람들이 필요하다. 그러나 과학계의 입장에서는 이러한 단순화는 언제나 왜곡을 나타낸다. 과학의 대중화는 필요악이지만 현업에 종사하는 과학자들이 주도하는 것은 아니다. 과학계의 분위기는 과학자들이 대중 과학화의 매개 역할을 하는 것을 매우 반대하며 그런 역할을 하는 과학자가 있는 경우 매개 방법의 방침을 정해준다. 과학의 대중화는 순수 연구 분야를 타락시킨다.

그럼에도 과학의 대중화는 종종 연구과정으로 피드백되기도 한다. 상온 핵융합과 관련된 이야기를 하자면 언론 매체에 상온 핵융합에 성공했다고 주장하는 기사가 처음 등장했을 때 나중에 논쟁에 참여한 대부분의 과학자들은 그 주장을 다른 사람들과 마찬가지로 그날 처음 접했다. 상온 핵융합 성공을 주장하고 저명한 인사들의 찬성의사를 언론 기사를 통해 공표하는 것으로 받아냈다. 과학자들은 대중의 의도를 읽기 때문에 과학의 대중화는 과학 연구의 요구를 충족시키며 심지어 '대중적인' 독자들 대부분일 수도 있다. 전문화된 분야에 종사하는 과학자들조차도 자신들에 대한 기사가 신문에 나온 경우 흔히 그 기사를 인용하곤 한다.

과학자들은 전혀 별개의 것으로 취급하지만 이러한 식으로 실제 과학과 대중과학의 밀접성이 존재한다. 대중과학계가 정책 결정자들의 연구 태도에 영향을 미치는 경우 대중화된 과학은 연구 방향에도 영향을 미칠 수 있다. 예를 들면 1980년대와 90년대에 많은 행성과학자들 사이에는 지구에 심각한 위협이 되는 대형 소행성의 충돌 가능성에 대한 연구가 활성화되었다. 이들의 연구가 활발해지자 이는 우주공간에서 핵무기를 사용한다면 지구를 구하는 영웅이 될 것이라는 줄거리를 가진 공상 과학소설과 영화에 영향을 미쳤다. 이는 소행성에 대비한 지구를 방위하는 목적의 핵무기 연구 및 우주공간의 군사화에 대한 정당성을 지속하는 데 기여했다.

지배적 모델을 살펴보면 과학자들이 정상적인 과학 상황에 적절하다고 생각하는 것이 무엇인지 알 수 있다. 전공의 범위가 견고하고 잘 수립되어 있으면, 의미있는 발견이나 아이디어는 전공분야에 편입시키거나 배제하는 식으로 다룰 수 있다. 과학의 대중화는 표준 경로를 따라가며 그렇지 않으면 정상이 아니라는 딱지가 금방 붙게 된다. 그러나 전공범위가 느슨한 경우 과학자들은 소통의 대안으로 대중매체를 이용할 수도 있다. 왜냐하면 대중이 지켜보는 가운데 끝까지 의견 차이를 보여줄 수 있으며 심지어 과학과 비과학 사이의 경계의 장애를 뛰어넘을 수도 있기 때문이다.

이러한 경우 갈등을 해결할 만한 전공 내부의 자원이 별로 없으며 따라서 외부 매체를 이용하는 것이 더 적절한 수단이 된다. 이러한 이유가 과학계에서 대중매체를 이용하도록 하는 요인 중 하나라고 생각되기는 하지만 리처드 도킨스의 『이기적 유전자』와 같은 몇몇 사례들은 과학자들이 강력한 대중적 인기의 기반 하에 과학계의 진로를 결정한다는 점을 보여준다.

과학계의 대중화에 대한 규칙은 흔히 자신들의 이익을 도모하는 방식으로 적용된다. 그레고리와 밀러는 과학계의 규칙은 "다른 과학자들의 행위를 비판하거나 제한하려고 하는 과학자들에 의해 강조되지만 정작 자신들의 행위에 대해서는 무시된다"고 주장했다. 이들은 또한 "대중에게 알려지지 않은 과학자들은 대중화를 자신들의 경력에 해를 미치는 무엇인가로 간주하는 경향이 있다. 그러면서도 이들은 또한 다른 과학자들이 자신의 출세를 목적으로 대중과학을 이용한다고 생각한다"고 주장했다. 지배적 모델은 과학자들이 자신의 목적에 맞으면 이용하고 맞지 않으면 무시하는 수단의 하나이다.

지배적 모델은 개별적 과학자들만의 수단이 아니라 전체 과학계를 위한 이상적인 수단이 될 수도 있다. 왜곡이라는 의미로서의 대중화의 개념은 비과학자가 과학을 이용하는 행위에 대한 의심의 수단으로 사용할 수 있어 과학자들이 과학을 사용하게 배려한다. 실제로 이를 통해 과학자들의 개념적 권위의 경계를 확장시킬 수 있다. 그럼에도 불구하고 과학계의 권위 유지에 과학의 대중화를 이용하고 있다는 점은 사실이다. 과학을 대중화시킬 수단이 없다면 과학계는 지적 활동이 훨씬 더 한계적인 단계에 머물러 있을 것이다.

비록 과학자들이 일상적으로 대중과학의 단순화와 왜곡에 대해 불평하고 있지만 가장 중요한 것은 아마도 다른 포럼에서 왜곡과 단순화를 용인하고 있다는 사실일 것이다. 과학 연구 과정의 대부분 단계에서 어느 정도까지는 단순화가 포함되어 있다. 즉 기술을 보편화하기 위한 과정에서 서술의 단순화가 이루어지며 복잡한 자료는 그

제시문 2

모델링을 위해 일상적으로 단순화된다. 외부 연구자들이 특정 학문 분야나 문제가 있는 연구분야의 결과를 이용하는 경우 새로운 환경에 맞도록 일반적으로 그 결과들은 요약하거나 재구성하게 된다.

이러한 재구성 과정에서 특정한 경우에는 왜곡으로 비춰질 수도 있으나 대체로 재구성 행위는 타당한 것으로 간주된다. 그러나 순수과학과 대중과학 사이의 분명한 구분은 있을 수 없다. 즉 "과학지식은 표현의 점증적 변형으로 구성되며 대중과학은 이 과정이 확대된 것으로 볼 수 있다."(Hilgartner, 1990) 어떠한 과학지식에 대한 표현이라도 다소간은 전후 환경에 잘 맞추어진 것이며 다른 환경 심지어 다른 과학적 맥락에 맞추기 위해서는 변경이 이루어져야 한다. 대중화는 과학지식을 새로운 영역으로 인도하는 수단이다. 대중적 환경은 그 자체의 수요를 만들어내며, 그에 따라 대중과학의 모양을 잡아가는 경향이 있다.

대중화의 지배적 모델은 과학지식이 어떤 배경과도 관련이 없다고 가정한다. 과학의 대중화는 순수과학 지식을 단순화시키거나 비과학적 환경에 맞춤으로써 순수과학 지식을 오염시킨다. 그런 모델은 순수과학이 대중화를 지속할 수 있는 방식을 무시하며 '순수한' 과학이 추가 연구를 위해 '인기 있는' 과학에 의존할 수 있는 방법조차 무시한다. 또한 이런 모델은 과학이 역사적으로 존재했던 분야나 다른 구성체계에서의 방법들을 무시한다. 순수과학에서는 과학자들이 이해하고 승인하는 방식으로 지식에 대한 주장이 맥락화되고 재맥락화된다. 즉 암 연구에 해당하는 주장은 생리학자들을 위해 재구성되어야만 할 수도 있다.

재미있는 사실은 과학자들 중에 뒤떨어지거나 과학의 반체제적인 입장을 택할 경우 주류 모델에서 배제된 자신을 발견하게 된다는 점이다. 재야 과학자들은 과학계의 규범인 독립성과 자조성에 도전하기로 하여 과학을 부패하거나 정치에 물든 것으로 대신 보거나 대중을 잠재적 참여자, 조정의 원동력, 책임의 근원으로 보는 경향이 있다.

▶제시문2의 이해

제시문2는 세르지오 시스몬드(Sergio Sismondo)가 짓고 이재영이 옮긴 『융합시대, 사회로 나온 과학기술』(한티미디어, 2013, 265~270쪽.)의 일부분을 인용한 것이다. 저자는 순수 과학지식을 일반인의 이해를 돕기 위해서는 단순화해 설명할 수 있는 중개자 역할이 필요하다고 말하고 있다. 과학의 대중화가 필요하지만 여기에는 또 다른 문제점이 내포되어 있음을 지적한다. 과학의 대중화가 이루어질 경우 과학자들은 강력한 대중적 인기를 기반으로 과학계의 진로를 결정할 수도 있으며, 자신들의 이익을 도모하는 방식으로 적용될 수 있다는 문제점을 제기했다. 그에 반해 비록 과학이 대중화함으로써 순수과학의 왜곡이란 문제점을 가져올 수 있지만 대중화를 통해 과학계의 지적활동을 확장시킬 수 있다는 이점이 있다. 즉 대중화는 과학지식을 새로운 영역으로 인도하는 수단이 될 수 있기 때문이다. 비록 순수과학의 입장에서 과학의 대중화가 순수과학을 오염시킨다는 견해가 있지만, 한편으로는 과학자들이 이해하고 승인하는 방식으로 지식에 대한 주장이 맥락화되고 재맥락화될 수 있는 장점이 있다.

문제 대중과학은 과학의 대중화와 학문적 외연 확대라는 긍정적 측면을 지니고 있지만 그에 따른 문제점도 있다. 과학이 대중 지향적으로 나갈 때 빚어지는 문제와 관련된 사례를 찾아 비판적인 글을 작성하시오.

2. 과학기술과 상상력의 결합

제시문 1

과학은 단순히 자연의 역사도 아니며 사실의 축적에 불과한 것도 아니다. 과학과 다른 지적 활동, 가령 예술이나 철학, 혹은 신학과 구분해주는 것은 그것이 주로 실험적 방법을 통해서 이루어진다는 것이다. 이 방법은 매우 엄정한 것이어서 그 결과가 일치하거나 부합되지 않는 이론은 수정되거나 그 과정에 어떤 오류가 있었는지 검증되고 증명되어야 한다. 또한 과학은 정량적 실험의 결과를 적당히 옹호하는 수학적 법칙이나 법칙의 체계를 고안해내는 것도 아니다. 이론은 반드시 설명의 근거를 제시해야 하며 궁극적으로는 자연의 역동적 체계를 해명할 수 있어야 한다. 과학에도 상상력이 필요한 이유가 바로 여기에 있다.

과학적 탐구는 실험실에서의 작업 못지않게 상상력을 동원해야 하는 작업이기도 하다. 그러나 사물의 본성에 관한 가설을 세우는 것은 신화나 문학의 경우와 달리 합리적으로 통제되고 훈련된 상상력에 의해서만 이루어지는 것이다. 가설이란 이미 관찰된 사건들의 관계뿐만 아니라 미지의 사건까지도 포함하는 보편적 관계를 추측해 보는 것이기 때문에 상상력의 개입이 필수적이다. 과학자는 대체로 사물의 운동이나 변화를 일으키는 메커니즘을 상상을 통해 먼저 추측해야 하는데 바로 그러한 상상이 그들을 좀 더 깊이 있는 탐구의 영역으로 유도할 뿐만 아니라 그 결과인 과학적 진리의 수준을 좌우하기 때문이다.

과학적 진리는 가령 문학적 진실과 서로 구별된다. 문학에서는 과학에서와 같은 진리를 탐구하지 않는다. 이미 지적한 바와 같이 실재하는 세계와는 다르지만, 그럼에도 불구하고 실감나는 세계, 때로는 실재보다 더욱 실감나는 세계를 다룬다. 문학은 진리를 주장하지 않는다. 소설이나 희곡에서는 역사적인 사실이나 과학적인 탐구의 내용 같은 것을 많이 다루는 경우가 있더라도 전체적인 허구의 내용 중에서 한 부분으로 활용될 뿐이지 그것의 사실성이나 실재성을 전제로 하는 것은 아니다. 대체로 문학이 그려낸 세계는 과학적인 관점에서 볼 때 검증이 불가능한 것이다. 그러나 문학을 평가하는 기준은 있다. 문학적 진실성의 정도가 그 기준이다. 그것이 결여되면 과장되고 위장된 허구적 이야기에 불과한 것이다. 진실성은 문학에서 어떤 목적을 위해 선택하는 수단과 방법이 될 수 있고 기술과 전략이 될 수 있으며 방편과 전술이 될

제시문 1

수도 있다. 가령 문학작품이 선택하는 이념이 그러한 진실성의 문제를 제기할 수 있게 한다. 이념은 역사의 방편이고 전략일 수도 있기 때문이다.

문학적 상상력은 과학에서의 상상력과 다르다. 과학적 상상력은 진리를 발견하기 위한 공학적 상상력이며 그러한 의미로 '고안적' 상상력이라고 할 수도 있다. 이러한 상상력의 원동력이 되는 것을 보통 '고안력'(ingenuity)이라고 한다. 그러나 문학적 상상력은 주로 관념을 여러 가지로 연합하여 새로운 관념을 창출한다는 의미로 '창조적' 상상력이라고 하며, 그것을 검증하게 하는 힘을 흔히 '창조력'(creativity)이라고 한다. 그러나 이것을 모두 창의력의 범주에서 논의할 수 있을 것이다. 이러한 의미의 창의력은 문학과 과학에 다 같이 적용될 수 있지만 적용하는 방식과 목적이 다르다. 철학이 문학과 과학의 중간쯤에 위치한다고 가정하면 그것은 과학적 고안력과 문학적 창조력의 산물일 수도 있다. 그것은 과학처럼 진리성을 추구하기 때문에 과학적 고안력을 구사하기도 하지만 경험적 증거에 국한하지 않기 때문에 거기에 머물러 있지 않는다. 또한 그것은 문학처럼 진실성을 갈구하기 때문에 문학적 창조력의 힘을 빌리지만 현실과 지나치게 괴리된 결론을 피하며, 어느 정도 사변적일 때도 있지만 논증의 방식을 취한다는 점에서 독자성을 과시한다.

문학적 상상력은 흔히 인간의 번성과 운명에 관해 예언적 요소가 있지만 과학적 상상력은 인류의 문명과 미래에 대해 예측의 능력을 지닌다. 과학은 주로 실현될 수 있는 상상의 내용을 가설로 설정하며 과학의 미래 그 자체를 예견하기도 한다. 가령 다이슨(Freemam Dyson)은 과학자로서의 상상력을 통해 21세기의 세계뿐만 아니라 과학이 어떤 모습으로 변모하게 될지를 예측하는 것이다. 그에 의하면 앞으로 100여 년 동안 생물학이 과학을 주도하게 될 것이다. 특히 유전학과 신경생리학은 새로운 기술이 개발될 경우 해결될 수 있는 문제들이 산적해 있다. 특히 인간 발생의 유전 프로그램에 대한 연구에 그는 많은 기대를 하고 있다. 이것은 생명의 기원에 대해 많은 문제를 해결할 것이다. 그는 우선 어떤 도구가 필요한지 열거한다. 가령 지질학에서는 가장 오래된 바위에서 생명 기원의 흔적을 발견하는 새로운 기술이, 화학에서는 현미경을 사용해야 식별할 수 있는 미세한 고대 화석을 분석하고 그것의 원래 구조에 대한 증거를 찾아내는 새로운 기술이, 미생물학에서는 현대 세포를 구성하는 가장 오래된 요소들의 구조에 대한 정확한 지식, 특히 고대 박테리아 계통의 미생물 안에 있는 리

보숌의 원자 구조에 대한 정확한 지식 등이 필요할 것이라고 한다.

물론 이러한 예측은 틀릴 수 있다고 다이슨은 인정한다. 과학의 본질과 근본적인 목적이 변할 수도 있기 때문이다. 이것은 분명히 인간의 기원에 대한 창조 신화적 설명이 아니다. 그러나 그는 이러한 시도가 "과학적"이 아니라고 주장하는 시대가 올 수도 있으리라고 예측한다. 과학은 아퀴나스(St. Thomas Aquinas)의 영향을 받았음에도 불구하고 그에게 양자역학이 낯선 것일 수 있듯이 우리의 후손들에게 현대의 과학은 일종의 신학으로 간주될 수도 있기 때문이다.

제시문 1

▶제시문1의 이해

제시문1은 『상상과 증명, 그리고 소통』(서강대출판부, 2013, 155~158쪽.)에 수록된 엄정식의 글 「상상과 상상력의 탐구」에서 인용한 것이다. 인문학의 가장 핵심적인 특징은 '상상(想像)'이고, 자연과학의 가장 대표적인 특징은 논리적 '증명(證明)'이다. 비록 양자의 학문의 진리와 특징이 구별되지만 상상력이란 동일한 원동력을 가지고 있다. 인류 문명의 발전과 인간의 진화가 모두 우리의 상상에 의해 진행되었다고 할 수 있다. 비록 논리적 증명을 기반으로 한 과학적 합리주의와 실용적 기술 개발이 인류의 삶을 바꾸어 놓았지만 상상의 가치는 여전히 유효한 것이다.

문제 위의 그림 중 하나를 택해 과학적 기술과 상상력을 결합해서 미래의 한 모습을 글로 작성해 보시오. (각자 전공의 이론적 근거가 포함되어야 함)

영화적 상상력과 과학적 상상력의 만남

상상이란 무엇인가

상상(想像)이란 말은 한비자에 처음 등장한다. 한자가 의미하듯, 실물 코끼리를 본 적이 없는 중국 사람들이 코끼리뼈를 이용해 코끼리의 모양을 유추한 데서 유래한 단어이다. 후에 이 개념은 비단 코끼리뿐 아니라, 머리 속에 떠오른 생각을 시각화하는 과정을 의미하는 말이 되었는데, 좀더 정확하게 말하자면 상상이란 우리가 떠올리고픈 것(예: 코끼리)에 대해 주어진 단서(예: 코끼리뼈)를 짜맞추어 가능성 있는 모든 것을 생각하는 것을 의미하는 말이다.

상상은 단서에서 떠올릴 수 있는 모든 것을 찾는다는 점에서 단서에 가장 근접한 것을 떠올리는 예측이나, 아무런 단서 없이 생각하는 몽상과는 구별된다.

과학과 영화의 행복한 만남

우리는 흔히 영화를 '상상력의 결집체'라고 말하며, 영화적 상상력과 과학적 상상력을 분리해서 생각하는 데 익숙하다. 많은 사람들이 영화적 상상력은 꿈과 환상을 심어주는 것이고, 과학적 상상력은 우리가 알아차리지 못한 과학적 사실을 발견하는 것이라 생각하기에 이 둘은 차이가 크다고 여긴다. 그러나 현실을 필름에 담고 이를 스크린에 투사하는 것 자체가 과학적 뒷받침이 없으면 불가능하듯이, 영화의 역사는 과학과 상호작용한 역사에 다름 아니다.

특히 1980년대 이후 컴퓨터그래픽의 발전으로 인해 우리가 보고 싶은 모든 화면을 스크린에 구현하는 것이 가능해졌고, 심지어는 실제 배우가 아닌 디지털 캐릭터만으로 영화를 만들 수도 있다. 이런 현실에서 사람들은 흔히 이제 우리에게 남은 문제는 '상상력의 빈곤' 뿐이라고 말하곤 한다. 과학적 상상력은 이제 더 이상 영화적 상상력에 대해 여지를 남기지 않는 것인가?

과학이 발달하면서 과학적 상상력은 영화적 상상력과 결합해 새로운 장르를 만들어냈다. 흔히 SF물이라고 부르는 이런 장르들은 과학적 상상력에 빚지는 바가 매우 크다. 영화 『쥐라기 공원』은 발달된 테크놀로지와 과학적 결과(체세포 복제의 가능성)를 영화적 상상력과 잘 어우러지게 만든 영화다.

제시문2

그러나 때로는 영화가 과학적 오류나 비과학적인 것들을 저항없이 받아들이게 하는 데 일조하기도 한다. 영화적 상상력이 과학적 상상력과 '잘못' 만난 대표적인 예는 『고질라(Godzilla, 1998)』이다. 재미있게도 이 영화가 과학적 오류로 가득 차게 된 것은 오히려 과학적 근거를 제시하기 위한 제작진의 노력 때문이었다는 데 있다. 이제 사람들은 더 이상 어느 날 갑자기 생겨난 괴물의 존재를 믿지 않는다. 괴물이 나타났다면 무언가 이유가 있을 것이라고 생각하는 것이다. 그래서 괴물의 존재를 정당화시키기 위해 '과학적으로 그럴듯한 이유'를 덧붙였는데, 개념이 부족하여 오히려 영화를 오류투성이로 만들었던 것이다. 이는 영화적 상상력이 과학적 상상력을 차용했으나, 제대로 사용하지 못해 실패한 케이스이다.

그렇다면 과학적 상상력이 영화적 상상력에 빚지는 바는 없을까. 우리는 우주선 발사 장면에서 으레 숫자를 10에서부터 0까지 거꾸로 세는 '카운트다운'을 떠올린다. 우주선 출발 전에 1부터 세지 않고, 10부터 카운트다운을 하는 것은 영화 『Die Frau im Mond』에서 보여준 이미지 때문이었다. 또한 스탠리 큐브릭 감독의 『2001:스페이스 오디세이』에서 컴퓨터 'HAL'은 사람들의 입모양을 읽어 의사소통을 한다. 이 아이디어에서 실제로 키보드가 아닌 사람이 말을 하면 독순술을 통해 이를 컴퓨터가 인식하는 프로그램도 개발 중에 있다. 이는 대표적으로 영화적 상상력이 과학적 상상력을 앞서간 예이다.

또한 영화는 그 속에 과학자들의 고민, 의문, 문제점을 담아 세상에 보여주는 창구 역할을 한다. 『바이센테니얼맨(Bicentennial man)』이나 최근 개봉한 『아이, 로봇(I, robot)』은 인간과 로봇과의 관계를 통해 신과 인간의 관계, 혹은 신분제도의 관계를 드러내며, 아울러 '생명이란 무엇인가'라는 근본적 의문을 던진다. 이처럼 영화는 과학이 발달하면서 부딪치게 되는 철학적 고민들을 영화적 상상력에 담아 사람들에게 전달함으로써 과학의 문제를 드러내는 수단이 되기도 한다.

나아가 영화는 그 속에 결코 가볍지 않은 윤리적 메시지를 담기도 한다. 『A.I.』의 데이비드는 오직 사랑받는 것만을 목적으로 하여 만들어진 피조물로, 부모에게 버림받게 되자 존재를 의심하고 괴로워한다. 이는 언젠가 우리가 만들어낸 창조물에게 감정과 사랑을 부여하게 된다면, 우리는 어떤 책임을 져야 하는가를 묻고 있다. 즉, 우리는 한 편의 영화를 본 것뿐이지만, 그 영화를 본 뒤 인간과 로봇의 윤리학에 대한 메시지를 깊이 간직하게 된다. 영화는 이런 점에서 과학의 든든한 지원군의 역할을 충분히 수행한다.

그리 멀지않은 미래(in not-too-distant future)

1984년 미 에너지성은 소수의 DNA연구 전문가들이 히로시마 원폭의 유전적 피해 상황을 파악하고 있음을 알고, 유전적인 피해를 가장 정확하게 분석할 수 있는 방법은 각 피해자의 염색체, 즉 DNA가 방사능에 노출되고 난 뒤 어떻게 변이했는지를 밝히는 것이라고 생각했다. 인간 세포에 들어있는 30억 염기쌍의 배열을 해독하기 위한 '인간게놈프로젝트(Human Genome Project)'는 그렇게 시작되었다.

이 거대한 기획은 1990년 10월 1일 정식 출범하여 15년 간 30억불의 연구비가 투자될 예정이었다. 처음에는 가능성 없는 일에 대규모 연구비만 투자하고 있다는 불만의 소리도 높았으나, 이 연구는 예정보다 빠른 2000년에 완수되었고, 사람들은 유전자의 우열로 지배되는 사회가 생각보다 훨씬 빠른 미래에 이루어질 수 있다는 가능성에 직면했다.

이보다 조금 앞서 등장한 영화 『가타카(GATTACA)』는 만약 우리가 그런 사회에서 살게 된다면 어떤 일이 벌어질지에 대한 이야기를 굉장히 사실적으로 우리에게 보여준 바 있다. 그리고 우리는 그리 멀지 않을 미래에 일어날 일들을 영화로 미리 보며 다음 시대를 준비할 수 있게 되었다.

우리의 미래는 과학기술의 토대 위에 세워질 것이며, 그 위에 세워질 미래를 상상하는 가장 중요한 코끼리뼈 역시 과학기술이 될 것이다. 그러나 여기서 중요한 것은 상상력을 자극하는 수단은 코끼리뼈이지 코끼리 그 자체가 아니라는 것이다. 이미 코끼리를 본 사람은 코끼리를 상상하는 것이 아니라, 회상하는 것뿐이다.

과학기술이 만들어갈 미래를 우리는 영화에서 보고, 또 그 아이디어는 과학에 재흡수된다. 영화적 상상력과 과학적 상상력, 여기서 우리는 두 상상력 사이의 상호관계에 주목해야 할 것이다. 과학적 상상력 위에서 영화적 상상력이 나래를 펼 때 영화는 더욱 감동적이 되기 때문이다.

▶제시문2의 이해

제시문2는 정재승(KAIST 바이오시스템학과) 교수가 2005년 5월에 KAIST '디지탈 미디어 세미나'에서 발표한 내용을 『The Science times』에서 정리한 내용을 인용한 것이다. 상상이란 어원이 코끼리뼈란 단서에서 출발하듯 과학적 상상도 가설에서 시작된다. 현재의 과학기술을 단초로 하여 상상을 비약할 때 그것이 현실이 될지 공상으로 끝날지 알 수 없는 사실이다. SF영화들이 그러한 과학적 상상력을 스크린에 담아내고 있다. SF영화가 과학적 근거의 오류로 허황된 공상으로 끝날 수 있지만, 경우에 따라 멀지 않은 미래에 일어날 수 있는 일들이다. 그런 점에서 저자는 과학기술이 만들어 갈 미래를 영화에서 보고, 그 아이디어를 과학이 재흡수할 때 과학과 영화는 새로운 상상력의 힘을 발휘하게 된다고 보았다.

문제 제시문2에 나오는 영화 중 한 편을 감상하고, 영화 속에 담긴 과학적 원리를 바탕으로 새로운 상상의 세계를 그려보시오.

3. 과학기술과 학문간 소통

제시문 1

근래에 기술이 인간 사회에 미친 영향의 부정적인 측면이 주목되면서는 기술(또는 과학기술)과 인간(인문학)과의 공존과 화해를 과학기술과 인문학의 연결 방법으로 제시하는 경우가 많다. 홍성욱 교수는 "기술과 함께 살아가는 법을 배워야 하고 인문학이 이를 도와주어야" 한다고 주장했으며, 문병호 교수도 "자연-인간-기술의 화해"를 이야기했다. 그러나 이런 일들을 구체적으로 어떻게 해서 과학기술과 인문학의 연결을 이루어낼 것인가 하는 문제에 대한 해답이 제시되었던 것은 아니다.

최근에 최재천 교수가 윌슨(Edward O. Wilson)의 책 제목인 '컨실리언스'(consilience)란 단어를 번역하면서 사용하여 국내에서 크게 유행하고 있는 '통섭'(統攝)이라는 말이 인문학과 자연과학의 단순한 만남이나 융합을 넘는 더 깊은 – 높은 – 수준의 연결을 가리키는 것으로 널리 사용되고 있으며, 이제는 그 같은 의미의 학문적 통섭이 필요하다는 점에 넓은 공감대가 형성되어 가고 있다. 그러나 이들 통섭의 논의는 대부분의 경우 누구나 받아들일 당연한 구호로 제시되고 있는 수준이며, 통섭의 구체적인 방법에 관한 논의가 있는 것은 아니다. 윌슨은 모든 학부학생들, 그리고 모든 대중 지식인과 정치 지도자들이, "과학과 인문학의 관계는 무엇이고 그 관계가 인간 복지에 어떻게 중요한가?"라는 질문에 답할 수 있어야 한다고 당당하게 주장하는데, 나는 아직 윌슨의 이 질문에 답을 하지 못한다.

그렇다면 구체적으로 어떻게 할 것인가? 먼저 인문학과 과학 사이에 있을 수 있는 여러 종류의 만남, 연결들에 대해 생각해보자.

우선 과학의 해설이나 모형, 그리고 과학기술과 관련된 퀴즈·게임·만화 등을 통해 과학기술을 쉽게, 흥미있게 해주는 작업이 있다. 그러나 이것을 우리가 찾는 진정한 연결이라고 할 수는 없다. 더구나 이런 식으로 과학기술을 쉽고 재미있게 해주는 데에는 한계가 있을 수밖에 없다. 이미 전문화되어 버린 과학기술이 지니는 본질적인 어려움 때문이다. 결국 정공법을 택해서 아무리 어렵고 이해하기 힘들더라도 과학기술과 정면으로 맞닥뜨려야 한다. 과학기술이 현대 사회, 현대 문화에서 지닌 역할이 워낙 중요하기 때문에 쉬운 방법을 찾아 회피하거나 제쳐 두거나 무시하고 외면할 수 없는 것이다. 그 같은 정공법을 위해서는 과학기술이 – 그 내용과 활동이 – 그렇게 어렵고 힘들다는 것을 분명히 인식하고 받아들이는 일이 중요할 것이다. 그리고 일단 그 같은 인식에 바탕해서 과학기술과 맞닥뜨려 이해하려고 노력함에 있어 염두에 두어야 할 것은 다행히도 일반 지식인들이, 또는 인문학자가 과학기술의 어려운 내용에 대한 전문가가 되어 첨단의 수준에서 활동하고 경쟁해야 하는 것이 아니라는 점이다.

다른 한편, 흔히 보게 되는 '인문학과 과학의 만남' 또는 '과학과 예술의 만남' 같은 모임에서 과학자와 인문학자들의, 과학자와 예술가들의 글자 그대로의 만남이 있을 수 있다. 그러나 이 같은 만남이 우리가 원하는 과학기술과 인문학의 연결을 이루어 줄 것이라고 기대할 수는 없다. 물론 인문학과 과학기술이 일단 분리와 장벽을 걷어내는 소통과 교류를 갖는 것은 바람직한 방향이지만 여전히 한계가 있다. 특히 그 같은 만남을 추진하는 배경에는 여전히 과학자들과 인문학자들이 자신의 영역을 지키면서 각각 별개로 활동하다가 그런 장에서 만나서 상대방과 무엇인가 필요한 것을 주고 받을 수 있다는 손쉬운 생각이 보인다. 과학과 인문학의 융합을 표방하고 진행되는 이런 만남의 시도들이 오히려 둘 사이의 구분을 기정사실화하고 강화하는 측면도 지니고 있음을 볼 수 있다. 개인 인문학자, 개인 과학자의 지식과 학문은 그대로 서로 격리되어 있는 채로 이들이 그냥 만나서는 제대로 된 어떤 연결도 이루어질 수 없기 때문이다. 개인 안에서 그 같은 연결이 이루어져야 한다. 인문학자 자신들이 연결의 전체 작업을 실제로 수행해야 한다. 그 같은 작업에는 과학의, 과학 지식의 얼마만큼을 받아들이고 얼마만큼을 이해할 것인가, 과학의 어떤 측면을 중요시할 것인가 같은 문제들에 대한 검토와 선택들도 포함되어야 할 것이다.

그러면 이제 더 구체적인 방법에 대해 이야기 해보자. 인문학자가 컴퓨터, 인터넷 같은 것을 사용하는 경우를 생각할 수 있다. 이것이 과학과 인문학의 연결로 볼 수 있지만 이는 과학기술의 결과물을 단순히 '사용'하는 것에 불과하여 제대로 된 연결이 아니다. 또한 소설가나 예술가가 과학기술을 소재로 하는 경우도 생각해 볼 수 있다. 이런 예들은 현대 사회에서의 인문학과 과학기술의 연결을 가장 눈에 띄게하는 표현일 수도 있고 누구도 부정하지 못할 연결의 증거가 되어준다. 그러나 이 정도 수준에서 만족할 수는 없는 것이 아닌가 하는 의혹을 떨칠 수가 없다.

인문학자가 과학기술의 개념이나 지식을 원용(援用) 또는 전유(專有)하는 경우는 위의 예들과는 다른 성격, 다른 수준의 연결이라고 할 수 있다. 그러나 그 같은 원용이나 전

제시문 1

제시문 1

유 역시 충분하다고 할 수 없다. 특히 그것이 고립된 지식, 단어, 물체만을 그냥 가져다 쓰는 피상적인 수준에 그쳐서는 큰 의미를 지니기 힘들다. 사실 오늘날 인문학에서 제대로 이해되지 않은 과학기술 용어들을 가져다 쓰는 일이 잦다. '엔트로피', '상대성', '양자'(quantum), '불확정성'(uncertainty) 등이 좋은 예들이다. 이들 심오하고 난해한 물리학 용어들을 고립적으로 사용하기보다는 이해하기가 비교적 쉬운 생물학이나 환경학의 지식을 보다 폭넓게 이해하고 자신의 사고 속에 용해시키는 일이 더 높은 수준이 될 것이다.

인문학이 과학기술을 대상으로 해서 학문적으로 다루는 경우, 즉 인문학자가 과학기술을 자신의 연구 주제로 삼아 연구하는 경우도 인문학과 과학기술의 연결의 형태로 들 수 있고, 어떤 면에서는 위에서 언급한 경우들보다 한 단계 더 나아간 수준의 연결이라고 할 수 있다. 대표적인 것이 과학사와 과학철학으로, 과학기술을 대상으로 한 역사와 과학기술을 대상으로 한 철학적인 이들 분야는 20세기를 통해 꾸준히 성장해서 이제는 확립된 전문 학문 분야가 된 경우들이다. 인지과학 또는 뇌과학, 그리고 진화생물학 등이 그 같은 '학제적' 분야들의 대표적인 예이다. 그러나 이것들이 자연과학에 속하는 분야들과 인문학의 만남이나 연결인 것은 사실이나 어디까지나 일정한 주제와 영역, 문제들의 필요에 의한 몇몇 개별 분야의 만남이자 연결에 지나지 않는다.

어쨌든 인문학과 과학기술 사이에 지금까지 이야기한 여러 수준과 성격의 연결들이 현재 추진되고 있고, 이 같은 노력과 작업들은 계속 진행되어야 한다. 이와 관련해서 한 가지 생각해볼 점이 있다. 그간 제시되고 있는 여러 연결 방식에 공통된 기본 입장이 과학과 인문학의 관계를 대립 관계로 보기보다는 상호 보완 관계로 보는 것이고, 이는 근본적으로 옳은 입장이지만 문제점이 깔려 있다는 것이다. 과학과 인문학의 관계를 대립 관계로 보는 경우에서 그렇듯이, 상호 보완 관계로 보는 입장에도 과학과 인문학 두 가지를 같은 층위에 두고 보는 면이 있다는 점이다. 과학과 인문학은 층위가 다른 것들이다. 그것은 이 두 가지 중 어느 것이 우위에 있어서가 아니라 서로 다른 수준, 다른 차원, 다른 성격의 것들이어서 서로 대칭적인 통합이 불가능하다는 의미이다.

그렇다면 가능한 것은 '연결'뿐이다. 그리고 연결을 위해서는 서로 층위가 다른 이

두 가지를 대칭적인 것으로 봄으로써 생겨난 경계, 구획, 장벽을 제거하는 것이 중요하다. 실제 역사상으로도, 과학과 인문학이 대등한 지위에 있으면서 서로 대립하고 영향을 미치고 관계를 맺어 온 것이 아니다. 당초 철학과 신학의 부차적인 일부였던 과학이 독립, 분리되고 중요해지고 큰 영향을 미치고 인문학을 포함한 여러 다른 학문 분야에 모델이 되고 하는 관계가 된 것이다. 이런 점을 인식하게 되면 과학기술과 인문학을 단순히 만나게 하고, 통합·융합시키는 것이 아닌 다른 성격의 일이 필요함을 느끼게 될 것이다.

제시문1

▶제시문1의 이해

제시문1은 김영식이 저술한 『인문학과 과학』(돌베개, 2009, 198~207쪽.)에서 발췌한 것으로 인용자가 일부 편집한 것이다. 저자는 이 글을 통해 과학(기술)과 인문학의 공존과 화해 방법 몇 가지를 제시하지만 각각의 한계를 지적했다. 양자의 상호 보완을 통한 연결이 유의미한 것이지만 과학과 인문학은 다른 수준, 다른 차원, 다른 성격의 것들이어서 서로 대칭적인 통합이 불가능하다고 보고 있다. 두 학문을 연결하기 위해서는 단순히 만나게 하고, 통합·융합시키는 것이 아니라 서로 층위가 다른 이 두 가지를 대칭적인 것으로 봄으로써 생겨난 경계, 구획, 장벽을 제거하는 것이 중요하다고 보았다.

문제 제시문1의 저자는 과학기술과 인문학의 만남이 가지는 한계를 제시한 후 이를 극복하기 위해 두 학문 영역을 각각의 층위에 두고 통섭의 관점이 아닌 연결의 관점에서 접합점을 찾고자 한다. 각자의 전공이 인문학(또는 타학문)과의 만남을 위해서는 어떤 방법이 필요한지 조별로 토의한 후 하나의 사례를 제시해 보라.

제시문 2

인문학에 의한 과학의 통일

지적 탐구의 궁극적 목표가 우주의 삼라만상, 즉 자연적·초자연적을 모두 포함하는 모든 현상의 총체적 그림으로서의 세계관이라고 한다면, 아득한 옛날 호모 사피엔스로 진화한 이래 인류는 줄곧 시대와 장소, 환경과 관점에 따라 이미 다양한 방식의 세계관을 창조해 냈다. 이 세계관들을 여러 범주로 분류할 수 있겠지만 편의상 대표적 학제의 범주에서 크게 종교, 철학, 과학 세 가지로 개념화할 수 있다. 서양의 유대-기독-이슬람교, 동양의 힌두-불교가 종교적 세계관의 대표적 사례이며, 노자와 장자의 자연철학, 공자와 맹자의 윤리-사회철학으로서의 유교, 플라톤, 데카르트, 칸트, 헤겔 등의 관념철학, 비트겐슈타인, 라캉, 데리다 등의 언어철학 등이 철학적 세계관의 대표적 사례가 될 것이다. 과학적 세계관의 대표적 예로는 우주 전체를 물 혹은 원자로 환원시킨 탈레스나 데모크리토스의 유물론, 뉴턴의 만유인력, 아인슈타인의 상대성이론, 다윈의 진화론, 프로이트의 정신분석학, 그리고 오늘날 모든 자연과학자들이 거의 예외 없이 전제하고 있는 기계론적 유물론 등을 들 수 있을 것이다.

종교적, 철학적 그리고 과학적 세계관 가운데 어떤 것이 가장 설득력이 있으며 그 가치판단의 근거는 무엇일까? 두 가지가 있다. 하나는 이론의 명증함이요, 또 하나는 그 이론이 설명할 수 있는 대상의 폭이다. 전자의 기준으로 볼 때 과학적 명제는 종교적이나 철학적, 즉 인문학적 명제보다 훨씬 명증하다. 가령 스마트폰의 기적적인 기능이 입증하는 IT라는 과학기술을 접할 때 가장 신뢰할 수 있는 세계관은 객관적 사실이 뒷받침되는 세계관이라고 주장할 수밖에 없을 것 같다. 과학기술이 성공을 거둠에 따라 벌써 오래전부터 모든 학문이 과학적 방법을 사용하며 과학을 닮고자 해 왔고, 오늘날에는 과학이 문학, 종교, 철학을 포함한 모든 학문을 자신의 체제에 흡수 통합하거나 대체하려는 경향을 보이고 있다. 하지만 다음과 같은 두 가지 이유에서 과학적 인식 대상은 인문학적 명제보다 그 인식 대상의 폭이 좁다.

첫째, 과학적 세계관의 대상은 물리적 현상에 제한된 데 반해 인문학 일반, 특히 메타적(반성적) 사유로서의 철학은 물리적 현상을 그리는 과학적 담론까지 포함하는 학문이기 때문이다. 양자역학이 극히 미세한 물질세계를 인식 대상으로 하고 천문학이 방대한 우주를 인식 대상으로 삼는다는 점에서 어떠한 철학보다도 인식 대상의 폭이

제시문 2

넓다고 주장할 수 있지만, 철학이 바로 그러한 과학적 주장까지를 자기 반성적인 면에서 인식 대상으로 삼는다는 점에서 철학의 인식 대상이 천문학의 인식 대상보다 폭넓다.

둘째, 더 근본적인 차원에서 인문학과 과학은 논리적으로 같은 범주적 지평에서 대립되는 인식 양식이 아니라 후자는 전자의 하위 개념으로서 일종의 인문학으로 파악되어야 한다. 다시 말해 인문학을 과학에 종속시킬 것이 아니라 과학을 인문학이라는 대범주 안의 여러 소범주 중 하나로 봐야 한다는 것이다. 그 이유는 대략 다음과 같다.

인문학과 과학의 대립적 구별은 ① 전자의 인식 대상이 물질적인 것이 아니라 정신적 존재로서의 인간과 그의 정신적 산물이며, ②후자의 경우 인식 주체가 보편적이고 냉정한 이성에 의한 발견과 그 재현으로써 인식의 객관성을 보장할 수 있는 데 반해, 전자의 인식 주체는 가변적이고 주관성을 넘을 수 없는 감성적 표현이라는 데에 그 근거를 두고 있다. 그러나 인문학이든 과학이든 모든 인식과 세계관은 인간의 인식적 개입, 즉 인간에 의한 언어적 개념화 이전에 이미 객관적으로 존재하는 것의 발견이 아니라 언어적 개념화라는 인간의 주관적 활동의 산물이라는 점에서, 필연적으로 인간화된 대상이라는 점에서 자연과학도 종교나 예술, 철학과 마찬가지로 일종의 인문학으로 봐야 한다.

인문학을 과학의 일부로 개종하든 과학을 인문학의 일부로 생각하든 우주 안의 모든 것 간의 경계와 차이가 그러하듯이, 두 학문 곧 두 세계 인식 간의 차이와 경계는 절대적이 아니라 상대적이며, 영원한 것이 아니라 잠정적이다. 우주 안의 모든 것의 모습은 영원불변한 것이 아니라 잠정적이며 언제나 가변적이다. 우주 안 삼라만상에 대한 진리를 말한다면, 그 중 어느 진리도 영원한 것은 단 하나도 없다. 학문에서만이 아니라 모든 것 간의 구별은 형이상학적이 아니라 개념적이며, 실재하는 것이 아니라 인간이 실용적 필요에 의해 관념적으로 만들어 놓은 제도에 불과하다. 따라서 영원불변한 것이 아니라, 잠정적인 즉 역사적인 것이다.

▶**제시문2의 이해**

제시문2는 박이문이 쓴 「학문의 통합과 자연의 융합」(『인문학자, 과학기술을 탐하다』, 고즈윈, 2012, 29~31쪽.)에 수록된 글이다. 저자는 학문은 융합이 아니라 통합이란 관점에서 접근하고 있다. 융합은 서로 섞인 대상이 원래 형태를 잃어버려야 가능하지만 통합은 대상의 원래 형태가 계속 살아있다는 점에서 인문학과 자연과학의 통합은 가능해도 융합은 논리적으로 불가능하다고 보았다. 그리고 인문학과 자연과학을 인식 대상의 폭을 가지고 그 범주를 나눈다면 메타적 사유의 인문학이 자연과학을 포함하는 것으로 보고 있다. 또한 인문학이든 과학이든 인간의 주관적 활동의 산물이며, 필연적으로 인간화된 대상이란 점에서 자연과학도 일종의 인문학으로 보아야 한다고 했다. 그러면서 두 학문 곧 두 세계 인식 간의 차이와 경계는 상대적이며 잠정적이며 언제나 가변적인 것임을 강조하고 글을 맺고 있다.

> [제시문] 예술(인문학)과 과학을 융합한 대표적 천재의 예로 스티브 잡스를 든다. 그는 학생 시절에 문학작품을 많이 읽었고, 일본 고도의 한 절에 가서 얼마 동안 좌선한 경험이 있으며, 자신이 창업한 컴퓨터 회사 애플의 사과 로고를 직접 디자인할 만큼 예술적 감각도 갖췄다. 그런 그가 수학적, 기계공학적 재능의 융합으로 IT산업에서 이제껏 상상하지 못했던 창조적 발상을 꾀함으로써 세계적인 성공을 거두었다.

문제 [제시문]은 학문간 융합의 대표적 사례를 들고 있다. 제시문2의 저자처럼 융합이 아닌 통합의 관점에서 [제시문]을 재인식하고 그에 따른 자신의 생각을 글로 쓰시오.

4. 과학기술과 그 역할

제시문 1

<A> 현대인들의 착각

현대과학은 우리에게 우주의 엄청난 시간적 공간적 규모와 그 안에 성립되는 엄격하고 조화로운 자연의 법칙들을 보여주고 있다. 또 시간의 흐름에 따라 전개되어 나아갈 지구상의 신비로운 각종 현상들을 밝혀내고 있다. 특히 우리 자신들의 삶에 직접 관련되는 생명의 발생 및 진화과정들을 수십억 년의 먼 과거까지 소급하여 보여주고 있다.

또한 이러한 생명의 연장으로 정신현상과 문화현상이 과학의 바탕위에 어떻게 이해될 수 있는가를 보여준다. 아울러 이를 주체적으로 영위하는 우리 인간은 과연 어떠한 의미를 지니는 존재일 것인가를 깊이 음미해 볼 많은 자료들을 제공한다.

만일 현대인이 과학이 보여주는 이러한 광범위하고 종합적인 새 세계관을 마련하고 실천한다면 더할 나위없이 바람직한 일이다. 또 전통적 가치관의 바탕이 되어 온 종래의 세계관이 얼마나 편협하며 임의로웠던가를 파악하게 되면 새 가치관이 모색되지 않을 수 없을 것이다.

하나의 예로서 우리는 지금까지 개개의 사람은 독립된 존재로서 이들 개개의 인격에 절대적인 가치가 부여되는 것으로 생각해 왔다. 하지만 과학이 보여주는 새로운 세계관에 의하면 사람의 생명뿐 아니라 동식물을 포함한 '모든 개체의 생명'이 모두 하나의 뿌리에 연결된 존재로 파악된다. 따라서 개개의 생명은 단지 여기에 소속된 하나의 가지나 잎에 해당하는 것으로 이해된다. 요컨대 개별적 생명보다는 이 '전체적인 생명'에 보다 높은 가치를 부여해야 하리라는 생각을 해볼 수 있다.

일단 이러한 관점에서 보면 시야가 넓어진다. 이른바 환경문제도 우리 생활에 불편을 주거나 우리의 생존에 위험을 초래한다는 의미에서 중요하다기보다 소중히 여겨야 할 '전체적인 생명'에 위해를 가하는 것이라는 점에서 심각한 우려의 대상이 된다.

현대과학은 또한 긴 진화과정을 통하여 인간의 신체 및 정신이 어떻게 형성되어 왔는가에 대해 많은 새로운 것을 보여주고 있다. 인간은 길게 잡아서 수십만 년의 문화사적 과정을 밟아 왔다. 그 과정에서 오늘날의 가치관을 형성하는 많은 경험들이 축

제시문 1

적되었다. 하지만 이보다 앞서 다시 수십억 년의 진화사적 과정을 통해 인간의 신체적 정신적 활동을 가능하게 한 모든 삶의 바탕이 마련되어 왔다.

따라서 인간의 욕망과 가치의식을 포함한 모든 정신적 성향들도 모두 이러한 진화사 및 문화사의 전역사적 과정의 산물이라 할 수 있다. 그러므로 욕망과 가치의식에 대한 비판적 검토도 바로 이러한 전 역사적 과정에 비추어 이루어지지 않으면 안 된다. 또한 인간이 살아온 이러한 전역사적 과정을 밝혀 봄으로써 과연 인간의 본래적 생존양식이 무엇인지 알아내야 한다. 또 현재 우리는 이것으로부터 얼마나 벗어나고 있는지 그리고 이러한 벗어남이 어떠한 위험을 초래할 것인지에 대해 깊이 살펴보지 않으면 안 된다.

인간은 오늘날 현대 기술문명을 통하여 그 생활방식을 크게 바꾸어 나가고 있다. 또 현대인은 이것이 마치 보다 인간다운 삶의 방식을 찾아 가는 길인 듯이 착각하고 있다. 하지만 이것이야말로 현대과학이 보여주는 인간의 참모습을 통해 깊이 반성되어야 할 점이다.

과학자의 새 사명

현대사회는 새로운 가치관을 시급히 요청하고 있으며 현대과학은 이러한 새 가치관 형성을 위하여 많은 기여를 할 수 있다. 그러나 과학은 현재 이미 위험스러운 단계에 들어선 기술문명을 더욱 위험스런 경지로 끌어 올리는 데만 기여하고 있을 뿐이다. 우리에게 절실히 요청되는 새 가치관의 창조를 위해서는 별로 큰 기여를 하지 못하고 있다.

이는 아직도 많은 사람들이 우리에게 가장 절실히 요청되는 것이 새로운 가치관이란 사실을 분명히 인식하지 못하는 데 기인한다. 더욱이 새 가치관의 모색을 위해서 과학이 가장 커다란 기여를 하리라는 사실에 생각이 미치지 못하기 때문이라 여겨진다.

따라서 현재 과학을 공부하는 사람들은 자신들이 기여해야 할 가장 중요한 사명이 바로 여기에 있음을 이해해야 한다. 과학을 공부하는 목적이 단지 과학적 지식을 통한 기술의 개발이나 지식추구 그 자체에만 있는 것이 아니라는 사실을 기억해야 한다. 과학을 통하여 종래에는 볼 수 없었던 우주와 인간의 새로운 모습을 보고 그 안에서 보다 바람직한 삶의 방향을 찾아 나가는 데에 과학의 궁극적인 목적이 있다는 사실이 우리 모두에게 널리 인식되어야 할 것이다.

불행히도 오늘날의 과학 교육이나 과학 연구 제도 안에서는 이러한 방향의 노력을 찾아보기가 매우 어렵다. 과학의 모든 분야들을 단편적으로 세분화시켜 놓고 분야별 전문가를 양성하거나 분야별 전문내용만을 연구하고 있다. 그러므로 이를 통해 하나의 통일된 세계관을 파악하기도 어려울 뿐 아니라 새로운 가치관을 모색한다는 것은 아예 시도조차 하지 못하고 있는 것이 사실이다.

그러나 현대 인류 앞에 다가서는 무서운 위험을 생각할 때 이러한 방향의 노력은 이 시대의 과학자들이 지닌 가장 중요한 그리고 더 이상은 방치해서는 안 될 긴박한 사명임을 우리 모두 잊지 말아야 할 것이다.

<B> 가이아와 온생명

가이아 이론은 우리 지구상의 생명 현상에 대하여 중요한 한 가지 새 국면, 즉 지구의 대규모적 물리적·화학적 환경이 생물계와 결합하여 하나의 유기적 체계를 이룬다고 하는 새로운 국면을 보여주고 있으며, 이를 통해 생명을 보는 하나의 새 시각을 제공한다고 말할 수 있다. 그러나 이러한 가이아 이론은 이것이 마치도 생명의 본질을 대표한다고 보거나 또는 이를 신화화하는 과정에서 그 의미가 부당하게 왜곡되어 전달될 수 있다. 가이아 이론이 지닌 이러한 성격은 이와는 다른 맥락에서 살펴본 생명의 모습, 즉 우주 내에서의 생명은 가장 본질적 의미에서 어떤 규모를 통해 발현될 수 있는가 하는 관점에서 살펴본 생명의 모습과 비교해봄으로써 좀 더 선명히 드러낼 수 있다.

이러한 관점은 외부의 특수한 조건에 대한 본질적인 의존 없이 발현되고 존속될 수 있는 생명의 단위가 어떠한 것인가 하는 물음으로 대치될 수 있으며, 이는 적어도 자체 내에 자유에너지원을 지닌 하나의 항성-행성계의 규모를 요구하고 있다. 생명이란 그 내부에 여러 겹의 다양한 개체들을 품고 있으며 이러한 개체들은 그 나름대로의 상대적 독자성을 지니고 있으나, 이러한 개체 생명들은 외부로부터 주어지는 특정한 조건 아래서만 존속 가능하다는 점에서 생명의 조건부적인 단위를 형성할 수 있을 뿐이다. 오직 태양과 같은 항성과 지구와 같은 행성 사이에 형성된 지속적 자유에너지

제시문 1

의 흐름과 이를 바탕으로 형성되는 개체 생명들의 서로 연관된 하나의 유기적 시스템만이 진정한 의미에서 독립된 생명의 단위라 할 수 있으며, 이를 여기서는 편의상 '온생명(global life)'이라 부를 수 있다. 따라서 하나의 개체 생명의 입장에서 보면 자신이 생명으로 기능하기 위해 자신을 제외한 온생명의 나머지 부분을 필요로 하게 되며, 온생명의 이러한 나머지 부분을 해당 개체 생명의 '보생명(co-life)'이라 부를 수 있다. 따라서 하나의 개체 생명은 반드시 자신의 보생명과 더불어 하나의 온생명을 형성하는 결과가 된다. 가령 사람 신체 내의 한 세포는 신체를 구성하는 나머지 부분들과의 결합을 통해서만 온전한 한 사람을 이루는 것과 같은 상황이다.

온생명과 가이아는 많은 유사성을 지닌다. 양자는 모두 전 지구적 규모의 유기적 시스템을 중시한다. 그리고 이것이 하나의 의미 있는 실체를 이루는 것으로 보고 있다. 그러나 그 내용과 강조점에 있어서 적지 않은 차이를 지닌다. 온생명의 관점에서는 지구상의 물리·화학적 환경뿐 아니라 지구로부터의 적절한 거리에서 적절한 양의 빛을 보내는 태양의 존재가 결정적으로 중시된다. 즉 태양으로부터의 자유에너지 흐름과 이로 인해 구성되는 비평형 준안정 상태의 형성 및 유지가 생명 현상을 위한 근원적 중요성을 띠는 것으로 보아 전지구적 규모의 시스템이 본질적 단위를 형성하는 것이다. 이에 비해 가이아는 태양을 제외한 나머지 지구 시스템을 그 구성체로 하고 있으며, 이것이 독자적인 기능과 그 안정성을 주된 특성으로 삼는다. 그러므로 가이아는 온생명의 한 주요 부분을 형성하며 이 부분이 지닌 한 기능적 측면을 대표하는 개념으로 이해될 수 있다.

온생명 관점이 제시하는 지구 생명의 모습과 가이아 이론이 제시하는 지구 생명의 모습을 잠시 비교하여 생각해보자. 온생명의 관점에서는 최초로 지구상에 자체복제 기능을 지닌 생물체가 출현한 때를 지구 생명의 탄생으로 본다. 그러나 이때에도 이미 온생명은 최초의 한 생물체를 지칭하는 것이 아니라 이를 가능하게 해준 지구 환경과 태양이 함께하여 이를 구성하는 것이다. 그리고 이 생명이 점차 성장해가면서 러브록의 가이아가 최초로 형성되던 시기를 거치게 된다. 이렇게 됨으로써 온생명은 그 신체의 주요 부분으로 안정된 기능을 지닌 전 지구적 단일 유기체를 가지게 되는 것이다. 이러한 온생명의 신체적 모습을 실증적으로 제시해준다는 점에서 가이아 이론은 온생명의 관점을 보완해주는 것이다. 그러나 온생명은 여기에 그치지 않고 많은 새로운 생물종들을 탄생시키고 이들 사이의 생태적 관계를 지속시키면서 계속 성장하다가, 급기야는 자신의 모습과 정체를 스스로 파악할 수 있는 자의식적 존재에 이르게 된다. 이것이 현대 인류를 포함한 온생명의 오늘의 모습이다.

제시문 1

▶제시문1의 이해

제시문1에는 장회익의 글 두 편을 실었다. <A>는 「과학과 가치」(『과학동아』, 1988, 120~121쪽.)에 수록된 일부를, <B>는 「가이아 이론: 그 과학성과 신화성」(『과학사상』4호, 1992, 153~156쪽.)에 게재한 글 일부를 인용했다. <A>에서 저자는 현대 과학기술문명이 우려할 만한 수준에 올랐지만 가치관은 그에 미치지 못하고 있다고 했다. 과학기술이 우리 시대에 더 유효하게 쓸 수 있기 위해서는 새로운 가치 창조를 모색하고 시도해야 하는데, 이것이 우리 시대 과학자의 사명이다. <B>는 러브록의 가이아 이론을 바탕으로 새로운 개념인 '온생명'을 제안하여, 과학기술이란 도구를 잡은 인류에게 새로운 가치관으로 제시하고 있다.

* 가이아: 8장 요약문 작성하기 참조

문제 제시문1은 과학기술의 발전에 따른 새로운 가치관의 필요성과 그에 따른 필자의 생각이 제시되었다. 예문에 보이는 러브록의 '가이아'나 장회익의 '온생명'을 바탕으로, 과학기술 발전의 심각한 병폐를 극복할 수 있는 새로운 가치관의 모형을 만들어 보시오.

'과학기술' 어떻게 변화해야 하나?…사회 리더들이 말하는 '科技'

제시문 2

"과학과의 직접적인 만남 필요"

"과학기술계 전반을 놓고 볼 때, 국민이 과학기술을 교재나 TV 등의 도구를 통한 간접적 방식으로 접하고 있는 현실이다. 다행히 요즘은 소셜네크워크를 통해 일반인들은 물론 많은 과학계 인사들이 직접 소통하고 있다. 이런 네트워크를 활성화해서 보다 직접적으로 과학과의 만남이 이뤄져야 한다."

금홍섭 대전참여자치시민연대사무처장은 과학과의 직접적인 만남이 중요함을 지적했다. 그는 "과학기술인은 물론, 지역민, 정치인, 공무원 등 각계 각층의 과학기술에 대한 인식이 바뀌어야 한다"며 "과학기술인이 우리 지역사회와 더 융합되고 가까워지도록 행정기관, 정치권, 시민사회 내부에서 발벗고 나서야 한다"고 피력했다.

지역사회와 과학기술계가 동질감을 갖고 함께 문제 해결에 동참하는 분위기가 중요하다는 것. 금 처장은 "대전에 각종 연구기관이 많이 들어서 있다는 것 자체만으로 모두의 역할과 책임을 자각해야 한다. 따라서 대화의 분위기를 살려가기 위해서도 교류와 만남의 장을 많이 만들어야 한다. 과학기술인들도 지역사회에 애정을 가지고 보다 적극적으로 지역 문제를 인식하고 공감할 수 있도록 다양한 프로그램 운영 등의 조치가 따라야 한다"고 조언했다.

또한 그는 "이명박 정권이 들어서면서부터 과기부를 없애는 등 기초과학에 대한 지원이 빈약한 실정"이라고 지적한 뒤, "과학기술계는 그들대로 목소리가 없다. 정부의 각종 정책에 대한 좀 더 강하고 적극적인 목소리가 필요하다"고 의견을 밝혔다.

"'비과학자'와의 대화, 더 강화하자"

20세기 들어서면서 과학이 인간의 삶에 점점 더 큰 영향력을 미칠수록 '과학의 양면성'에 관한 우려 또한 덩달아 커지기 시작했다. 사실 20세기 초까지만 해도 거의 모든 과학자와 지식인들은 '과학은 좋은 것'이라는 이미지가 강했다. 그러나 2차 세계대전을 통해서 이러한 환상은 여지없이 깨져버렸다.

김동원 KAIST 문화과학대학장은 과학과 기술이 인간에게 더 이상 행복과 효율만

제시문 2

을 가져다주지 않는다는 점을 명확히 했다. 그는 "나치 독일과 일본은 과학자들을 동원해서 대규모 생체 실험을 수행했고, 미국은 원자탄을 개발해서 단 두 발로 히로시마와 나가사키를 잿더미로 만들었다"며 "유전자 변형 기법으로 식량생산은 늘었지만 이것들이 인체에 미치는 영향을 우려하게 됐다. 소설 '1984년'은 더 이상 소설이 아니라 현실이 됐다. 스리마일, 체르노빌, 후쿠시마와 같은 사건은 우리나라에서도 일어날 수 있다"고 경고했다.

그렇다면 이 모든 것의 책임은 누가 져야 할까. 김 교수는 "아직까지 아무도 이러한 중요한 문제에 대해서 만족할 만한 대답을 제시한 사람은 없다"며 "이러한 문제들에 대한 만족할 만한 답을 얻기 위해서라도 과학을 계속 탐구해 나갈 수밖에 없다"고 강조했다.

그는 "다만 과학이 사회와 인류에 대한 책임이 막중해진 만큼 '비과학자'와의 대화를 더 강화해야 한다"며 "특히 우리나라의 경우 더욱 시급히 진행해야 할 일"이라고 조언했다.

"과학기술계, 질적인 도약 필요하다"

한국과학기술인연합 운영위원이자 과학평론가 최성우 씨는 우리나라 과학기술의 성공적 역사를 강조했다. 그는 "KIST, 정부출연연구기관, 삼성, 반도체, 자동차, 디스플레이, 조선, 철강 등 우리나라 과학기술은 그동안 갖가지 분야에서 세계적인 경쟁력을 발휘하는 등 전반적으로 성공적이었다"며 "아시아 저개발국가에서 세계적인 수준으로 발전하기까지는 과학기술의 큰 성공이 있었다"고 말했다.

그동안 양적 성장 위주로 발전해 왔던 우리 과학기술이 이제는 질적 성장의 단계로 도약해야 할 시점이라는 점도 지적했다. 최성우 씨는 "지금까지 양적 성장은 매우 성공적이었지만 한 단계 더 도약하지 못하면 과학기술이 큰 위기에 봉착할 수 있다"며 특히 위기의식을 느껴야 하는 두 가지 예를 들었다.

첫 번째 사례는 세계적으로 스마트폰이 대두되고 있는 상황에서 삼성이 애플 같은 선도업체의 하청공장으로 전락할 수도 있다는 점이다. 우리가 여기서 한 단계 도약하지 못하면 세계적인 경쟁에서 뒤처져 아예 회복불가능의 처지에 빠질 수 있다는 이야기다.

따라서 앱스토어 70% 규칙 등에서 보듯 창의성을 중시하는 글로벌 사회의 변화를 따라가지 못한다면 위기가 닥쳐올 수도 있다. 또한 상생의 문화도 빼놓을 수 없다. 개발자, 사업자, 소비자 모두에게 혜택이 돌아가는 규칙을 만들어 내는 것이 중요하다. 가장 먼저 진정한 동반자가 되기 위해선 개발자인 과학기술인에게 실질적 이익이 돌아가게끔 패러다임적으로 변화할 필요가 있다고 그는 말한다.

두 번째 예는 현대캐피탈 해킹, 농협 전산망 해킹 등 IT관련 범죄가 증가하고 있는 상황에서 이른바 IT강국이라고 불리는 우리나라에서 커다란 헛점이 엿보이는 현상이다. 소프트웨어 산업인력에 대한 낮은 인식에서 나타나는 부작용들이다.

최 운영위원은 "현재 우리나라 과학기술계에는 질적 도약이 필요하다. 지금까지 유례가 없을 정도로 성공해 온 우리 과학이 패러다임을 바꿔서 서로 존중하고 창조적으로 일할 수 있는 환경을 마련해 질적 도약을 가져와야 한다"고 주장했다.

"이과와 문과라는 학문 분류 타파하자"

"대한민국의 경우 이과와 문과라는 학문 분류가 먼저 해제되지 않으면 과학과 사회의 소통은 원활히 진행될 수가 없다. 이공계 기피도 그런 부분에서 오는 것이다. 문과 학생에게 과학은 수능의 한 과목일 뿐이다. 이것이 바로 우리의 소통을 가로막는 장애물이다."

정정훈 정부출연연구기관 연구발전협의회장은 "과학기술계가 소통을 하겠다는 이야기를 많이 하고, 실제로 노력을 하고는 있지만 실질적인 사회적 담론을 만드는 데 미진한 부분이 있다"며 "과학을 특별히 전문적인 분야라고 생각하기보다는 인문학에서 보듯 대중적으로 과학적 소양을 갖출 수 있도록 하는 정부의 노력이 필요하다. 학문의 단절을 메워주는 소양의 함양이 정부 차원에서 이뤄져야 한다는 뜻이다"라고 설명했다.

그는 "사회적 소통은 인간관이나 가치관을 근본적으로 바꿔줄 수 있기 때문에 중요하다. 과학기술 대중화는 노력에 비해 성과가 미흡하다. 특히 21세기에는 국가나 사회적 현안이 과학적으로 설명하지 않으면 도저히 이해할 수 없는 일들이 많이 벌어지고 있다. 과학기술계와 사회와의 소통이 잘 이뤄지지 않는다"고 덧붙였다.

사회가 발전할수록 과학기술의 중요성이 점차 증대되고 있다는 사실에는 누구도

제시문 2

이의를 제기하지 않는다. 다만 과학기술 현장과 대중의 괴리는 여전하다고 정 회장은 우려한다. "국가에서도 R&D 투자가 계속 증가하고 있지만, 사실 일반인들에게 그런 투자가 직접적으로 와닿지는 않을 것"이라며 "투자의 인풋에 비해 아웃풋이 뭐냐는 비판을 받고 있을 정도다. 중요하다는 것에서는 다들 동의를 하는데, 각론으로 들어가 보면 대중과 전문가의 갭이 상당히 크다."

정 회장은 사회 전체가 단기적인 성과에 매몰돼 전문가를 불신하는 풍토가 있음도 지적했다. 그는 "단기적인 조급함이 과학기술자들을 구석으로 내몰게 된다. 떨어진 신뢰도를 어떻게 메울 것인가에 대해서는 국가 차원의 숙고가 필요하다"며 "과학기술계만의 노력이 아니라 사회 전체가 융복합·창의를 이야기할 때"라고 말했다.

"과학의 중요한 가치를 인식해야"

민경찬 바른과학기술사회실현을위한국민연합 상임대표는 "과학기술은 국가 발전의 핵심적 요인이며 그 역할은 더욱 커져야 한다"며 "기능적인 역할이 아닌 우리 삶에 끼치는 영향과 그 가치를 중요하게 봐야 한다"고 역설했다.

그는 "아직 과학기술을 도구 정도로 생각하는 사람들이 많다"며 "우리 사회의 중요한 가치라는 사실을 인식해야 국민이나 국가가 더욱 더 발전할 수 있다"고 조언했다.

그렇다면 그가 생각하는 해결책은 어떤 것이 있을까. 민 대표는 "과학기술인들도 사회에 대한 이해가 필요하다. 국민들의 삶에 어떻게 기여할 것인지 고려하면서 과학기술을 발전시키는 게 중요하다. 구제역과 AI, 원전 등 국민 생활에 직접적으로 연관되는 부분에서 과학의 발전과 대중 사이에 호흡의 일치를 가져와야 한다"고 설명했다.

마지막으로 그는 "연구 자체에 앞서 사회에 어떤 기여를 할 수 있느냐를 고민해야 한다. 그런 생각을 통해 과학기술인들 스스로가 보람과 행복을 느낄 수 있어야 한다"고 덧붙였다.

"실패도 학문이다"

원자력연구소 소장을 지낸 장인순 박사. 1979년 정부의 부름을 받고 귀국한 그는 당시 황무지 같았던 대덕에 와서 31년이라는 시간을 핵물질을 만지면서 살아온 원로 과학기술자다. 그런 그가 과학기술계에 바라는 건 실패도 학문이라는 진리다.

장 박사는 "우리나라의 경우 과학기술의 발전을 논할 때 결과만을 가지고 이야기를 하는 경향이 있다. 현장에서의 과정 자체나 진행 사항이 쏙 빠져 있다"며 "정부는 좀 기다릴 줄 알아야 한다. '실패도 학문이다'라는 실패학을 인정해야 한다"고 피력했다.

장 박사에 따르면 우리나라는 그런 점에서 아직 후진국을 못 벗어나고 있다. 그는 "과학기술계가 아직 물질과 정신의 2분법적 한계를 벗어나지 못하고 있다는 뜻"이라며 "지금까지 이렇게 온 것도 대단하다. 하지만 더 큰 진보를 위해서는 당장 문과와 이과를 폐지하는 것이 우선이다. 그리고 기초과학에 투자를 해야 한다"고 강조했다.

언론의 중요성에 대해서도 피력했다. "언론의 역할이 중요하다. 과학기사를 많이 다루되 옳은 보도를 해야 한다. 원자력만 해도 위험한 쪽만 보도할 것이 아니라 정확한 보도를 해야 한다는 것이다. 과학의 대중화를 위해선 언론의 역할이 무엇보다 중요하다."

"문제를 과학적으로 사고하는 방법 연구해야"

오준호 KAIST 교수가 생각하는 과학기술계의 문제점은 어떤 현상을 과학적으로 분석해내지 못한다는 점이다. 그는 "(사회 전체가) 훈련이 아직 덜 돼 있다. 광우병 사태와 천안함 사태, 원전 사고, 지구 온난화 문제, 음식 GMO 문제 등 과학과 관련된 문제가 많은데, 이것들을 과학적인 측면에서 분석하기보다는 주관적으로 판단해 결론을 내려버린다"고 지적했다.

그는 "해결책은 달리 없어 보인다. 초·중·고등학교 시절부터 사회에서 발생하는 현실적 문제를 과학적으로 사고하고 분석할 수 있도록 교육해야 한다"며 "과학적으로 밝혀진 생각은 두려움 없이 받아들여야 한다. 그런 훈련이 어릴 때부터 이뤄져야 한다는 것"이라고 설명했다.

오 교수 역시 언론의 중요성에 대해 일침을 놓았다. 그는 "사회계몽적인 역할도 중요하다. 언론에서도 과학적인 사실과 관념의 차이를 분명하게 구분해서 보도해야 한다. 선정적 보도로 실체를 왜곡하는 경향이 간혹 있다"고 말했다.

"창의적인 과학, 예술 접목해야"

"창의적 과학이 되려면 예술에 과학을 접목시키는 시도를 해야 한다고 생각한다.

제시문 2

예술가들의 황당한 상상력을 현실화시켜 줄 수 있는 과학이어야 세계적으로 경쟁력 있는 과학이 되지 않을까 생각한다."

이지호 국립현대미술관 학예팀장의 바람은 과학과 예술의 접목이다. 이 팀장은 "구름에 글씨를 쓰고 싶다는 생각을 예술가들이 하지만 기술적으로 그것을 실현시켜 줄 수 있는 것은 과학자들의 몫"이라며 "과학과 기술의 융합은 이미 시작됐다. 그걸 넘어선다면 과학이 단지 기술이 아닌 창의적인 예술로 승화될 수 있을 것"이라고 장담했다.

창의적인 과학의 실현을 위해선 과학자들의 미술관 나들이가 반드시 필요하다는 게 이 팀장의 생각이다. 그는 "과학자들이 미술관에 많이 와서 예술을 많이 접함으로써 과학의 한계를 넘을 수 있길 바란다"며 "미술사도 기술의 변화와 함께 하고 있음에도 불구하고, 현재 과학자들이 예술에 대해 너무 무관심하다"고 안타까움을 표시했다.

이 팀장은 "과학이란 부분은 사실 일반인들이 접하기에 너무 딱딱한 감이 없지 않다. 이 부분을 예술로 순화시켜 일반 시민들에게도 편하게 다가갈 수 있도록 한다면 좋을 것 같다"고 말했다.

▶제시문2의 이해

제시문2는 '대덕넷(HelloDD.com)'에서 발췌한 것이다. 예문의 내용은 정치계·재계·학계·문화계 등 다양한 사회 오피니언 리더들에게 오늘날 우리나라 과학기술의 현실을 어떻게 진단하는지, 앞으로의 과학기술은 어떤 방향을 추구해야 할지에 대한 답변이다. 이들 각계 인사는 모두가 과학기술이 한국의 고속성장 과정에서 핵심 역할을 했다는 데 공감대를 이루고 있는 반면, '과학과 사회의 소통', '과학의 도구화', '성과주의', '과학적 사고의 부재', '과학 정책의 한계', '양적성장 위주의 발전' 등에서는 공통된 문제의식을 보이고 있다. 공통된 문제의식이지만 각자의 입장이나 역할에 따라 견해 차이를 보인다.

문제 제시문2에서는 우리의 과학기술 현실에 대한 다양한 목소리를 들을 수 있다. 자신의 현 위치나 앞으로 자신이 짊어질 역할을 고려하여, 어떤 방향으로 가야 과학기술의 역할이 바람직할 수 있을지에 대해 자신의 견해를 적으시오.

제4부

과학기술자의 사회적 의사소통

제12장

제4부 과학기술자의 사회적 의사소통

이력서와 자기소개서

1. 이력서

이력서란 자신의 이력, 즉 학력이나 경력 등을 정해진 양식에 맞추어 적은 글을 말한다. 이력서는 흔히 기관이나 회사에 지원할 때 제출하게 되는데, 모든 서류 중에서 가장 기본적인 서류로서, 인사를 담당하는 사람들이 가장 먼저 살펴보는 중요한 서류이기도 하다.

이력서를 작성할 때 유의할 사항부터 정리하면 다음과 같다.

첫째, 상세하면서도 간단명료해야 한다.

이력서에는 자신에 관한 사항을 상세하게 기록하여 자신을 최대한으로 부각시킬 수 있어야 한다. 그러나 너무 길고 장황하게 늘어놓거나 추상적인 내용을 기록하는 것은 금물이다. 인사를 담당하는 사람들은 대체로 지원자의 이력서를 읽는 데 많은 시간을 할애하지는 않는다고 밝히고 있다. 짧은 시간에 자신을 부각시키기 위해서는 자신의 경험과 능력을 일목요연하게 정리하여 보여주는 것이 매우 중요하다.

둘째, 내용에는 거짓이 없어야 한다.

자신의 장점을 최대한 살리되, 결코 허위 사실이나 과장된 내용을 기재해서는 안 된다. 허위사실은 면접 과정에서나 입사 후에라도 밝혀지기 마련이므로 반드시 '있는 사실만을 그대로' 기재하여야 한다.

셋째, 필체나 글씨에도 각별히 신경을 써야 한다.

글씨를 휘갈기거나 날려 쓰는 일이 없이 정자로 또박또박 써야 하며, 오자나 탈자가 없도록 주의하여야 한다. 또한 이력서는 자기 자신을 스스로 소개하는 글이므로 자필로 작성하는 것이 원칙이다. 글씨가 서툴다는 이유에서 글씨를 잘 쓰는 친구에게 부탁하는 것은 좋지 않다. 글씨를 잘 쓰고 못 쓰고가 중요한 것이 아니라 정성껏 차분히 쓰는 것이 중요하다. 부득이한 경우에는 차라리 워드프로세서를 이용한다. 한편 회사에 따라 한문 구사능력을 실력의 중요한 가늠자로 여기는 경우도 있는데, 이때에는 이력서를 국한문 혼용체로 작성하는 것이 좋다.

넷째, 사진은 최근에 촬영한 것으로, 정해진 규격에 맞게 부착한다.

사진은 그 사람의 인품을 판단하는 데 중요한 자료가 되기 때문에 자세가 바르며 두발·복장 상태가 단정하고 깔끔한 정면 상반신 사진이 좋다. 또한 특별하게 지정하는 경우가 아니면 컬러 사진을 붙이는 것이 산뜻한 인상을 준다. 미리 작성한 이력서를 이메일을 통하여 전송하도록 요구하는 경우도 흔히 있는데, 이때에는 사진을 스캔하여 정해진 위치에 삽입하여야 한다.

다섯째, 연락 가능한 긴급 연락처를 반드시 명기해야 한다.

특히 이력서상의 주소와 현재의 거주지가 일치하지 않는 경우라면 연락처를 밝혀두는 것이 반드시 필요하다. 연락처를 밝힐 때에는 이력서 우측 상단에 기입한다.

여섯째, 시간적 여유를 가지고 차분하게 작성해야 한다.

이력서는 자신의 얼굴과 같다. 따라서 충분한 시간적 여유를 가지고 차분하게 작성될 필요가 있다. 그럴 때 내용도 충실해지고 글씨도 깨끗해질 수 있다.

일반적으로 이력서는 크게 인적 사항과, 학력 및 경력 사항, 그리고 특기 및 자격, 상벌 사항 등을 적는 난으로 구분된다. 기관이나 회사에 따라서는 별도의 이력서 양식을 제공하는 경우도 있으며, 별도의 양식이 없이 지원 서류에 이력과 자기소개를 적도록 되어 있는 경우도 흔히 있다.

다음은 이력서를 기재하는 방법을 정리한 것이다.

○ 인적 사항

인적사항 란에 성명과 주민등록번호, 생년월일, 현주소 등을 적는다. 지원한 곳에서 연락이 올 경우를 대비하여 전화번호와 이메일 등도 꼼꼼하게 확인하여 기입하도록 한다.

○ 학력 및 경력 사항

이력서의 내용 중 가장 깊은 관심을 가지고 보는 부분이므로 성의 있게 작성하여야 한다. 학력은 고등학교부터 기록하는 것이 일반적이며, 졸업 날짜가 기억나지 않는다면 관계 서류를 찾아서라도 정확히 기입하도록 한다. 남자라면 병역 사항도 함께 기록한다. 그러나 내용이 많을 때에는 자질구레한 것들을 모두 기입하는 것보다는 관련된 내용을 중심으로 중요한 정도에 따라 대표적인 것만 적는 것이 더 효과적이다. 특정 분야의 경력을 부각시킬 수 있기 때문이다.

○ 특기 및 자격·상벌 사항

국가적으로 공인된 자격증을 중심으로 기록하도록 하고, 반드시 발령청도 적는다. 자격증의 취득이 확정된 경우에는 취득 예정일을 명시한다. 지원회사의 이력서 양식이 정해져 있는 경우 대부분 외국어 능력도 적게 되어 있으므로 이에 관한 사항도 밝히도록 한다. 교내외에서의 수상 경력도 빠뜨리지 않도록 하며, 이 밖에 타자, 컴퓨터, 속기 등 사무관리 분야의 자격증이나 면허증 등 특기할 만한 내용을 기록하고, 응시 기업이나 업무와 관련된 연구 업적 및 아르바이트, 동아리 활동 등도 좋은 인상을 심어줄 수 있으므로 적어 둔다.

○ 기타 사항

내용을 다 기입한 후에 '위 내용이 사실과 틀림없음' 또는 '상기 틀림없음'이라고 쓴다. 그 밑에 작성한 날짜를 쓰고 서명을 한 후 도장을 찍는다.

다음은 전통적인 이력서의 예를 보인 것이다.

(1) 이력서의 예

연락처 : 053) 000-0000

사 진	이 력 서		
	성 명	홍 길 동	주민등록번호
			900305-0000000
	생년월일	1990년 3월 5일 (만 25세)	
현 주 소	대구광역시 달서구 ○○로 ○○길 ○○		

년	월	일	학력 및 경력 사항	발령청
2009	2	15	한국고등학교 졸업	
2009	3	2	영남대학교 공과대학 환경공학과 입학	
2011	2	25	육군 입대	
2013	8	24	만기 제대	
2013	8	25	영남대학교 공과대학 환경공학과 복학	
2015	8	20	영남대학교 공과대학 환경공학과 졸업	
			특 기	
2013	12	30	대기환경기사 자격증	한국산업인력공단
2014	8	30	수질환경기사 자격증	한국산업인력공단
			상 벌	
2010	8	30	대학생 학술 포스터 경진대회 우수상	대한상하수도학회
2015	2	28	대학생 환경측정 분석과정 공로상	국립환경인력개발원
			위 내용이 사실과 틀림없음	
			2015년 10월 18일	
			홍 길 동 인	

최근에는 지원회사의 홈페이지에 접속하여 온라인으로 직접 입력하는 경우도 많다. 다음 예를 보자.

(2) 이력서의 예 2: 온라인 이력서

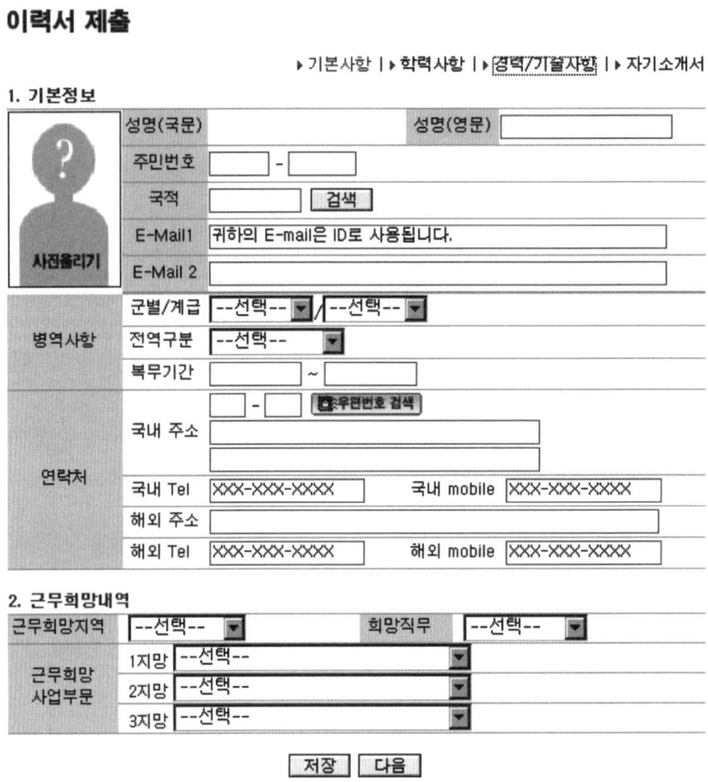

이력서 제출

▸기본사항 | ▸학력사항 | ▸경력/기술사항 | ▸자기소개서

1. 기본정보

사진올리기	성명(국문)	성명(영문)
	주민번호	-
	국적	검색
	E-Mail1	귀하의 E-mail은 ID로 사용됩니다.
	E-Mail 2	
병역사항	군별/계급	--선택-- / --선택--
	전역구분	--선택--
	복무기간	~
연락처	국내 주소	- 우편번호 검색
	국내 Tel	XXX-XXX-XXXX 국내 mobile XXX-XXX-XXXX
	해외 주소	
	해외 Tel	XXX-XXX-XXXX 해외 mobile XXX-XXX-XXXX

2. 근무희망내역

근무희망지역	--선택--	희망직무 --선택--
근무희망 사업부문	1지망	--선택--
	2지망	--선택--
	3지망	--선택--

저장 다음

위 예에서는 기본사항부터 입력하고 저장한 후 아래에 있는 '다음' 버튼을 눌러서 '학력사항'을 입력하고, 역시 같은 방법으로 '경력/기술사항', '자기소개'를 차례로 입력하도록 되어 있다. 온라인으로 입력하는 경우에는 접속시간을 제한하는 경우도 있으므로 미리 작성하여 두었다가 복사하여(마우스로 선택하고 Ctrl-C를 누르거나, 마우스 오른쪽 클릭 후 나타나는 창에서 '복사하기') 정해진 위치에 붙여넣기(Ctrl-V를 누르거나, 마우스 오른쪽 클릭 후 나타나는 창에서 '붙이기')를 하는 것이 좋다.

(3) 이력서의 예 3: 온라인 이력서

지원서 작성

입사구분	신입	입사가능일	년 월 (예 2000년 02월)

인적사항

성		성(영문)		보훈여부	○ 대상 ○ 비대상
이름		이름(영문)		병역	비대상(여자)
전화		핸드폰			
주민번호		E-mail			

희망근무지/직무

근무지	DDM 서울/평택	직무	Customer Service

DDM(Digital Display Media사업본부),DAC(Digital Appliance사업본부),Dis(Digital Display사업본부)

학력사항

구분	기간 (년/월-년/월)	학교명	전공	졸업구분	소재지	학위	학점
고등학교	/ - /	검색 Reset		졸업			
전문대학	/ - /	검색 Reset	검색 Reset				/
대학교	/ - /	검색 Reset	검색 Reset	졸업			/
	/ - /	검색 Reset	검색 Reset	졸업			/
	/ - /	검색 Reset	검색 Reset				/

최종학교 전공대분류:

어학능력

1.TOEIC	점	2.JPT	점	3.기타	점

IT 능력(한글30자, 영문60자까지 가능)

자격 및 면허사항(한글30자, 영문60자까지 가능)

> 이력서는 자신의 얼굴 !!

2. 자기 소개서

서류전형으로 신입사원을 선발하는 회사에서는 이력서, 성적증명서와 더불어 대부분 자기 소개서의 제출을 요구한다. 또한 필기시험을 치르는 회사에서도 입사지원서에 자기 소개란을 두어 수험생에 대해 파악하고 있다. 기업 측에서 이처럼 자기 소개서를 원하는 이유는, 자기 소개서를 통하여 자기표현 능력이나 문장력을 평가할 수 있을 뿐만 아니라, 입사지원서나 이력서만으로는 알 수 없는 내용들을 파악할 수 있기 때문이다. 일반적으로 회사에서 자기 소개서를 통하여 파악하고자 하는 내용을 요약하면 다음과 같다.

- ㅇ 입사지원 동기와 장래성을 알아보고 입사 후에 어떠한 자세로 일에 임할 것인지를 파악한다.
- ㅇ 자신의 생각이나 의견을 표현하는 능력과 문장력을 파악할 수 있으며, 글을 쓰는 태도에서 무심코 드러나는 성격까지 파악한다.
- ㅇ 지원자의 가치관과 성격을 알고자 하며 개개인의 대인 관계나 직장에 대한 적응력, 성실성, 책임감, 창의성 등 여러 가지 면을 파악한다.

따라서 자기 소개서는 대단히 중요한 의미를 지니고 있다고 할 수 있다. 서류전형의 경우에는 자기 소개서가 당락에 큰 영향을 미치며, 필기시험을 치르는 경우에도 면접의 기초 자료가 됨을 유의해야 한다. 면접위원은 자기 소개서를 통하여 응시자에 대해 미리 호감을 가질 수도 있으며 혹은 좋지 않은 인상을 가질 수도 있는 것이다.

기존에 자기소개서는 정해진 형식 없이 자유롭게 기재하거나 성장과정, 성격의 장단점, 지원동기 등 서술 항목이 한정되어 있었다. 반면 최근에는 200자나 300자, 500자, 1000자 등으로 글자 수의 제한을 두며, 지원자의 인생관과 세계관, 성장과정에서 기억에 남는 성취나 리더십 경험, 개인의 희생을 각오하고 윤리적, 도덕적으로 행동했던 경험 등 서술항목이 매우 구체적이고 다양해지는 추세이다.

자기 소개서를 작성할 때 유의해야 할 사항을 정리하면 다음과 같다.

첫째, 과장은 피하고 솔직하게 쓰는 것이 중요하다.

자신의 모든 것을 뚜렷하게 부각시켜 표현하는 것은 좋으나 거짓으로 그러한 효과를 노린다면 오히려 역효과를 불러일으키기 쉽다. 가정형편이 어려웠다든지 하는 것들을 부끄럽게 생각할 필요는 없고 오히려 그것을 극복하고 일어선 자신의 강한 의지를 보여주는 편이 좋다. 반대로 잘 보이기 위해서 거짓된 내용을 담아서는 안 되며 자신을 지나치게 미화시켜서도 안 된다. 가능한 한 솔직하게 자신을 표현하는 것이 가장 무난하다.

둘째, 두괄식으로 서술하라.

대졸신입사원 채용 경쟁률은 날이 갈수록 높아진다. 이에 따라 인사 담당자가 평가해야 할 자기소개서의 양도 엄청날 것임을 예상할 수 있다. 자기소개서를 두괄식으로 작성해야 하는 이유는 바로 이 때문이다. 인사 담당자가 내용을 한눈에 파악할 수 있도록 자기소개서는 두괄식으로 작성하라. 자기소개서의 각 항목마다 인상적인 제목을 다는 것도 좋은 방법이다.

셋째, 자신의 경험을 명확하고 구체적으로 표현하되, 지원직무와 연계시켜 서술하라.

자기소개서의 첫머리를 두괄식으로 시작하였다면, 이제 그것을 뒷받침하는 내용을 구체적으로 풀어나갈 차례이다. 이때 자신의 경험을 명확하고 구체적으로 표현해야 상대방이 나를 더 잘 알 수 있으며 남과의 차별성도 부각시킬 수 있다. 예를 들어 대학 생활 동안 6개월 혹은 1년 어학연수를 다녀온 사람은 많다. 그러나 단순히 어학연수를 다녀왔다는 것이 아니라 어학연수 중 구체적으로 어떠한 경험을 했는지, 그것을 통해 무엇을 배웠는지 등을 서술해야 한다. 또한 이것을 지원직무와 연계시켜 해당 경험이 업무에 어떤 도움이 될지를 서술한다면 더욱 좋은 인상을 남길 수 있을 것이다.

넷째, 지원하려는 회사와 업무에 대해 철저히 정보를 수집하라.

자기소개서를 작성하기 위해서는 지원하는 회사와 업무에 대해 철저히 정보를 수집할 필요가 있다. 홈페이지와 언론 기사 등을 통해 회사의 비전과 경영활동, 인재상 등을 확인하라. 지망하는 회사에 대한 업계의 평판, 당면과제, 성장 전망 등을 알아보는 것도 좋다. 아울러 지원하는 분야의 특성과 역할은 물론 관련 전문지식까지 알고 있다면 자기소개서를 보다 구체적으로 쓸 수 있을 것이다. 이렇듯 자기소개서는 지원하는 회사와 업무에 맞춤형으로 작성되어야 한다.

다섯째, 패기 있게 그리고 독특하고 인상적으로 기술한다.

기업은 꿋꿋한 의지력을 지닌 패기에 찬 인재를 원하고 있다. 자기 소개서에서는 그러한 당당함을 개성 있게 표현하는 것이 좋다. 예를 들어 '자기소개서'라는 제목을 피하고 색다른 제목을 붙일 수도 있다. 본문에서도 "나는 언제 어디에서…"라는 식의 한결같은 문구로 문단을 시작하기보다는 관심을 끄는 소제목을 달거나 선현의 말을 인용하는 것도 효과적일 수 있다. 요컨대 자신의 생각을 패기 있게 제시하면서, 읽는 이에게 관심을 불러일으키고 미소를 짓게 하는 노력이 필요한 것이다.

여섯째, 시간적 여유를 갖고 작성한다.

입사지원 제출서류 마감시간에 임박해서 허겁지겁 자기 소개서를 작성하는 사람들이 많다. 심지어는 접수창구에서 즉각적으로 쓰는 사람들도 있다. 그러나 시간적 여유를 가지고 침착하게 작성해야 훌륭한 자기소개서가 될 수 있다는 점을 잊지 말자.

자기소개서는 두괄식으로 서술하라.

자기소개서는 이렇듯 '지원하는 회사와 지원하는 분야에 대한 철저한 준비와 본인의 일에 대한 강한 열정'이 드러나게 쓰는 것이 중요하다. 그렇다면 이제 자기소개서를 실제로 작성하는 요령에 대해 알아보도록 하자. 앞에서 서술했듯 최근 각 회사에 따라 자기소개서의 질문과 양식은 천차만별이다. 그러나 서술 항목은 대체로 아래의 3가지 범주로 구분할 수 있다. 여기에 차근차근 답해 본다면 자기소개서의 대체적인 질문에 대한 답변이 가능하다.

(1) 나의 과거

국내 주요 기업들이 신입사원을 뽑을 때 중시하는 것은 지원자의 자질과 역량이다. 이때 지원자의 과거는 지원자의 자질과 역량을 판단하는 데 있어 현재 못지않은 중요성을 가지고 있다. 따라서 자기소개서를 작성하기 위해서는 자신의 과거에 대해 차분히 정리하는 시간을 갖는 것이 필요하다. 이를 위해 다음과 같은 질문을 던져보는 것이 좋다.

-가족관계와 성장 배경. 이것이 나에게 어떠한 영향을 미쳤는가?
-학창 시절은 어떠했는가? 특히 대학에서 무엇을 전공했고 어떠한 경험들을 했는가?
-어떤 것을 성취한 경험이 있다면 그것은 구체적으로 어떤 것인가?
-실패하거나 어려움에 처한 경험이 있다면 그것은 어떤 것이며, 그것을 통해 나는 무엇을 배웠는가?

혹시라도 자신의 가정환경이 남들보다 불우하거나 어려웠다 해도 걱정할 필요는 없다. 자신이 그러한 환경을 어떻게 극복하고 현재의 자산으로 삼고 있는지를 중심으로 써나간다면 그것은 오히려 나의 장점으로 부각될 수 있다. 반대로 자신의 과거가 지나치게 평범했다면 기억에 남는 일화를 소개함으로써 인사 담당자의 눈길을 끄는 것도 좋은 방법이다. 중요한 것은 긍정적인 환경이든 부정적인 환경이든 이것을 통해 내가 성장하고 무언가를 배웠다는 점을 강조하는 것이다.

(2) 나의 현재

두 번째로 고려해야 하는 것은 나의 현재 모습이다. 나는 현재 어떠한 자질과 역량을 가지고 있는가? 그리고 그것은 내가 맡게 될 업무와 어떤 관련성이 있는가? 구체적으로 다음과 같은 질문에 답해 보자.

-나의 성격(장점과 단점)
-나의 관심 분야
-시원 분야와 관련된 나의 전문 지식과 능력
-가치관과 인생관

성격에 있어 누구나 장단점이 있다. 따라서 일부러 장점만 나열하거나 부각시킬 필요는 없다. 단점을 적되 그것이 지닌 좋은 점을 에둘러 표현하거나 단점을 개선하기 위한 노력과 의지를 솔직하게 표현하는 것이 좋다. 위에서 제시한 질문들에 답할 때 그것을 읽어 볼 인사담당자의 관점에서, 업무와 관련지어 서술한다면 더욱 좋을 것이다.

(3) 나의 미래

'미래는 꿈꾸는 자의 것'이라는 말이 있다. 물론 삶이 반드시 꿈꾸는 대로 이루어지지는 않는다. 그러나 꿈꾸지 않는다면 결코 그 일은 이루어지지 않는다는 점도 명심해야 한다. 이런 점에서 미래 계획은 회사에 입사하고자 하는 나의 목표뿐 아니라 나의 전 인생을 위해서도 중요한 것이 아닐 수 없다. 이때 회사의 발전을 위해 나의 모든 것을 바치겠다는 식의 애매한 말은 신뢰성이 떨어진다. 회사의 발전뿐 아니라 그것이 나의 인생 목표에 어떻게 이바지하는가를 설명할 필요가 있다. 이것을 위해 다음과 같은 질문에 답해 보자.

-나는 왜 이 회사, 이 부서에 지원했는가?
-입사 후 기업의 발전을 위한 나의 포부와 비전은?
-다른 사람이 아닌 나를 뽑아야 하는 이유는?
-본 지원이 나의 인생 계획에 어떤 식으로 부합하는가?
-5년 후, 10년 후, 20년 후 나의 모습은?

다음은 기업별 자기소개서의 주요 문항이다.

기업	주요 문항
삼성전자	자기소개(400자), 장점(200자), 보완점(200자), 지원동기 및 포부(500자)
현대자동차	지원 동기(500자), 열정적으로 임했던 일(700자), 장점과 단점(700자), 중요하게 생각하는 경험(500자)
LG전자	자신의 열정, 가장 큰 성취, 가장 큰 실패, 역량, 성격, 10년 후 계획 (항목별 200-1000자)
SK텔레콤	힘든 경험(1000자), 소속감을 느꼈던 조직과 그 기억(1000자), 한계극복 경험(1000자), 희망 직무 및 준비과정(800자)
포스코	지원 동기 및 희망 직무(400자), 장단점 및 생활신조(400자), 자기개발 활동(400자), 힘든 순간과 극복 과정(600자)
롯데쇼핑	지원 동기, 성장 과정, 사회 활동, 강점과 약점, 입사 후 포부 (1000자)

GS칼텍스	성장 과정(100자), 새로운 관점에서 일을 추진했던 경험(800자), 갈등 경험과 극복 사례(800자), 입사 동기와 희망 직무(1400자)
현대중공업	자기소개(1000자), 주요 경력과 활동 사항(500자), 지원 동기와 희망 업무(500자)

(출처 : 한국경제, 2011. 9.5)

자기소개서는 '나'라는 상품을 홍보하는 것!

[자기소개서 사례1 : 현대자동차]

▶현대자동차에 지원하게 된 동기 또는 해당 직무에 지원하게 된 동기는 무엇입니까?

'Be the best'

어릴 때부터 차를 좋아했던 저에게 한국 자동차를 대표하는 현대자동차는 자랑이자 우상이었습니다. 글로벌 TOP 5를 달성하고 전 세계에서 승승장구하는 현대자동차를 보면서 이곳에서 자부심을 느끼며 일하고 싶다고 생각했습니다. 이제 전 세계에 경쟁력을 입증한 현대자동차가 최고가 되기 위해선 고객의 마음을 잡아야 합니다. 저는 제 손으로 우리나라 자동차를 세계 최고로 만들고 싶습니다. 앞으로 자랑스러운 현대자동차에서 최상의 품질, 고객을 위한 기술개발에 노력하여 전 세계 고객들을 사로잡겠습니다.

제 희망부서는 섀시 설계부서입니다. 저는 세계태양광 자동차대회를 준비하며 섀시의 설계와 제작을 경험했습니다. 직접 설계한 차를 실제로 만드는 과정과 완성된 차를 타고 달릴 때의 그 짜릿함을 통해 이 분야에서 일하겠다는 결심을 했습니다. 앞으로 섀시 설계분야의 최고가 되겠다는 목표를 갖고 정진하겠습니다.

▶가장 열정/도전적으로 임했던 일과 그 일을 통해서 이룬 것에 대해 상세히 기재하여 주십시오.

'국내 최초로 출전한 World Solar Challenge'

도전은 제 삶의 원동력입니다. 대학 시절 전문 엔지니어를 향한 도전은 2011 World Solar Challenge로 이어졌습니다.

전 세계 대학생들이 1인승 태양광 자동차를 개발해 경주하는 이 대회에서 저는 조향과 현가장치를 담당했습니다. 한국에선 처음으로 출전하기 때문에 모든 것을 새로 개척해나가야 했습니다. 그래서 매주 교수님과 회의를 통해 정보와 아이디어를 나눴습니다. 이런 과정을 거쳐 정한 우리의 설계목표는 최고의 효율, 최선의 안전성이었습니다. 차체의 흔들림은 효율을 떨어뜨리는 요인이기 때문에 진동이 적게 설계했지만, 돌발사태를 대비하여 모든 설계에 안전계수를 적용하는 것도 잊지 않았습니다. 교수님께서 직접 CATIA를 교육해 주셨고, 이를 바탕으로 부품사양과 제작을 고려하며 설계를 했습니다. 수많은 설계변경과 제작의 시행착오를 겪으며 노하우를 쌓았고, 부족한 예산으로 차를 만들기 위해 노력했습니다. 이런 과정을 거쳐 완성된 우리의 차를 하루 빨리 전 세계에 보여주고 싶습니다.

2011 WSC를 통해 제가 얻은 것은 엔지니어로서의 경험과 감각뿐만 아니라 어떤 어려움에도 당당히 맞서는 도전정신이었습니다. 혼자선 극복하기 어려운 위기도 팀원들과 함께하면 이겨낼 수 있었습니다. 이 경험들을 떠올리며 앞으로 현대자동차에서 한계에 부딪힐 때마다 동료와 함께 이겨내겠습니다.

▶타인과 함께 일을 할 때 귀하가 지닌 장점과 단점에 대해 상세히 기재해 주십시오.

'마음을 여는 지혜, 경청'

저의 강점은 상대방의 이야기를 경청하는 자세입니다. 저는 대학 연합 레저스포츠 동아리와 학교수업의 팀 프로젝트에서 팀장 역할을 맡았습니다. 다른 사람의 이야기를 경청하고 공감하는 저의 성격 때문이었습니다. 타인과 함께 일할 때 가장 중요한 것은 그들의 마음을 얻는 것입니다. 타인의 마음을 열게 되면 그들의 자발적인 참여와 참신한 아이디어를 이끌어 낼 수 있습니다. 그 아이디어들을 조합하면 생각지도 못한 새롭고 기발한 결과를 얻게 됩니다. '경청'은 이 점에 있어서 가장 강력한 힘입니다. 저는 혼자일 때보다 강력한 팀원들 간의 시너지 효과를 경험하였습니다. 모두가 열린 마음으로 만든 결과물은 매우 가치 있고 훌륭한 것이었습니다. 저의 이러한 커뮤니케이션 능력을 이용하여 현대자동차에서 고객의 신뢰를 얻는 엔지니어가 되겠습니다.

'인생이 엄숙하면 할수록 그만큼의 유머가 필요하다'

저는 어떤 일에 집중하면 매우 진지해집니다. 한번 빠지게 되면 하루종일 그것에 대해 생각의 끈을 놓지 않아서 자칫 분위기를 딱딱하게 만들 수도 있습니다. 그래서 분위기를 새롭게 반전시킬 수 있는 여유도 중요하다고 생각합니다. 여유를 찾기 위해 책도 많이 읽고, 조언도 많이 구하고 있습니다. 일할 때 누구보다 집중하고 쉴 때는 웃음을 주어 현대자동차를 이끌어가는 활력이 되겠습니다.

▶다양한 경험 중 중요하게 생각하는 경험을 한 가지 선택하여 기술하고 그를 통해 이룬 일에 대해 기재하여 주십시오.

'자신감으로 영어를 극복'

올해 7월부터 8월까지 6주간 한국지엠의 인턴과정에서 외국인들과 같이 팀 프로젝트를 하게 되었습니다. 저는 이 프로젝트를 통해 글로벌 마인드를 키울 수 있었습니다. 해외경험이 없는 저에게 외국인들과 일할 기회는 정말 특별한 것이었습니다. 저는 밝은 표정과 당당한 태도로 언어문제를 해결했습니다. 그들을 말로 여유롭게 대하자 어느새 편안하게 이야기하게 되었습니다. 그들은 각각 인도와 카자흐스탄 출신이었습니다. 그래서 서로 문화와 가치관의 차이를 느끼면서도 열린 마음으로 이를 극복해 나갔습니다. 결국, 다양한 생각들이 모여 우리만의 결과물을 만들어내었고, 모두가 함께 융화된 모습이 보기 좋았다는 평가를 받았습니다.

이들과 함께한 프로젝트를 통해 타 문화와의 단합, 성취를 맛볼 수 있었습니다. 당당함이 문화차이를 뛰어넘게 해주었습니다. 저의 자신감과 글로벌 마인드로 현대자동차에서 전 세계 고객들의 마음을 열 수 있는 인재가 되겠습니다.

[자기소개서 사례2 : 신한은행]

▶당신의 이면에 감춰진 톡톡 튀는 아이디어가 궁금합니다. 독특하고 참신한 발상으로 문제를 해결하거나 모두를 놀라게 만든 경험에 대해 설명해 주세요.

구매관리라는 수업에서 팀 프로젝트를 진행했습니다. 학교 단체 야구 Jersy를 구매하는 프로세스를 발표하는 것이었습니다. 그래서 팀원들은 분주하게 온라인 샵과 오프라인 샵을 뒤지며 가격 정보를 수집했습니다. 하지만 저는 뭔가 획일적인 발표만 될 것 같은 기분을 느꼈고 남들과 차별화되기 위해 새로운 방식을 제안했습니다. 첫째는 기존의 방식대로 가격이 저렴하고 납품기일이 빠른 구매처를 찾는 것이고, 둘째는 재료를 구입해 자체제작하는 방식, 셋째는 졸업생 등 다양한 경로로 중고 야구 Jersy를 입수해 재가공하는 방식을 제안했습니다. 그 결과 학기 말 발표에서 저희 팀은 아이디어 부문에서 높은 점수를 받을 수 있었습니다.

▶공통의 비전을 가진 여러 사람들을 이끌고 리더십을 발휘하여 성과를 이끌어낸 경험이 있으신가요? 어떠한 장애물이 있었으며, 당신은 그것을 어떻게 극복하셨나요? 이번에는 옛 속담이나 사자성어를 이용하여 당신의 리더십 성공 스토리를 이야기해 주세요.

화이부동(和而不同)의 리더십

군 제대 후 연극 동아리 2년 차 당시 저희 동아리는 재정상태가 좋지 않아 매년 정기적으로 하던 공연을 할 수 없는 상황이었습니다. 하지만 저를 포함한 동아리 선배들은 어떻게든 공연을 해내야 한다는 데 의견을 모았습니다. 각 스태프 팀장들이 여러 단체를 찾아가 필요한 장비를 빌렸고 저는 소품팀장으로서 최대한 재활용을 통해 소품을 제작하려 노력했습니다. 그리고 모든 연습기간도 짧아질 수밖에 없었습니다. 짧은 기간 동안 강도 높은 연습을 해야 했기에 모든 구성원은 저마다 불만사항이 있었습니다. 특히 저희 소품 팀은 연습 도중 수시로 훼손되는 소품 때문에 매일같이 모여 보수작업을 해야 했습니다. 그러던 어느 날 저희 팀원과 배우들 사이에 다툼이 있었고 상황은 악화되어 갔습니다. 저는 모두가 조화롭게 어울리고 친해질 기회가 필요하다고 생각했고 자주 대화하는 시간을 가졌습니다. 그리고 연습이 일찍 끝난 배우들을 가끔 소품작업에 참여시키기도 했습니다. 그렇게 자주 소통하며 친해지고 나니 서로의 입장을 이해하게 되었고 그것은 성공적인 연극 공연으로까지 이어졌습니다.

▶신한은행의 어떤 매력이 당신의 마음을 사로잡았나요? 그리고 그러한 신한은행이 더욱 발전하기 위해서는 어떤 점을 제안하고 싶은가요? 신한은행에 대한 당신의 솔직

한 마음을 듣고 싶습니다.

국내 은행 최고 수준의 건전성, 신한 특유의 영업력과 조직. 또, 가장 많은 재외 네트워크를 보유함으로써 글로벌 리딩 뱅크로 도약하고 있으며 저도 “평범한 사람들이 모여서 만드는 비범한 조직”의 일원이 되고 싶습니다.

▶꿈과 열정이 있는 모든 인재에게 기회가 주어지는 신한은행에서 여러분은 어떤 꿈을 이루고 싶으신가요? 그리고 그 꿈을 이루기 위해 당신은 그동안 어떤 노력을 하셨는지 이야기해 주세요.

20대 초반에 증권투자를 하면서 매일 경제신문을 정독하며 금융업이라는 것에 관심을 가졌습니다. 그리고 돈은 사람들을 행복하게도 만들 수 있으며, 고객께서 힘들게 버신 금융자산을 제가 관리하는 것이 매우 저에게 잘 맞는다고 생각합니다. 저는 그런 고객의 피땀 흘려 번 금융자산을 취급하는 은행원이라는 직업에 매력을 느꼈고 더 깊은 공부를 하고 싶어 경영학으로 전공을 바꾸며 편입을 했습니다. 제가 하고 싶은 일이기 때문에 열심히 노력했고 비교적 우수한 학점도 얻었습니다. 그리고 금융자격증을 비롯하여 경제봉사활동, 경제학회, 금융직무교육, 미소금융인턴, 금융 신상품개발 공모전 입상 등 다방면으로 노력해오고 있습니다. 앞으로도 끊임없이 노력하여 고객을 행복하게 만드는 행원이 되고 싶습니다.

▶위에서 못다 한 당신의 이야기를 더 듣고 싶습니다. 성장환경, 지원동기, 직장생활의 의미, 휴학 기간 또는 졸업 후의 공백 기간 이야기 등.

신한은행, 인연의 시작

필리핀 어학연수를 준비할 때였습니다. 해외에서도 현금을 인출하고 결제를 해야 했기에 평소 자주 가던 집 근처 신한은행 영업점에서 글로벌 패스 레저라는 카드를 발급받아 갔습니다. 그런데 막상 해외에 나가니 한국 유학생들은 대부분 씨티은행을 이용하고 있었습니다. 저도 왜 씨티은행을 이용하지 않았냐는 소리까지 들었습니다. 그리고 실제 필리핀에서는 제가 익숙하게 봐왔던 우리나라 은행들이 보이지 않았습니다. 마에

스트로, 씨러스 가맹점을 이용해 어디서나 ATM 현금인출이 가능했기에 불편함은 없었지만, 우리나라 은행들의 해외 진출에 대해 깊은 관심을 갖게 된 계기가 되었습니다.

신한은행, 깊어진 인연

어학연수 이후 전 본격적으로 편입을 준비했고 제가 되고 싶은 은행원을 위해 관련 전공공부와 다양한 대외활동을 하려 노력했습니다. 그러던 중 삼성 SDS 멀티캠퍼스의 금융 직무교육을 받게 됐습니다. 그때 교육을 담당했던 강사님이 신한은행 과장님이었습니다. 그 덕분에 저는 우리나라뿐만 아니라 미국, 일본 금융의 역사도 많이 배우고 WM 사업부를 비롯하여 은행의 실제 업무에 대한 이해도 키웠습니다. 매일 열정적으로 강의를 해주셨기 때문에 항상 허락된 시간이 부족해 아쉬웠습니다. 신한에 대한 자부심과 힘이 넘치는 강의에 저는 신한은행에 매료되었고 저도 그분처럼 다른 사람들에게 긍정적인 영향을 주는 행원이 되고 싶다는 생각을 했습니다.

신한은행, WHY 신한?

그렇게 신한은행의 행원이 되고 싶다는 구체적인 생각을 하게 되었고 신문을 볼 때마다 신한 관련 기사에 먼저 눈이 갔습니다. 신한은행은 최초라는 수식어가 가장 많이 붙는 은행 중 하나입니다. ATM, 국고금 예치은행, 고객만족센터, 무인점포, 인터넷 뱅킹 등등 항상 다양한 시도를 선제적으로 시행해 젊고 창의적인 조직 이미지는 바로 신한은행의 핵심역량이라고 생각합니다.

저도 앞으로 신한은행의 행원으로서 다른 사람들에게 긍정적인 영향을 주는 인재로 성장하겠습니다.

(위의 사례는 김세준·정승일, 『남의 것을 훔쳐보며 터득하는 자기소개서 비법노트』에서 가져온 것임.)

참고: [호주와의 관계?]

2005년 호주제는 폐지되었다. 그러나 아직도 이력서에 '호주란'이 있는 경우가 적지 않다. 기존에 따르면 '호주와의 관계'란 본인 쪽에서가 아니라 호주 쪽에서 본 관계를 말하는 것으로, '장남', '장녀', '차남' 등으로 기입하며, '부', '형님', '오빠' 등으로 적지 않는다. 이때 호주제란 가족관계를 호주와 그의 가족으로 구성된 가(家)를 기준으로 정리하는 것으로, 호주 승계 순위는 장남→기타 아들→미혼의 딸→처→어머니→며느리 순이다. 이로써 아버지에서 아들로 이어지는 남계혈통을 대대로 영속시키고 여성을 남성에 종속시키는 제도였다. 그러던 것이 다년간 여성운동의 노력으로 폐지되고 2008년 이후 현재는 호주제를 대체하는 가족관계등록법이 시행되고 있다.

참고도서

김세준·정승일, 남의 것을 훔쳐보며 터득하는 자기소개서 비법노트, 북마에, 2012.

김세준·심영섭·정승일, 뽑고 싶어 안달이 나게 하는 자기소개서 작성법, 나비의 활주로, 2013.

박희석·김숙희, 성공적인 사회진출을 위한 실용글쓰기, 아이북, 2007.

임승수, 글쓰기 클리닉, 비즈니스 북스, 2011.

조민혁, 기적의 자소서, 조선북스, 2012.

연습문제 (12장)

대학	학부/학과	학번 :
이름 :	제출일 :　　년　월　일	평점 :

1. 다음 이력서 형식에 맞춰 자신의 이력서를 써보자.

이　력　서 [수정]

1. 기초자료

	성　명		한　자	
	주민등록번호	-		
	E-mail	@		
	전화번호		휴 대 폰	
	우편번호		팩스번호	
	주　소			

2. 학력사항

년/월/일	학 교 명	학　과	비　고
. . .			
. . .			
. . .			
. . .			

3. 경력사항

기 간	관 련 내 용	비　고
-		
-		
-		
-		
-		

4. 자격증 및 특기사항

취득년월일	관 련 내 용	발 령 청

위의 사실이 틀림없음을 서약합니다.

작성일 200　년　월　일

이 름　　　　㊞

2. 자기소개서 작성을 위해, 앞에서 제시한 (1)나의 과거, (2)나의 현재, (3)나의 미래에 관한 각 항목에 스스로 답해 보고, 그것을 조원들과 함께 이야기 나누어 보자.

3. 다음은 모 기업의 자기소개서 작성 항목이다. 자신이 실제로 기업에 지원했다고 가정하고 자기소개서를 작성해 보자.

1. XX XXX에 관심을 갖게 된 계기와 입사 지원을 하게 된 동기에 대해 말씀해 주십시오.(500자)

2. 지원 분야를 선택하신 사유와 입사 후 10년 뒤 본인의 모습을 기재해 주십시오.(500자)

3. 살아오면서 설정한 목표 중 중요한 것이라 생각되는 것은 무엇이었으며, 이것을 달성하기 위해 어떠한 노력을 하였습니까?(500자)

4. 리더십 또는 커뮤니케이션 역량을 바탕으로 좋은 결과가 있었던 본인의 경험을 소개해 주십시오.(500자)

5. 많은 지원자 가운데 귀하를 채용해야 하는 이유를 자유롭게 서술해 주십시오.(500자)

6. 면접위원이 꼭 물어보았으면 하는 내용을 [질문]란에 스스로 작성하시고 [답변]란에 기재하여 주시기 바랍니다.(500자)

제13장

제안서 및 **제품 설명서**

1. 제안서

제안서란 사업계획서나 연구계획서로서 자신이 구상하고 있는 사업이나 연구에 대해 상대방의 동의나 수락, 인·허가 등을 얻어내기 위하여 작성하는 글을 말한다. 따라서 제안서의 목적은 상대방을 설득시킴으로써 자신이 제안한 계획이 수락 또는 채택되게 하는 데 있다. 이러한 제안서는 기술자나 기술 연구자의 입장에서 꼭 필요한 문서 중 하나이다. 어느 분야보다 다양한 기술 제안이 요청되는 이공계의 직업적 특성이나, 참신한 아이디어가 환영받는 오늘날의 시대적 특성을 고려할 때 제안서의 중요성은 새삼 강조할 필요가 없을 것이다.

물론 제안서를 제출하는 일 없이 주어진 일만 하면서 직장생활을 할 수도 있다. 그러나 이러한 태도는 자신을 무능력한 기술자 혹은 연구자로 평가받게 하기 십상이다. 흔히 신입사원을 모집하는 안내문에는 '창의적이고 능동적인 사람'이라는 표현이 보인다. 오늘날의 사회는 참신한 아이디어를 요구하며, 이러한 아이디어는 제안서를 통하여 제시되는 것이다. 자신이 제안한 프로젝트가 채택되면 유능하다는 평가를 받음은 물론이고 프로젝트를 주도할 수 있는 기회까지 얻게 된다. 여러분은 어떠한 태도로 사회생활을 하고자 하는가?

제안서는 개인적으로 제출하는 경우도 있고, 공모에 응하여 제출하는 경우도 있다.

전자의 경우에는 의뢰를 받아 작성하는 경우도 있는데, 이러한 경우를 제외하면 제안서는 일반적으로 심사라는 과정을 거쳐서 승인되므로 신중하게 작성되어야 한다. 따라서 제안서를 작성하기 전에 먼저 심사 기준을 꼼꼼히 살펴보아야 하며, 나의 관점이 아니라 심사자의 관점에서 작성할 필요가 있다.

제안서는 제안서를 심사·평가하는 사람의 관점에서 작성할 것!

그렇다면 제안서가 갖추어야 할 요건은 무엇일까. 제안서의 요건은 다음 4가지로 설명될 수 있다.

① 창의성: 제안서는 새롭고 독창적인 내용을 담고 있어야 한다. 기존에 생각지 못했던 새로운 아이디어나 새로운 관점을 제시할 때 제안서는 좋은 평가를 받을 수 있다.
② 논리성: 제안서는 기본적으로 제안의 내용을 상대방에게 설득하는 글이다. 따라서 논리성을 갖춤으로써 상대방을 설득할 필요가 있다.
③ 명료성: 제안서는 간결하고 명료한 언어로 쓰여야 한다. 그럴 때 상대방이 제안서의 내용을 쉽고 명확하게 이해할 뿐 아니라 설득의 가능성 또한 높아진다.
④ 실현 가능성: 제안서는 실현 가능성을 염두에 두어야 한다. 제안의 내용이 아무리 창의적이더라도 실현 가능하지 않다면 쓸모가 없다. 따라서 기관의 예산이나 여건, 인력 구성 등의 측면에서 실현 가능한 제안서를 작성해야 한다.

다음으로 제안서를 구상하고 작성하는 방법을 알아보자.

제안서 구상하기

좋은 제안서를 작성하기 위해서는 먼저 참신한 아이디어를 떠올려야 한다. 그러나 참신한 아이디어를 구상하는 것은 쉬운 일이 아닌데, 이는 우리가 틀에 박힌 사고와 관습에 얽매어 있기 때문이다. 따라서 이것을 극복하기 위해서는 '브레인스토밍'의 방법을 시도해 보는 것이 좋다. 브레인스토밍은 어떤 문제의 해결책을 찾기 위해 여러 사람들이 생각나는 대로 아이디어를 마구 쏟아내는 것이다. 이때 남의 눈을 의식하지 않고 자유롭게 의견을 내는 것이 중요하며, 남의 의견에 대해 비판하는 것도 금지된다. 사실 창의적인 생각이란 비논리적이더라도 엉뚱한 생각 속에 찾아지는 경우가 적지 않다.

그 다음으로 해야 할 작업은 이렇게 쏟아낸 아이디어를 정리하는 일이다. 주제와 너무 동떨어져 있는 것은 지워나가고, 도움이 될 만한 것들은 남겨둔다. 이때 의뢰안이나 공모안이 있다면 이것을 다시 한번 확인하여 요건에 알맞은 아이디어를 추리는 것이 필요하다. 또한 아이디어를 선별하기 위해서는 철저한 조사와 분석도 필요하다. 인터넷이나 도서, 인터뷰, 설문 등을 통하여 아이디어의 타당성과 실현 가능성을 진단하고, 그러한 진단 아래 최종안을 결정한다.

제안서 작성하기

위와 같은 방법으로 제안서를 구상했다면 이제는 제안서를 작성할 차례이다. 제안서에는 제안의 이유와 목적, 현재 상황에 대한 분석, 제안의 내용, 실현 방법, 기대 효과 등의 요소들이 담겨야 한다. 이것을 구체적으로 하나하나 살펴보도록 한다.

(1) 제안의 이유와 목적

제안서는 먼저 제안의 이유와 목적이 분명해야 한다. 어떤 사안에 대해 새롭고 모험적인 의견을 담고 있는 제안서라면 다양한 의견에 맞부딪힐 수밖에 없다. 이것에 대응하기 위해서는 제안의 이유와 목적을 논리적이면서도 명료한 언어로 설명할 필요가 있다. 또한 의뢰안이나 공모안이 있다면 그것이 제시하는 요건과도 합치함을 보여야 한다.

(2) 현황 분석

제안의 이유와 목적을 서술했다면 그 다음으로 해야 할 것은 현황을 분석하는 것이다. 현재 상황은 어떠하며 문제점은 무엇인가? 이것은 자연스럽게 새로운 제안이 필요한 이유와 연결되게 마련이다. 현황은 구체적인 수치를 통해 표현하는 것이 좋고, 자사(自社)에 대한 분석뿐 아니라 경쟁사와 시장에 대한 분석을 병행한다면 더욱 설득력을 가질 것이다.

(3) 제안의 내용

제안의 내용이란 제안자가 제안하는 내용, 곧 메시지이다. 앞에서 현재 상황의 문제점이 무엇인지 밝혔다면, 이것을 극복하기 위해 어떤 것을 제안하는가? 제안서는 너무 길고 장황해서도 안 된다. 제안의 핵심적인 내용을 밝히고 이것을 설명하는 내용을 적되, 명확하고 간결한 언어로 서술하도록 한다.

(4) 실행 방안

그 다음으로 해야 할 것은 제안의 내용을 실현하기 위한 실행 방안이다. 예를 들어 제안서가 새로운 제품을 홍보하는 내용의 것이라면, 언제, 어디서, 어떤 방법으로 제품을 홍보할 것인가가 주 내용이 된다. 제안의 내용을 실현하기 위한 추진 일정은 어떠하며, 소요되는 예산은 얼마인가 하는 것도 여기에 포함된다.

(5) 기대 효과

새로운 제안이 어떤 결과를 가져올 것인가 하는 것은 초미의 관심사이다. 이것은 구체적으로 시장에 어떤 영향을 끼치며 회사에 어떤 이득을 가져올 것인가? 만약 제안서가 연구 계획서라면, 제안자가 기획하고 있는 것이 관련 연구에 어떤 의의를 가지고 있는가를 밝히면 된다. 기대 효과는 구체적일수록 좋으므로 수치로 표현할 수 있다면 그렇게 하라. 그러나 기대효과를 부풀리거나 허황되게 제시하는 것은 금물이다.

제안서 작성 : 제안의 이유와 목적, 현황 분석, 제안의 내용, 실행 방안, 기대 효과

2. 제품 설명서

전자 제품을 사거나 혹은 간단한 장난감 하나를 사더라도 제품에 대한 사용 설명서가 들어 있다. 그러나 제품 설명서나 사용 설명서를 읽고 제품에 대한 이해와 사용법을 정확히 알았다고 말하는 사람은 많지 않다. 심지어 제품 설명서가 더 어렵다는 말을 하기도 한다. 제품 설명서는 기본적인 교양과 독서 능력이 있는 사람이라면 누구나 이해할 수 있는 것이어야 한다. 그런데 왜 제품 설명서가 어렵고 까다롭다고 느껴지는 것일까? 근본적인 원인은 제품 설명서 자체의 문제 때문일 것이다. 다시 말해서 제품 설명서가 잘못 쓰였기 때문인 것이다.

제품 설명서는 그 제품의 특징과 성격을 가장 잘 아는 사람, 즉 엔지니어가 만드는 것이 가장 효과적이다. 제품을 구상하고 제작하는 모든 과정에 관여한 엔지니어만이 그 제품의 특성을 가장 정확히 이해하고 있기 때문이다.

문제는 엔지니어가 과연 제품 설명서를 완벽하게 쓸 수 있는가 하는 것이다. 제품 구입자가 제품 설명서를 읽고 그 제품의 특성을 잘 이해한 상태에서 제품을 사용할 때야말로 엔지니어가 구상한 아이디어가 진정으로 완성되는 때일 것이다. 엔지니어가 글쓰기에 능숙해야 하는 이유가 여기에 있다. CNN의 <머니 매거진>이 최근 평균 연봉과 10년간 성장 전망을 기준으로 평가한 '미국의 50대 유망 직종'에서 테크니컬 라이터는 13위를 차지하여 의학연구자(15위), 일반 엔지니어(17위), 의료서비스 매니저(28위) 등을 제쳤다. 이는 오늘날 제품 설명서 쓰기가 얼마만큼 중요하게 간주되는지를 여실히 보여주는 사례이다.

제품 설명서는 개발과정을 잘 이해하고 있는 사람이 쓰는 것이 효과적

제품 설명서를 단순히 제품의 사용 방식에 대한 설명서라고 생각하는 사람이 많다. 그러나 제품 설명서는 단순히 제품 사용 방식에 대한 설명뿐만 아니라 제품의 핵심적인 특징을 설명하는 것이기도 하다. 일반적으로 제품 설명서는 제품이나 생산 조건에 대한 일반적인 설명부터 좀더 넓게는 디자인, 제조, 시험, 설비, 제품의 이용에 관한 내용을 포함한다. 제품 설명서는 이와 같은 다양한 내용을 담고 있어 그 제품을 구입한 사람으로 하여금 제품에 대해 전반적으로 이해할 수 있도록 해 준다.

따라서 제품 설명서를 쓰거나 제작하는 사람은 정확하고 구체적으로, 그리고 이해하기 쉽게 제품에 관한 사항을 설명할 수 있어야 한다. 잘못 쓰인 제품 설명서는 제품 사용자에게 오해를 일으켜 위험을 초래할 수도 있다. 이로 인하여 소송까지 유발하는 경우도 있음을 유의해야 할 것이다.

제품 설명서의 예:

위의 예는 문제를 안고 있는 제품 설명서의 한 예다. 제품 설명서라고 되어 있지만 제품의 특징이나 사용 방법에 대한 설명이 거의 없고, 몇 가지 주의 사항만이 기록되어 있다. 안타까운 것은 이런 제품 설명서가 굉장히 많다는 것이다. 그러면 제품 설명서는 어떻게 쓰는지에 대해 살펴보기로 하자.

제품 설명서 작성 방법

| 제품 설명서의 내용과 구성 |

제품 설명서는 제품의 특성, 사용 방법, 문제 해결 요령, 관련 제품 등 다양한 내용을 담고 있다. 다음은 몇 가지 제품 설명서의 목차를 보인 것이다.

1) 제품 설명서의 목차(1) : 세척기 제품 설명서

① 기본사양

② 구조 및 각 부분 명칭

③ 각 부분별 기능

④ 사용방법

⑤ 주의사항

⑥ 이상점검

⑦ 회로도

2) 제품 설명서의 목차(2) : LCD 제품 설명서

① 시작하기

② 기본조작

③ 영사

④ 기능

⑤ 메뉴의 사용

⑥ 연결

⑦ 스크린 설정

⑧ 부록

위의 두 가지 예처럼 각 제품의 특성에 따라 조금의 차이는 있다. 그러나 기본적으로 제품의 구조와 명칭, 각 부분별 기능, 사용방법 혹은 조작 방법, 주의사항, 점검표 등으로 구성되는 것이 일반적이다. 첫 번째 경우는 이러한 기본적인 구성을 그대로 따르고 있다. 두 번째 경우는 약간의 차이가 있는 것처럼 보이나 '시작하기'에 구조와 명칭, 기능 등을 포함하고 '부록'에 주의사항 등을 담아 기본적인 구성에서 벗어나지 않고 있다.

| 제품의 구조와 명칭 |

제품 설명서는 제품에 대한 간단한 소개와 함께 제일 먼저 제품의 구조와 명칭을 일반적으로 기술한다.

1) 구조와 명칭(1) : 세탁기의 경우

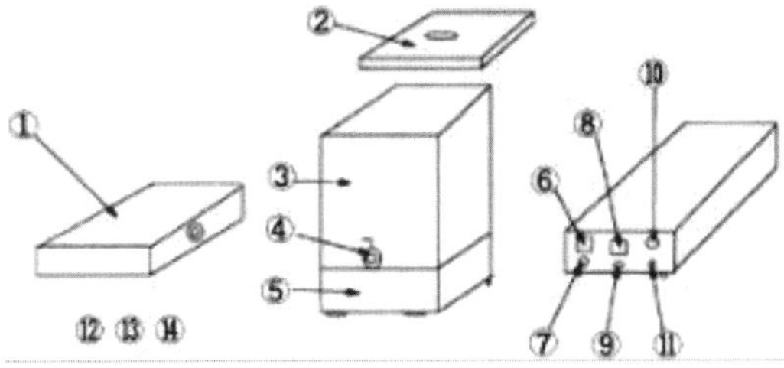

① 진동자	② 탱크뚜껑	③ 세척탱크	④ 밸브
⑤ 진동자보호대	⑥ 전류지시계	⑦ 출력조절기	⑧ 타이머
⑨ 선택스위치	⑩ 전원램프	⑪ 전원 스위치	⑫ 발판스위치
⑬ 전원코드	⑭ 휴즈		

2) 구조와 명칭(2) : LCD의 경우

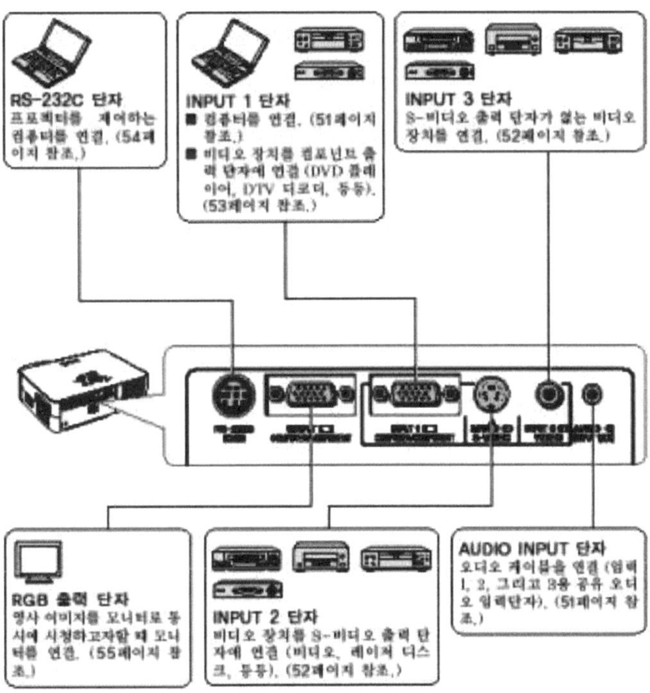

제품의 구조와 명칭을 먼저 제시함으로서 사용자로 하여금 제품에 쉽게 접근할 수 있도록 한다. 제품의 구조와 명칭은 그 제품을 한번도 접하지 못한 사람일지라도 보고 알 수가 있을 정도로 구체적으로 설명해야 한다.

앞의 (1)에서 보듯이 제품의 구조와 명칭을 제시하면서 각 부분의 기능을 함께 설명하기도 한다. (2)에는 기능에 대한 설명이 없는데, 이러한 경우는 다음과 같이 구조와 명칭을 나타내는 그림 아래 설명을 덧붙인다.

3) 각 부품별 기능

① 진동자(TRANSDUCER) : B. L. T

② 탱크 뚜껑(TANK LID) : SUS-304

③ 세척탱크(CLEANER TANK) : SUS-304

④ 밸브(DRAIN VALVE) : SUS-304, BS

⑤ 진동자 보호대(TRANSDUCER CASE) : SUS-304

⑥ 전류지 시계(AM-METER, LOADING CURRENT)

세척기 작동시 걸리는 부하(A)를 전류로 표시하는 METER입니다. 볼륨(VOLUME)을 올리면 암페어(AMPERS)가 올라가고, 이 암페어 메터(AM -METER)를 보면서 주파수 조정을 해야 합니다.

⑦ 출력조절기(POWER CONTROL)

초음파 출력을 조정하는 장치로서 강(HIGH)과 약(LOW) 2종류로 분류되어 있습니다. 강(HIGH)은 본기기의 최대출력(MAX. OUT PUT)으로서 심히 오염되어있는 기계부품류의 세척에 적합하며, 약(LOW)은 중간 출력으로서 강한 출력으로 세척하지 않아도 하자가 없는 전자부품류의 세척에 적합합니다.

⑧ 타이머(TIME)

세척 작업 중 한 바스켓트(BASKET)의 세척에 필요한 시간을 맞추는 타이머입니다. 세척이 끝난 바스켓트(BASKET)를 꺼내고 새로운 바스켓트와 교체하는 사이에 불필요하게 초음파가 작동되는 것을 방지하기도함. 세척대상물에 따라서 1~5분 사이에 맞추어(SETTING) 사용하여 주십시오.

⑨ 선택스위치(MODE : SETTING/U-SONIC)

⑩ 전원램프(LINE LAMP)

⑪ 전원스위치(LINE SWITCH)

⑫ 발판스위치(FOOT SWITCH)

⑬ 전원코드(LINE CORD) : 반드시 전압을 확인하여 연결하십시오.

⑭ 휴즈(FUSE HOLDER) 휴즈는 정격전압에 맞는 것을 사용할 것.

| 제품 사용 방법 |

구조와 명칭, 기능 등을 설명한 다음 제품 사용 방법을 구체적으로 기술해야 한다. 제품 설명서의 가장 중요한 부분이면서 철저한 설명이 필요한 부분이다. 다음은 사용 방법을 설명할 때 유의해야 할 사항을 보인 것이다.

- ㅇ 한 번에 하나씩 사용 방법을 설명한다.
- ㅇ 최대한 간단명료하게 설명한다.
- ㅇ 실제로 제품을 사용하는 과정을 따라 설명해야 한다.
- ㅇ 다른 판단을 하지 않도록 구체적으로 설명해야 한다.

사용방법을 오해하여 잘못 조작할 경우에 대비해 주의사항을 덧붙이면 더욱 좋은 사용 방법 설명서가 될 수 있다.

리모콘 사용법

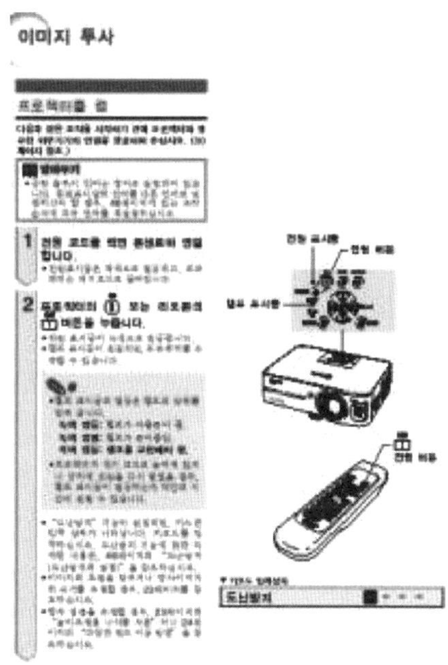
이미지 투사

| 주의사항 및 이상 점검 |

제품을 사용할 때 주의해야 할 사항이나 이상이 발생했을 때 간단히 점검할 수 있는 방법을 정리하여 제시한다. 사용 방법을 설명할 때 부분적으로 주의사항을 기술할 수도 있지만 그 경우에도 전체적으로 주의사항을 정리하는 것이 좋다.

▶주의사항의 예

① 입력전압은 반드시 AC110V용 이 때는 AC105V~AC120V를 AC220V용 일 때는 AC210V ~AC 225V 를 유지하여 주십시오.(50HZ/60HZ동일함)(주의. 승합 혹은 강압 장치(슬라이 닥스, 트랜스 등)을 사용할 경우 그 장치에 부착되어 있는 볼트메터(V-METER)가 부정확한 제품이 많으므로 반드시 테스터(TESTER)를 사용하여 전압 측정을 해주십시오.

② 세척탱크(TANK)에 세제를 채우지 않고 빈 탱크(TANK)상태로 초음파를 작동시키면 진동자 파손의 직접적인 원인이 되므로 절대주의 하십시오.

③ 세척탱크(TANK)에 특히, 탱크(TANK)바닥에 무거운 충격을 주지 마십시오. 무거운 피세척물이 떨어져 진동자에 충격을 주면 진동자 파손의 직접적인 원인이 됩니다.

④ 피세척물이 진동자에 직접 닿으면 세척효과가 저하되며, 또한 진동자 고장의 원인이 됩니다.(가장 세척효과가 좋은 위치는 진동부로부터 2~3㎝높이가 좋습니다.)

⑤ 세척 탱크(TANK)에 갑자기 뜨거운 세제를 넣지 마십시오.

⑥ 발진기(GENERATOR)는 가능한 서늘하고 통풍이 잘되며 습기가 적은 곳에 설치하십시오.

⑦ 겨울철 혹한일 경우에는 작업장 온도가 어느 정도 온화한 상태로 된 다음 작동하십시오.(초음파 세척기는 전자 제품이므로 영하20℃~30℃로 얼어버린 기계를 그대로 작동시키면 기계에 무리가 옵니다.)

▶이상 점검의 예

① 출력이 약하고 팬(FAN)돌아가는 소리가 약하며 암페어 메터(AM-MET- ER) 전류가 기준 이하로 흐를 때 입력전압이 낮은 경우이므로 정격전압까지 승압시켜 주십시오.

② 경우에 따라서 다녀간 기계를 사용한 후 출력이 서서히 감소되는 경우가 있습니다.

③ 전원 스위치를 ON시켜도 초음파 동작이 되지 않을 시에는 발진기 뒷면에 휴즈를

확인하여 주십시오.

④ 초음파 발진기의 전원은 이상 없이 동작되고 있는데 초음파 발진이 발생하지 않을 시에는 진동부의 케이블이 발진부의 커넥터(CONNECTOR)와의 연결이 제대로 되어있는지 확인하십시오.

⑤ 기타 이상 현상이 발생될 경우에는 반드시 당사 A/S로 문의하시길 바랍니다.

제품 설명서의 문장

제품 설명서는 제품 구입자의 이해를 돕기 위해 그림, 그래프, 기호 등을 활용하는 경우가 많다. 그러나 제품에 대한 설명은 전체적으로 문장을 통해 이루어진다고 할 수 있다. 아무리 잘 그린 그림이나 사진, 그래프가 있다 하더라도 이를 설명하는 글이 없으면 이해할 수가 없다. 따라서 글을 어떻게 쓰느냐가 무엇보다도 중요하다. 제품 설명서에 쓰이는 문장도 다른 글과 기본적으로 다를 바 없다. 사용자가 오해하지 않도록 정확한 문장과 어휘를 사용하는 것은 당연하다. 그밖에 제품 설명서에서 좀더 강조되거나 유의해야 할 사항은 다음과 같은 것이다.

- "그것, 그것들, 그것 중"과 같은 지시 대명사는 정확하게 써야 한다. 지시하는 대상이 정확히 무엇인지 알 수가 없으면 혼란을 일으킬 수 있다.
- 제품의 사용방법을 설명할 때에는 제품의 명칭과 구조에 제시한 표현을 써야 한다. 아무리 일반적으로 사용하는 용어라 하더라도 제품 설명서에 제시하지 않는 표현을 사용하면 사용자는 다른 것을 지칭하는 것으로 오해할 수 있다.
- 문장은 간결하게 써야 한다. 복잡한 문장은 오해를 낳을 수 있다.
- 특수한 언어나 전문용어 등에 대해서는 가능한 한 설명을 첨부하여 사용자의 이해를 돕는다.

잘못된 제품 설명서는 매우 위험. 간결하고 정확한 문장으로 쓸 것!

<참고>

제품 설명서를 제품 홍보팀이나 일반 직원이 만들 때도 있다. 최근에는 제품 설명서 전문기업이 생겨나기도 했다. 다음은 테크니컬 라이터에 관한 기사이다.

‘테크니컬 라이터’ 아세요?
잘 쓴 설명서로 고장률 확 줄여, 수출기업 희비 엇갈리자 관심 늘어

(--- 앞 부분 생략 ---)

테크니컬 라이터들이 가장 활발하게 활동하는 나라는 미국이다. 각종 법조문이나 설명서 등을 알기 쉽게 쓰자는 ‘플레인 잉글리시(Plain English)’ 운동이 법조문 개정까지 이끌어낸 미국에서는 1980년대부터 테크니컬 라이터들이 앞장서 재미있고 알기 쉬운 설명서를 대거 만들어 내고 있다.

국내에서는 2002년 사용자가 제품 때문에 입은 신체 및 재산상의 손해에 대한 책임을 제조업체가 지게끔 한 ‘제조물책임법’이 시행되면서 내수 기업들까지 설명서의 중요성에 눈을 뜨고 있다. 외국에서는 유사한 법에 의거해 ‘설명서가 위험을 충분히 경고하지 않았다’는 소송이 빗발쳤기 때문이다.

삼성에서 분사한 제품평가·설명서 작성 전문기업 테스코의 최형선 책임은 “선진국에서는 제품 개발 주기에 설명서를 제작하는 글쓰기 작업이 포함된다.”며 “이는 제품 설명서를 부수적인 것이 아니라 제품의 일부로 본다는 것을 의미한다.”고 말했다.

국내 제품 설명서 전문 기업은 10여 곳으로 추산되며, 아직까지는 삼성과 엘지 등 대기업에서 분사한 곳이 주축을 이루고 있다. 테크니컬 라이터들이 모인 TCN(cafe.daum.net/techwriters)와 KTCA(www.seri.org/forum/tcak) 등에서 교육과 취업 정보 등을 얻을 수 있다.

(**글 서수민 기자** wikka@hani.co.kr, **사진 강창광 기자** chang@hani.co.kr, http://www.hani.co.kr/arti/economy/economy_general/154255.html)

참고도서

글쓰기 교과연구회, 과학기술 글쓰기, 경북대학교 출판부, 2009.

임정섭, 프로는 한 장짜리 기획서도 다르다, 크레듀, 2008.

연습문제 (13장)

대학	학부/학과	학번:
이름:	제출일: 년 월 일	평점:

1. 조원들끼리 새로운 사업, 혹은 기술에 대한 아이디어를 교환하며 제안서를 구상해 보라. 그리고 그것을 바탕으로 실제로 제안서를 작성해 보라.

[..............................에 대한 제안서]

제안의 이유와 목적 |

현황 분석 |

제안의 핵심 내용 |

실행 방안 |

기대 효과 |

2. 앞에서 배운 제품 설명서 내용을 기초로 하여, 자신이 가지고 있는 휴대폰에 대한 제품 설명서를 작성해 보라.

3. 우리가 보는 제품 설명서에는 어려운 말이 너무 많다. 아래의 예를 좀 더 쉬운 말로 수정해 보자.

① 나무로 만든 창문에는 취부할 수 없습니다.〈에어컨 설명서〉

→

② 통상 성인 초회량은 40~60밀리그람/1일, 노약자는 20~30밀리그람/1일을 경구투여하며 유지량은 5~10밀리그람/1일입니다.〈약품 설명서〉

→

③ ○○○○은 서방형 제제이므로 정제를 으깨거나 씹거나 녹이지 말고 그대로 삼키십시오.〈약품 설명서〉

→

④ 통화가 끝난 후에는 휴대장치를 고정장치에 거치시켜 주십시오.〈휴대 전화 설명서〉

→

⑤ 본 제품은 출고 시 110V로 조정되어 있으므로 220V지역에서는 본체 뒷면 상단에 위치한 전압 선택 스위치를 220V로 절환시킨 다음 사용하십시오.〈공기청정기 설명서〉

→

제14장

프레젠테이션

훌륭한 제안서도 중요하지만 그에 못지않게 그 내용을 효과적으로 다른 사람에게 설명하는 것도 중요하다. 이를 위한 가장 필수적이고도 효과적인 수단의 하나가 프레젠테이션이다. 프레젠테이션은 여러 가지 기회를 통하여 이루어지는데, 대표적인 예로 제안서 발표나 연구 결과 보고, 논문 발표 등이 있다.

프레젠테이션은 그 기능상 제안서나 보고서, 논문 등과는 분명한 차이점이 있다. 제안서나 보고서, 논문은 정확한 내용 전달을 위해 가급적 정확하고 구체적으로 내용이 서술되어야 하며 그 형식도 매우 중요시된다. 반면 일반적인 프레젠테이션은 제한된 시간 내에 전달하고자 하는 내용의 핵심만을 효과적으로 전달해야 한다.

좋은 프레젠테이션을 위해서는 철저한 계획, 치밀하게 준비된 발표 자료, 그리고 좋은 발표 요령 등이 필요하다. 이 모든 준비는 발표 대상의 정확한 규정으로부터 시작된다. 많은 경우, 발표 내용 자체는 상당히 우수한데 청중에게는 깊은 인상을 주지 못하는 경우가 있다. 이는 청중들의 입장을 제대로 이해하지 못할 때 주로 나타난다. 발표자의 의도가 정확하게 전달되려면 우선 발표를 청취하게 되는 청중의 특성을 파악하여야 한다.

예를 들어 회사 내에서 새로운 제품 생산 계획을 발표하는 자리라면 그 제품이 어떠한 장점을 가지고 있으며, 어떤 점에서 소비자를 사로잡을 수 있는지, 그래서 얼마만큼의 이윤을 남길 수 있는지, 장차의 파급효과는 어느 정도인지 등에 초점을 맞추어야 할 것이다. 반면 소비자를 대상으로 신제품을 발표하는 자리라면 그 제품이 어떤 점에서 기존 제품이나 다른 회사의 제품보다 나은지, 가격면에서 얼마만큼 경제적인지 등에 초점을 맞추어야 한다. 한편 논문발표와 같이 다소 전문적인 발표회인 경우에는 대개 발표 주제에 관해 깊은 관심과 어느 정도의 기본 지식을 갖고 있는 사람들이 주된 청중이 될 것이다. 따라서 지나치게 상식적인 배경 설명을 하게 되면 청중들은 당연히 지루함을 느끼게 된다. 그러므로 발표자는 자신만의 특별한 연구성과나 핵심 내용을 인식시키는 데 초점을 맞추어야 한다.

프레젠테이션은 청중의 관심사나 수준을 고려해야 한다.

발표 매체의 활용

일반적으로 프레젠테이션을 할 때에는 단지 구두로만 발표하는 것이 아니라 특정 매체의 도움을 받게 된다. 사실 좋은 발표를 위해서는 적절한 발표 매체를 이용하는 것이 효과적이다. 대표적인 발표 매체로는 OHP(Overhead Projector), Beam Projector, 차트(Chart), 환등기 등이 있다. 이 가운데서도 최근에는 OHP와 Beam Projector가 특히 많이 사용되고 있는 추세이다. 다음은 이들에 대한 간략한 설명이다.

○ OHP

OHP를 이용하기 위해서는 우선 트랜스페어런시(transparency)라고 불리는 플라스틱 필름에 발표 자료를 작성해야 한다. 과거에는 손으로 글씨를 쓰고 그림을 그렸으나, 요즘은 컴퓨터로 자료를 작성하고, 프린터로 플라스틱 필름에 인쇄하여 자료를 만드는 게 일반적인 방법이다. 이렇게 완성된 트랜스페어런시를 흔히 슬라이드라고 부른다(슬라이드라는 말은 완성된 한 장 단위의 발표용 자료를 통칭하여 일컫는 말이다). 이렇게 슬라이드가 작성되면 OHP라는 장비를 이용하여 확대 투사하게 되는데, 벽면이 평탄치 않은 경우에는 전용 스크린을 설치하고 그 위에 슬라이드를 투사하게 된다.

OHP는 얼마 전까지만 하더라도 가장 많이 쓰이던 발표 매체였지만 최근에는 다른 매체의 보급으로 사용 빈도가 상대적으로 떨어지고 있다. 그러나 장비가 비교적 저가인데다 플라스틱 필름도 흑백의 경우는 가격이 저렴하기 때문에 여전히 사용되고 있다. 또한 OHP는 좁은 장소에서도 설치가 용이하다는 장점도 있다.

○ Beam Projector

최근에는 컴퓨터를 사용하여 Powerpoint와 같은 소프트웨어로 발표자료를 작성하고 이를 Beam Projector를 통해 투사하면서 발표하는 방식이 많이 사용되고 있다. 이러한 방식의 장점은 무엇보다도 발표용 소프트웨어의 다양한 기능을 활용할 수 있다는 점이다. 예를 들어 다양한 사진이나 동영상을 삽입하여 보여줄 수 있고, 슬라이드쇼와 같은 기능을 사용하여 입체적으로 화려하게 발표할 수 있다. 단순히 종이에 작성된 발표자료만을 사용하는 경우와 비교할 때 그 효과는 결코 과소평가할 수 없다. 슬라이드와 같은 소모재가 필요치 않다는 것도 커다란 경제적 장점이나, Beam Projector가 아직까지는 상당히 고가의 장비에 속한다는 것이 단점이다.

○ 차트

차트란 대형 종이에 발표자료를 작성하여 이용하는 방식이다. 최근에는 앞서 언급한 방식들이 여러 가지 장점이 있기 때문에 그다지 많이 사용되고 있지 않다.

○ 환등기

환등기는 발표자료를 담은 소형 필름을 투사하는 장치이다. 과거에는 차트와 더불어 가장 많이 쓰이던 방식이나 최근에는 사용이 감소되고 있는 추세이다.

발표 자료의 구성

여기서는 발표 매체 중 빔 프로젝터가 사용되는 파워포인트를 예시로 들도록 한다. 발표 자료의 순서는 그 내용에 따라 다양하겠으나, 일반적으로 권장할 수 있는 구성은 다음과 같다.

(1) 제목 및 발표자 소개

발표 자료의 첫 장은 발표 제목과 발표자에 대한 소개이다. 발표 제목은 몇 개의 짧은 단어로 구성되지만 청중의 관심을 끄는 데 매우 중요하다. 일반적으로 제목 아래 발표자의 이름과 소속을 밝히며 발표일자를 표시하기도 한다.

(2) 목차

다음으로는 발표의 순서를 소개하는 목차 슬라이드가 필요하다. 목차는 너무 자세하지 않게 구성한다. 목차를 소개하면서 청중들이 어느 대목에서 가장 주목해야 할지를 미리 일러주어 관심을 집중시키는 것도 효과적이다.

(3) 본문

본문은 대개 서론-본론-결론의 형태를 취한다. 발표 자료는 비교적 적은 분량의 글과 그림을 담고 있으나, 그 내용은 상당히 함축적으로 작성되어야 한다. 아래에서 제시하는 발표자료 작성 요령을 참조하라.

(4) 감사 인사

발표가 끝난 뒤에는 질의와 답변 시간이 뒤따르는 게 일반적이다. 특별히 따로 슬라이드를 준비하지 않는 한 최종 슬라이드는 결론부가 되기 마련인데, 이 슬라이드가 질의·응답 시간에 계속 비추어지고 있을 가능성이 높다. 이를 피하고 청중에게 감사의 뜻을 전하면서 산뜻하게 마치기 위해서는 감사 인사만으로 된 슬라이드를 준비한다.

발표 자료 작성 요령

- 논문 원고를 그대로 슬라이드에 복사해서는 안 되며, 핵심단어를 사용하여 요점만 간결하게 간추려 적는다. 슬라이드의 내용은 완전한 문장 대신 신문의 기사 제목과 같은 표제문의 형태로 기술하는 것이 바람직하다. 이때 큰 점(bullet)과 같은 기호가 유용하게 활용될 수 있다. 문장 부호의 사용은 가급적 사용을 자제한다.
- 보고서에 흔히 쓰이는 명조체는 다소 화려한 서체에 속한다. 보고서와 달리 구두 발표 자료는 화려함보다는 단순할수록 유리하다. 이러한 점에서 권장할 만한 서체로 우리가 지금까지의 예에서 사용하였던 고딕체나 굴림체, 돋움체 등을 들 수 있다. 영문인 경우는 Arial(혹은 Helvetica)과 같은 글씨체를 사용한다.
- 글씨의 크기는 쉽게 눈에 들어오도록 크게 하여야 한다. 결과적으로 한 장의 슬라이드에는 담을 수 있는 분량이 상당히 제약되므로 발표 자료는 상당히 함축적으로 만들어져야 함을 알 수 있다.
- 글씨의 색채는 가급적 단순한 검은색이나 파랑색 등을 사용하되 배경 색이 있는

경우는 배경과 대조되는 색을 선택하는 것이 필요하다.

○ 제목과 내용이 구별되도록 글씨 크기를 다르게 하되, 제목, 부제목, 내용의 순으로 글씨 크기가 점차 작아지는 순이어야 한다.

○ 그림이나 표를 너무 복잡하게 만들어서는 안 된다. 제안서나 보고서, 논문 속의 것보다 훨씬 간단해야 한다. 이들과는 달리 짧은 시간에 이해되어야 하기 때문이다.

○ 슬라이드의 제목이나 그림, 표의 제목은 '1991~1997년 동안의 임금 상승'과 같이 구체적이고 의미가 있어야 한다.

○ 슬라이드의 장수가 너무 많으면 주어진 발표 시간이 모자라 발표를 서두르게 된다. 한 장의 발표에 소요되는 시간을 미리 측정하여 주어진 시간에 끝낼 수 있도록 장수를 줄인다.

○ 슬라이드를 옆으로 작성할 수도 있고 밑으로 길게 작성할 수도 있다. 이를 각각 산수화(landscape) 방향과 초상화(portrait) 방향이라고 한다. 일반적으로 산수화 방향이 발표용으로 많이 쓰인다.

○ 슬라이드가 많으면 발표자의 편의상 쪽수를 매기는 것이 도움이 되기도 하나, 가급적 작은 크기의 글씨를 사용하여 청중의 눈에 잘 띄지 않도록 한다.

○ 대부분의 발표는 대개 20분 이내의 짧은 시간이 소요되나, 다소 긴 시간이 걸리는 경우에는 청중에게 발표의 흐름을 종종 상기시키며 현재의 발표 내용이 전체 내용의 어떤 부분에 해당하는가를 환기시키는 것이 도움이 된다. 이를 위해서는 목차 슬라이드를 다시 사용하게 되는데, 현 시점까지 다룬 내용이나 다음 내용을 독특한 모양이나 서체 등으로 차별화할 수 있다.

○ 한 슬라이드를 여러 곳에서 사용해야 할 경우에 필요한 횟수만큼 준비하여 필요한 곳에 삽입해 두는 것이 좋다. 한 장을 필요할 때마다 그때그때 찾아서 사용하는 것은 발표의 흐름을 방해하며, 긴장한 발표자를 당혹케 할 수 있다.

○ 슬라이드에 쓸 수 있는 전용 펜을 준비하여 밑줄을 치거나 강조 표시를 하며 진행하는 것도 효과적이다.

프레젠테이션 요령

발표 자료가 준비되었다 해도 끝난 게 아니다. 오히려 본격적인 준비는 이제부터다. 프레젠테이션은 발표 자료를 도구로 삼아 발표자의 말을 통해 내용을 전달하는 행위이기 때문이다. 효과적인 발표를 위해서는 발표 자료를 발표자 본인이 작성하는 것이 원칙이지만 그것이 불가능할 때는 발표 내용을 충분히 숙지하고 익혀야 한다. 누구나 청중 앞에서 발표하는 것은 두렵고 떨리는 일이다. 이것을 극복하기 위해서는 연습밖에는 방법이 없다. 반복된 연습은 프레젠테이션에 대한 공포와 불안을 감소시킨다. 실제로 가까운 친구나 가족 앞에서 리허설을 해보는 것도 좋은 방법이다.

다음은 프레젠테이션에서 주의할 몇 가지 사항이다.

○ 시청각자료에 의존하지 말고 자신이 할 '말'을 준비하라

요즘은 기술의 발달로 조금만 노력한다면 발표자료를 화려하고 다채롭게 꾸밀 수 있다. 그러나 이것에 지나치게 의존하는 것은 프레젠테이션의 중심을 착각하는 것이다. 물론 PPT를 공들여 만들고 시청각 기술을 활용하는 것은 필요하며 바람직한 일이다. 그러나 그것이 다가 아님을 유의하라. 프레젠테이션이 진행되는 대부분의 시간 동안 청중들은 PPT가 아니라 발표자를 보고 있다. 따라서 중요한 것은 발표자가 청중 앞에서 할 '말'이며, 발표의 진행 방법을 준비하는 것이다.

○ 청중과 호흡하라

프레젠테이션은 청중을 상대로 말하는 것이지 보고서를 읽는 것이 아니다. 따라서 슬라이드를 그대로 읽지 말고 말하듯이 자연스럽게 하는 것이 중요하다. 발표 내내 고개를 숙이고 준비해 온 발표 대본을 그대로 읽는 것 역시 바람직하지 않다. 발표 내용을 충분히 숙지한 후 청중을 바라보고 눈을 맞추며 이야기하라. 처음에는 누구나 쉽지 않을 것이다. 그러나 한 번 두 번 반복하다 보면 청중과 실시간 소통하는 특별한 쾌감을 맛보게 될 것이다.

○ 청중을 존중하라

프레젠테이션을 하다 보면 자신과 나이가 같거나 어린 사람을 상대로 할 때가 있다. 그러나 어떤 경우에라도 프레젠테이션을 할 때는 경어를 사용하는 것이 좋다. 그럴 때 프레젠테이션은 더욱 격식을 갖게 되며, 청중 역시 발표자의 말과 발표 내용에 더 예의를 갖추고 듣게 된다.

○ 질문과 답변을 미리 준비하라

준비해온 발표가 모두 끝나면 질문과 답변 시간을 갖기 마련이다. 이것에 적절히 대응하기 위해서는 예상 질문과 답변을 미리 준비하는 것이 좋다. 그러면 보다 여유를 갖고 질문과 답변을 할 수 있을 것이다. 혹 자신이 모르는 내용을 질문 받았을 때는 당황하지 말고, 해당 내용을 좀 더 공부하거나 확인하여 알려주겠다고 말해주면 된다.

○ 손동작과 몸놀림에 주의하라

말을 하면서 손짓을 하는 것은 자연스러운 현상이다. 그러나 프레젠테이션을 할 경우라면 무의식중에 하는 자신의 손짓이나 몸짓이 청중이 집중하는 데 방해가 되거나 눈살을 찌푸리게 하지는 않는지 확인해 볼 필요가 있다. 머리카락을 만지작거리거나 볼펜을 딸각거리는 행동, 필요 이상으로 왔다 갔다 하는 것은 주의를 산만하게 한다. 이를 방지하기 위해서는 자신의 프레젠테이션을 비디오카메라로 촬영해 보는 것도 좋다.

○ 때와 장소에 맞는 옷차림을 하라

프레젠테이션을 하는 발표자는 복장에도 유의할 필요가 있다. 청결하고 단정한 복장을 하라. 행사의 내용과 장소에 맞는 옷차림이라면 더욱 편안한 분위기에서 청중에게 신뢰를 주며 발표할 수 있을 것이다.

○ 프레젠테이션에 필요한 도구와 장치들을 미리 점검하라

최종 리허설 시 프레젠테이션에 사용되는 도구와 장치들이 제대로 작동하는지 확인할 필요가 있다. 실제 발표장에서 준비한 자료가 제대로 작동되지 않는다면 그만큼 당혹스러운 것도 없다. 발표에 사용될 OHP 혹은 빔 프로젝터가 제대로 작동하는가? 컴퓨터와의 연결선은 제대로 꼽혀 있으며 인터넷 연결 역시 문제없는가? 프레젠테이션을 위해 준비한 동영상 자료가 발표장에서 제대로 작동하는지도 확인할 필요가 있다.

○ 조별 과제 시 일을 나누어 맡고 서로 협조하라

대학을 다니다 보면 프레젠테이션을 조별 과제로 맡기도 한다. 이럴 경우 조원들 간에 충분한 의사소통을 통해 일을 나누어 맡고 협조하는 것이 필요하다. 조별 과제를 준비하다 보면 시간을 맞추기가 어려운 경우도 있으며 서로에 대한 불만이 생기기도 한다. 이것을 방지하기 위해서는 최대한 공평하게 일을 나누어 맡고 자신이 맡은 부분은 충실히 해야 한다. 그러면서도 솔선해서 일을 맡으며 부족한 부분은 서로 채워주고자 하는 헌신적인 마음을 가질 필요가 있다. 또한 조원들 각자가 맡은 부분을 단순히 이어 붙이기보다 전체적인 통일성을 고려하여 마무리하고, 리허설을 통해 발표의 완성도를 높이도록 한다.

프레젠테이션을 위해 발표 자료와 함께 자신이 할 '말'을 준비할 것!

참고도서

강성범, 잘나가고 싶은 직장인을 위한 비즈니스 문서 테크닉, 영진닷컴, 2010.
사이토 마코토, 양영철 역, 기획서.제안서 작성법, 삼양미디어, 2004.
임승수, 글쓰기 클리닉, 비즈니스 북스, 2011.
테리 L. 쇼턴, 어윤금 역, 프레젠테이션 설득의 기술, 아인북스, 2008.

연습문제 (14장)

대학	학부/학과	학번 :
이름 :	제출일 :　　　　년　　월　　일	평점 :

1. 13장 [연습문제]에서 작성한 제안서를 바탕으로 파워포인트로 발표 자료를 만들고 직접 발표해 보라.

2. 발표자는 발표를 하기 전 다음의 사항들을 미리 체크해 보자.

□ 모든 슬라이드가 발표 순서대로 나열되었는가?
□ 프레젠테이션 자료들은 안전하며 잘 작동되는가?
□ 발표 기자재(빔 프로젝터 혹은 OHP, 노트북 등)는 제대로 작동하는가?
□ 발표 기자재의 사용법을 완벽히 알고 있는가?
□ 노트북을 사용하는 경우, 비상 시 전원이 꺼져도 사용할 수 있는 배터리 충전이 되어 있는가?
□ 프레젠테이션 시간과 장소를 정확히 알고 있는가?
□ 프레젠테이션 상황에 맞는 단정한 옷차림을 했는가?
□ 바르고 안정된 자세를 취하고 있는가?
□ 편안한 표정으로, 청중을 쳐다보면서 발표할 준비가 되었는가?

(**강성범**, 『잘나가고 싶은 직장인을 위한 비즈니스 문서 테크닉』, 영진닷컴, 348면, 원문에서 다소 변형)

3. 발표를 듣는 학생들은 다음의 평가표를 가지고 발표를 평가해 보라. 발표가 끝난 다음 표를 바탕으로 피드백을 해주면 발표자에게 큰 도움이 될 것이다.

[프레젠테이션 평가표]

[자신이 할 '말'을 준비하라]	매우 잘함	잘 함	보 통	부 족
▷프레젠테이션을 진행하는 내내 핵심주제에서 벗어나지 않았는가?				
▷관련된 주제를 모두 제대로 짚고 넘어갔는가?				
▷프레젠테이션 구성은 논리적이었는가?				
[충분한 자료를 제시하라]				
▷주장을 뒷받침하는 적절한 증거를 제시했는가?				
▷다양하고 풍부한 사례를 제시했는가?				
▷설득력 있는 프레젠테이션이었는가?				
[시각적인 자료에만 의존하지 말라]				
▷메시지를 강조하기 위해 사용한 자료의 양이 적당했는가?				
▷시청각자료를 적절히 활용했는가?				
▷시청각자료를 적절히 통제했는가?				
[청중과 소통하라]				
▷발표자가 청중과 소통하며, 청중이 프레젠테이션에 집중했는가?				
▷프레젠테이션 하는 모습에서 에너지와 열정이 느껴졌는가?				
[시간을 제대로 활용하라]				
▷정해진 시간 규정을 지켰는가?				
▷프레젠테이션의 도입과 본론, 마무리의 시간 배분이 적절했는가?				
[손동작과 몸놀림에 주의하라]				
▷손동작을 비롯하여 산만한 동작을 자제했는가?				
▷청중의 눈을 쳐다보려고 신경 썼는가?				
[때와 장소에 맞는 옷차림을 하라]				
▷복장이 청결하고 단정했는가?				
▷발표 주제와 청중, 행사의 내용에 어울리는 옷차림이었는가?				

(**테리L. 쇼딘, 어윤금 역**, 『프리젠테이션 설득의 기술』, 아인북스, 268-271면, 원문에서 다소 변형)

4. 자신의 전공 분야에서 주제를 잡아 파워포인트로 발표 자료를 만들어 보라.

제15장

디지털 시대의 **글쓰기**

우리는 현재 정보통신기술이 발달한 최첨단 디지털 사회에 살고 있다. 인터넷으로 전 세계가 하나로 연결되고 개개인이 지닌 휴대폰을 통해 언제 어디서든 연락이 가능하다. 그런데 아이러니하게도 이러한 디지털 시대에 글쓰기가 더욱 중요해졌다. 휴대폰을 통한 커뮤니케이션에는 음성 못지않게 문자메시지가 중요한 기능을 담당한다. 또한 인터넷이 보편화됨으로써 누구나 인터넷에 접속하여 남이 쓴 글을 읽는가 하면 자기가 쓴 글을 손쉽게 올릴 수 있다. 어떤 사안에 대한 의견을 게시판에 쓰는 것은 물론 댓글을 달 수도 있으며, 까페나 블로그에 자신이 관심 있는 분야에 대해 집중적으로 글과 사진을 올리는 것도 볼 수 있다.

이렇듯 누구나 쉽게 자신이 가진 욕망을 다양한 글로 표출할 수 있는 시대가 열렸다. 그러나 디지털 시대에 필요한 모든 글쓰기를 여기에서 다 다루기는 어렵다. 본 장은 소략하나마 이메일, 기사문, 감상문 및 비평문이라는 3가지 주제를 가지고 디지털 시대의 구체적인 글쓰기 방법에 대해 알아보도록 한다.

이메일 쓰기

이메일은 '전자우편'으로도 불리는 것으로, 인터넷을 이용하여 편지를 주고받는 것을 말한다. 이것은 일반 편지에 비해 복잡한 절차나 비용 없이 빠르고 편리하게 보낼 수 있으며, 특정한 시간과 장소에 구애받지 않는다는 장점이 있다. 또한 첨부파일 기능을 통해 다양한 문서나 사진, 동영상 등을 주고받을 수 있는 것도 큰 매력이다. 그런데 이메일을 통한 의사소통은 받는 이가 정해져 있고, 일대일 소통방식을 띠고 있다는 점에서 '말하기'와 유사한 속성을 지닌다. 이때 '말하기'는 몸짓, 표정, 목소리 등을 이용하여 '말' 자체를 보완하는 다양한 장치를 가지고 있는 데 반해, 이메일은 얼굴 표정이나 말투를 볼 수 없기 때문에 자칫 불필요한 오해나 불쾌감을 낳을 수 있다. 따라서 사적인 관계에서 주고받는 메일은 물론, 학교나 회사일 등 공적인 관계에서 주고받는 메일은 더욱 주의를 기울일 필요가 있다.

| 이메일 작성 시 유의점 |

○ 자신이 누구인지 정확히 밝히라

메일을 보낼 때는 자신이 누구인지 분명히 밝힐 필요가 있다. 자신의 소속과 이름을 정확히 밝히지 않으면 스팸 메일로 오해받을 수 있기 때문이다. 특히 공적인 이메일의 경우 예명이나 필명이 아닌, 소속단체나 실명을 쓰는 것이 좋다. 인터넷의 서명기능을 활용해 이름과 소속, 연락처를 적어놓으면 편리하다.

○ 제목은 간단명료하게 쓰라

이메일은 보내는 사람의 이름과 제목만 노출되는 구조이기 때문에 제목이 중요하다. 제목만 보고서도 대체적인 내용을 파악할 수 있도록 제목에 신중을 기하자. 짧으면서도 전달하고자 하는 내용을 압축적으로 제시하는 제목을 쓰도록 한다.

○ 활기찬 인사말을 쓰라

공적인 이메일을 쓰는 경우라도 인사말을 빼놓지 않도록 한다. 이때 상대방의 나이와 직업 등을 고려하여 인사말을 선택하는 것이 좋으며, 계절과 날씨와 관련지어 쓰는 것도 좋다. 활기찬 인사말을 통해 메일 첫 머리를 기분 좋게 시작한다면, 메일을 받는 사람이 메일을 계속 읽어나갈 확률도 높아질 것이다.

○ 본문은 결론부터, 읽기 쉽도록 문단을 나누어 쓰라

현대인은 바쁘다. 하루에 받는 메일도 수십 통에 이른다. 따라서 바쁜 현대인을 위해서는 메일을 길게 쓰지 않는 것이 바람직하며 주요 용건도 앞머리에 제시하도록 한다.

읽기 쉽게 내용별로 문단을 나누어 쓰고, 문단과 문단 사이에 한 줄을 띄우는 것도 좋은 방법이다.

○ 끝 인사말도 잊지 말라

메일을 길게 쓰지 말라고 해서 끝 인사말까지 생략해서는 곤란하다. 메일을 받는 사람과 안면식이 없더라도 간략한 끝 인사말을 덧붙이는 예의를 갖추자.

| 이메일은 자기 인격의 표현이다 |

이메일에도 예의가 필요하다. 말하는 모습을 보면 그 사람의 인격이나 품성을 알 수 있듯이, 이메일을 읽어보면 메일을 보낸 사람의 성격과 사람됨을 짐작할 수 있다. 지금은 서로 모르는 관계라 해도 언제 어디서 다시 만나게 될지 모르는 것이 세상일이다. 따라서 얼굴을 모른다고 함부로 이메일을 써서는 곤란하다. 더욱이 공적인 일로 메일을 보내는 경우, 메일을 보내는 목적을 달성하기 위해서라도 예의는 꼭 필요하다.

다음은 어느 교수가 실제로 받은 이메일이다. 두 메일을 비교해 보고 이야기 나누어 보자.

(a) 중간고사, 기말고사, 출석, 발표 등 다 잘한 것 같은데, 성적이 왜 이렇게 나왔어요. 이유가 궁금합니다. 빨리 연락주세요.

(b) 안녕하세요...(^_^) 교수님...
저는 전자공학과 1학년 김혜수입니다.
다름이 아니라... 오늘 감기로 인해 수업에 참가하지 못했습니다. 조장임에도 불구하고 토론수업에 빠지게 되어 정말 죄송합니다!!
오늘 제출해야 할 과제물은 직접 교수님을 찾아 뵙고 제출하겠습니다.
음... 교수님께 성실한 모습 보여드리지 못해서 죄송합니다.
교수님도 감기 조심하세요...:)
그럼 다음 시간에 뵙겠습니다.
죄송한 마음을 담아서 혜수 올림

이메일은 자기 인격의 표현 !

*참고

LG전자의 이메일 에티켓 매뉴얼 보급

이메일은 이제 직장인들의 일상적인 업무 수단이 됐다. LG전자는 80개 해외법인에서 전 세계를 무대로 24시간 비즈니스가 이뤄지면서 이메일 사용도 크게 늘어나는 추세다. 최근 한 달간 LG전자 국내외 임직원이 주고받은 이메일은 총 4500만 여 건. 이는 일주일에 1100만여 건, 하루 220만여 건에 달한다. LG전자는 이메일을 효율적으로 사용하기 위해 '이메일 에티켓 캠페인'을 펼치고 있다. 이메일 작성시 업무 담당자를 명확히 지정하고 작성 목적과 핵심내용을 한눈에 파악할 수 있도록 해 업무효율을 극대화하자는 것이다. LG전자의 이메일 에티켓 5계명은 다음과 같다.

첫째, 수신자 지정을 명확히 하자는 것

LG전자 자체 설문조사에 따르면 전체 직원의 90퍼센트 정도가 일주일 동안 업무상 관련 없는 이메일을 한 차례 이상 받는 것으로 나타났다. 이메일을 직접 받는 사람과 참조 용도로 받는 사람 등 업무 연관 정도에 따라 수신자 지정을 명확히 하면 불필요한 메일 수신을 줄일 수 있다는 얘기다. 이 회사는 To(직접 수신), Cc(참조), Bcc(비밀참조) 기능을 적절히 사용하도록 독려하고 있다.

둘째, 머리글 사용의 생활화

업무협조, 보고, 결재요청 등 이메일 제목에 머리글을 사용하면 제목만으로도 이메일 작성 목적과 업무 우선순위 등을 한눈에 파악할 수 있기 때문이다.

셋째, 내용을 짧고 명료하게 작성할 것

설문조사 결과 전체 임직원의 45퍼센트가 A4용지 반장 분량의 이메일이 읽기에 가장 적당하다고 생각하는 것으로 나타났다. 수신자 입장에서 결론을 먼저 언급하고,

중요사항은 빨간색으로 표시하는 등 짧고 명료하게 작성한다면 이메일 확인으로 인한 업무 손실을 줄일 수 있다.

넷째, 회신은 24시간 내에 하는 것이 원칙
이메일 확인 후 다른 업무를 진행하다 깜빡 잊어버려 회신을 못하는 불상사를 방지하기 위한 것이다. 출장, 휴가 등 불가피한 사정은 예외로 했다.

다섯째, 회신시 첨부파일은 제거하자는 것
이메일 회신 시 용량이 큰 첨부파일을 제거하면 1주일에 한 번꼴로 이메일 수신함을 정리하는 수고와 시간을 줄일 수 있다.

(**유주연 기자**, 매일경제신문, 2006.12.18.)

기사문 쓰기

인터넷이 보편화되면서 일반인이 기자로 활동하는 것을 심심치 않게 볼 수 있다. 시민 기자, 뉴스 게릴라, 웹 저널리스트 등 다양한 명칭으로 활동하는 이들은, 소소하면서도 감동적인 일상의 이야기에서부터 사건 기사에 이르기까지 다양한 영역에서 생생한 기사를 제공한다. 여기에서는 직장생활에서 왕왕 접하게 되는 '보도기사문'을 통해 기사문을 작성하는 방법을 알아보도록 한다.

| 보도기사문이란? |

보도기사문이란 언론 매체에 보도될 것을 목적으로 언론기관에 제공되는 자료를 일컫는다. 예컨대 국가기관이나 연구소 등에서 연구나 설문 조사 결과를 발표할 때, 기업이나 시민단체 등이 어떤 사안에 대한 입장을 표명하거나 해명하고자 할 때 보도기사문을 활용한다. 그런가 하면 학과나 동아리의 행사나 공연을 널리 홍보하기 위해 대학신문사나 방송사 등에 보도기사문을 제공할 수도 있다. 이렇듯 보도기사문은 개인이나 단체, 기관 등이 언론을 통해 보도되기를 바라며 작성하는 것으로, 그 내용은 대체로 다음과 같이 나눌 수 있다.

(1) 각종 조사나 연구 결과를 공개하거나 발표하는 '정보공개자료'

(2) 특정 사안에 대한 입장을 표명하거나 해명하는 '입장표명자료'

(3) 공연, 행사, 모임 등에 대해 홍보하는 '홍보자료'

| 보도기사문의 구성 |

보도기사문은 크게 '자료정보와 자료내용, 첨부'의 세 부분으로 구성된다. 이때 '자료정보'란 보도기사문의 형식적 특성이 가장 특징적으로 드러나는 부분이며, '자료내용'은 보도하고자 하는 핵심적인 내용을 담은 부분이다. 마지막으로 '첨부'는 '자료내용'에 대한 상세한 정보나 참고자료를 별도로 제공하는 것이다. 이 중에서 '자료정보'에는 다음과 같은 내용이 포함된다.

① 발신정보: 보도기사문 제공자와 관련된 정보로서, 담당 부서, 담당자, 전화번호, 주소 등의 정보.

② 수신정보: 보도자료를 수신해서 이용할 언론기관에 대한 정보.

③ 자료정보: 보도기사문의 분량, 사진 첨부 여부 등 발신자가 제공하고자 하는 보도기사문 자체에 대한 간략한 정보.

④ 사용정보: 자료의 배포 일시 및 보도기사문이 언론에 보도되기를 바라는 날짜 혹은 사용기간 등에 대한 정보.

| 보도기사문 작성하기 |

그렇다면 이제 보도기사문의 구성 중 '자료내용'을 작성하는 방법을 중점적으로 다루어 보자. '자료내용'은 구체적으로 '제목과 리드(lead), 본문'으로 나누어진다. 다음은 각 항목에 대한 효과적인 작성 방법이다.

(1) 제목

모든 글은 제목이 있다. 보도기사문을 가장 처음 접하게 되는 언론사의 담당자 역시 보도기사문 전체를 읽기 전에 먼저 제목을 보게 되는데, 제목을 통해 대강의 내용을 짐작하고 계속해서 본문을 읽을지 말지를 결정한다고 해도 과언이 아니다. 따라서 제목은 신중하게 작성될 필요가 있다. 이를 위해서는 먼저 전달하고자 하는 내용의 핵심을 압축적으로 전달해야 하며, 독자의 관심과 흥미를 유발하도록 작성해야 한다. 그러나 이때 의도가 지나쳐 자극적이거나 과장된 어휘를 사용하는 것은 피해야 한다. 그 외에 제목은 너무 길지 않을 필요가 있는데, 이를 위해서는 제목 옆에 부제(副題)를 달아 내용을 보충해 주는 것도 좋은 방법이다.

(2) 리드(lead)

리드는 '자료내용' 가운데 핵심적인 내용을 요약, 정리하여 제시해주는 문장으로, 위치상으로 가장 앞에 있으면서 전체 내용의 방향성을 제시하고 이끌어주는 구실을 한다. 그런 까닭에 '전문(前文)', '요약문' 혹은 '리드(lead)' 등으로 불리며, 보도기사문 전체의 주제문이라고 이해하면 쉽다. 다음은 어느 책에 소개된 리드 작성원칙이다. 참고해 보자.

— 육하원칙(5W 1H)에 따라 작성해야 한다.
— 간결하고 명료한 문장으로 작성해야 한다.
— 기사의 가장 중요한 내용을 압축한 것이어야 한다.
— 독자의 호기심과 관심을 불러일으킬 수 있도록 작성되어야 한다.
— 독자가 이해하기 쉬운 일상적인 용어를 사용해야 한다.
— 난해한 한자어나 외래어, 약어나 전문 용어, 복잡하고 모호한 문장은 최대한 사용하지 않는다.

(3) 본문

보도기사문 내에서 리드 다음에 위치하는 것이 본문이다. 이것은 보도하고자 하는 내용을 자세하게 풀어 설명하는 것으로, 리드와 마찬가지로 육하원칙에 기반하여 자세히 쓰면 된다. 즉, 누가(who), 언제(when), 어디서(where), 무엇을(what), 어떻게(how), 왜(why)에 해당하는 내용을 기술한다. 이렇게 되면 독자(언론 담당자)는 기사가 말하려는 바를 분명히 이해하고 이것을 기사화할 것인지 말 것인지를 최종적으로 판단하게 된다. 이상에서 기술한 보도기사문의 작성법을 다시 한번 요약하면, '제목'을 보고 호기심에 이끌린 독자가 '리드'를 통해 보도기사문의 핵심적인 내용을 간파하고, '본문'을 통해 상세한 내용을 전달받는 것이다.

[보도기사문의 구조]

자료정보 (발신정보·수신정보·자료정보·사용정보), 자료내용 (제목·리드·본문), 첨부

[보도기사문(예시)]

건설교통부 [보도자료]

신도시 기획팀장 ○○○

서기관 ○○○

☎ ○○ ○○○ ○○○○

○○○@mocy.go.kr

11월 7일 배포 (총 3매)

11월 8일(화) 조간부터 보도하여 주시기 바랍니다.

판교 신도시 내 쓰레기 소각장 입지 확정

건설교통부는 판교 신도시 내 **쓰레기 소각장 설치** 등을 위한 개발계획 및 실시계획 변경안에 대해 관계기관 협의를 거쳐 11월 4일 승인하였다.

대규모 신도시에는 **사회문화적 지속성 제고**를 위하여 하수처리시설, 쓰레기처리시설, 집단에너지시설, 납골시설 등을 최대한 신도시 지역 내에 부지를 확보한다는 '신도시 계획기준'에 따라

지난 8월말 납골시설을 확정한 데 이어 쓰레기 소각장 입지를 확정함으로써 하수처리장, 열병합발전소, 쓰레기소각장, 납골시설이 모두 신도시 내에 입지하게 된다.

쓰레기 소각장은 부지 15,131㎡에 90톤/일 처리 규모로 소각 방식은 열분해(가스화)용융방식으로 **소각잔재 발생이** 기존방식(스토카식, 유동상식)의 1/10 **이하로 감소**된다.

*열분해 용융방식: 레기슬 저산소 상태에서 고온가열 시 연소 없이 가스 및 슬래그로 용융되는 방식

쓰레기소각장은 주민 입주가 시작되는 '08년 12월 전에 준공될 예정이며, 소각장 주변은 **공원화**하여 전망대, 놀이터 등으로 꾸며 **주민휴식공간**으로 조성할 계획이다.

현재, 판교신도시는 25,7평 이하 주택을 내년 3월에 분양하기 위해 MP 심의 및 주택건설사업계획 승인 절차를 진행 중에 있으며,

25,7평 초과 주택에 대해서는 8월 중 분양을 위해 8.31 부동산종합대책에 따라 세대수 10%를 확대하여 이 달 중 관계기관 협의에 착수하게 된다.

붙임 쓰레기 소각장 위치도

(위 자료는 장소원·양정호, 『틀림없이 실리는 보도자료 쓰기』에서 가져온 것임.)

감상문 및 비평문 쓰기

인터넷이 보편화되면서 또 하나 널리 활용되는 글쓰기 유형이 감상문과 비평문이다. 개인 블로그에 들어가 보면 소설이나 영화, 연극은 물론, 사회 현상에 대해 자신의 생각을 집중적으로 적은 글들을 쉽게 볼 수 있다. 이것들 중에는 작품 혹은 사회 현상에 대해 지극히 개인적이고 주관적인 감상을 적은 것이 있는가 하면, 나름의 안목을 가지고 다른 책들을 참고하면서 수준 있는 글을 쓴 것도 적지 않다. 이것은 감상문과 비평문의 차이라고 하겠는데, 여기서는 먼저 감상문과 비평문을 차이를 알아보고, 책에 대한 글-독후감과 시평-을 대상으로, 감상문과 비평문을 쓰는 방법을 구체적으로 알아보도록 하겠다. 독후감과 서평에 대한 기본 이론을 각 장르에 맞게 변형하고 확장하면, 영화 감상문/비평문, 연극 감상문/비평문, 사회 현상에 대한 감상문/비평문 쓰기에도 적용할 수 있을 것이다.

| 감상문과 비평문 |

일반적으로 감상문은 개인적인 경험의 차원에서 단순히 미적 대상에 대해 느낀 것을 기술하는 글이다. 이에 반해 비평은 미적 대상에 대해 진술하면서 그 판단을 정당화할 수 있는 이유를 제시하는 작업이라는 점에서 감상문과 구별된다. 또한 대상에 대한 어떤 판단이 개인적인 취미나 견해보다는 다른 사람들의 취미와 견해, 즉 문화적으로나 사회적으로 널리 받아들여지고 있는 규범적 취미와 견해에 의존한다면 그것은 비평이라고 할 수 있다. 따라서 감상문이 개인적이고 독백적인 차원의 글이라면, 비평문은 사회적이고 대화적인 차원의 글이다.

글을 쓰는 목적에 있어서도 차이가 있다. 감상문은 자신이 느낀 점을 표현하기 위한 것인 반면, 비평문은 자신의 진술을 정당화한다는 점에서 설득적이다. 또한 감상문은 필자가 자신의 정서적 반응을 표현한다는 점에서 보다 개인적이라면, 비평문은 독자를 의식하고 쓰는 글이다. 마지막으로 감상문은 대상 작품을 감상하는 것에서 출발한다면, 비평문은 (처음에는 물론 감상에서 출발하지만) 비평문을 쓰기 위해 대상 작품을 감상한다는 점에서 다르다. 이러한 차이를 알기 쉽게 도표로 제시하면 다음과 같다.

구 분	감상문	비평문
목 적	표현적	설득적
구성 요인	요약, 감상	화제, 논평, 감상
텍스트 구성 원리	필자 중심의 감상	텍스트와 독자의 상호 작용
대상 텍스트 읽기	읽기를 위한 쓰기	쓰기를 위한 읽기
텍스트 생산 과정	일회성 및 체계성	순환성 및 무한성
텍스트의 지향	개인 내(intra-personal)	개인 간(inter-personal)

감상문 vs. 비평문 = 개인적이고 주관적인 관점 vs. 객관적이고 비판적인 관점

| 독후감과 서평 |

학창시절을 보내면서 누구나 독후감을 쓴 경험이 있을 것이다. 독후감은 말 그대로 책을 읽고 난 뒤의 느낌을 적은 글로, '독서 감상문'이라고도 불린다. 독후감의 내용과 형식은 따로 정해진 것이 없다. 책을 읽고 난 후 자신의 감상을 자유롭게 표현하면 되

며, 다른 사람을 의식할 필요도 없다. 따라서 독후감은 일기 형식이나 편지 형식, 대담 형식 등 어떤 형식으로도 표현이 가능하다. 중요한 것은 자신이 읽은 책에 대한 내용을 '자신의 방식으로' 표현하고 기록하는 것이다.

이렇듯 독후감이 개인적이고 주관적인 글이라면, 서평은 다른 사람과의 소통을 의식하며 쓰는 글이다. 서평은 책이 가지는 의의와 가치에 대한 평가를 목적으로 한다. 따라서 서평은 새로 나온 책을 대상으로 이루어지는 경우가 많지만 반드시 그런 것만은 아니다. 오래 전에 출간된 책이라도 그 책이 가진 의의와 가치가 가려져 있다면, 서평을 통해 그것을 새롭게 조명하고 널리 밝히는 것도 필요한 일이다. 더욱이 오늘날과 같은 지식과 정보의 홍수 시대에는, 좋은 책을 선별하여 알려주며 책의 핵심적 내용과 가치를 짚어주는 일이 더욱 중요할 수밖에 없다.

서평은 독후감과 달리 객관적이며 논리적인 형식을 갖는다. 서평은 책의 내용을 객관적으로 소개하고 비판적으로 평가하여, 그 책이 가진 장단점을 소개하고 알려야 한다. 이런 점에서 독후감이 개인적인 '감상문'이라면 서평은 소통을 목적으로 하는 '비평문'이라고 할 수 있다. 그러나 서평이 일반적인 비평문과 다른 점도 있다. 그것은 서평이 책에 대한 소개와 흥미를 불러일으켜 많은 사람들이 그 책을 읽도록 하는 일종의 마중물 역할을 하기 때문이다. 깊은 샘에서 물을 끌어올리기 위해 한 바가지의 물을 붓듯, 서평은 그 책의 가치를 알아볼 독자를 더 많이 이끌어내기 위한 마중물의 구실을 한다.

| 서평을 쓰는 방법 |

그렇다면 서평은 어떻게 쓰는 것이 좋을까. 일반적으로 독후감이 책에 대한 간략한 요약과 그에 대한 자신의 느낌을 자유롭게 쓰는 것이라면, 객관적이고 논리적이며 독자를 의식하고 쓰는 글인 서평은 어렵게 느껴질 수밖에 없다. 일정 단계를 넘어선 서평가들은 제각각의 색깔을 가지고 관점이 뚜렷하면서도 자유로운 형식의 서평을 쓰지만, 처음 시작 단계에서는 다음과 같은 점에 유의하여 쓰는 것이 좋다.

서평의 기본 구조는 '제목, 책 내용의 요약·발췌, 저자 및 책의 맥락 소개, 필자의 관점'으로 요약될 수 있다. 이것을 순서대로 작성하는 것이 일반적이지만, 그 순서는 바뀔 수 있다. 이것을 하나하나 살펴보도록 한다.

(1) 제목

먼저 제목을 설정하여 서평의 대상이 되는 책을 밝히고 서평의 핵심적인 주제를 제시하도록 한다. 이때 제목은 기사문에서와 마찬가지로, 책의 핵심적인 내용을 드러내면서도 독자의 흥미를 끌 수 있는 것이 좋다. 표제와 부제를 사용하는 것도 좋은 방법이다.

(2) 요약과 발췌

그 다음 단계로 할 것은 책의 내용에 대한 요약이다. 독후감에도 책의 내용에 대한 요약이 들어간다. 그러나 독후감에서 이것은 내가 가장 인상 깊게 읽은 부분에 초점이 맞춰진다면, 서평은 저자의 의도와 책의 핵심에 초점을 둔다. 즉, 책에 대해 내가 주관적으로 느낀 것이 아니라 책의 의도와 핵심을 객관적으로 파악하는 것이 중요하다는 것이다. 이를 위해서는 책의 내용을 발췌하는 것도 좋은 방법이다. 책의 내용을 직접 인용하는 것은 책의 내용을 객관적으로 전달하는 것은 물론, 독자로 하여금 책을 직접 읽고 싶은 마음을 유발하는 데도 효과적이다.

(3) 저자 및 책의 맥락에 대한 소개

서평에서 빼놓지 말아야 할 또 하나의 것이 저자 및 책의 맥락에 대한 소개이다. 서평을 읽는 독자는 서평이 대상이 된 책을 읽어 본 사람일 수도, 그렇지 않을 수도 있다. 그러나 서평자가 저자에 대한 소개와 함께, 책이 어떤 맥락에서 쓰였고 해당 분야에서 어떤 의의가 있는지에 대해 설명해 준다면, 독자들이 책을 더 깊이 이해하는 데 도움을 줄 것이다.

(4) 서평자의 관점

마지막으로 서평에는 서평자의 관점이 들어가야 한다. 이것은 서평이 객관적, 균형적이라는 설명과 모순으로 보이는 지점이기도 한데, 서평에는 서평자의 주관적인 관점이 배제될 수는 없다. 이때 서평자의 관점이란 쉽게 말해 책을 읽고 난 소감이다. 이것은 긍정적일 수도 부정적일 수도 있다. 그러나 책에 대해 반드시 긍정 혹은 부정으로 양자택일할 필요는 없다. 긍정적인 점과 부정적인 점 두 가지를 다 소개할 수도 있으며, 이때 중요한 것은 그 이유를 함께 서술해 주는 것이다. 그 밖에 책의 내용을 현실 문제와 결부시켜 책의 의의를 서술하는 것도 서평자의 관점을 드러내는 좋은 방법이다.

[서평의 기본 구조]
제목, 요약 및 발췌, 저자 및 책의 맥락에 대한 소개, 서평자의 관점

[서평(예시)]

『엔트로피』-제러미 리프킨

우리가 살고 있는 세상은 점점 더 복잡해지고 어수선해지며, 그 변화를 다시 되돌리기는 너무도 힘들게 느껴진다. 이러한 현상을 설명하기 위해 '엔트로피 법칙'이 자주 인용된다. 엔트로피 법칙은 자연현상에는 일정한 방향성이 있다는 경험적 사실에서 출발하였으며, '우주의 엔트로피는 항상 증가한다'는 것이다.

흔히 '무질서도'로 해석되는 엔트로피는 사람들의 지적 호기심을 자극하는 묘한 매력이 있는 것 같다. 클로드 섀넌은 '정보 엔트로피'의 개념을 만들어 냈으며, 그 외에도 생물학, 경제학, 사회학, 정치학, 그리고 예술에 이르기까지 엔트로피의 개념과 법칙이 다양한 모습으로 인용되고 있다. 하지만 엔트로피가 원래의 엄격한 과학적 정의에서 벗어나 좀 더 폭넓게 적용될 때, 새로운 관점을 제공하는 유용함과 함께 부적절한 해석을 통한 개념의 혼란과 부작용의 위험도 커지는 것을 경계해야 할 것이다.

『엔트로피』는 사회비평가인 제러미 리프킨이 엔트로피 법칙의 개념을 원용하여 현대 물질문명을 비판한 저서이다. 리프킨은 엔트로피 법칙을 유용한 에너지가 감소하고 '사용 불가능한 에너지'가 증가하는 것으로 이해한다. 우리가 변화를 위하여 에너지와 물질을 계속 사용하게 되면, 궁극적으로는 에너지를 더 이상 사용할 수 없게 되는 '열 종말'과 사용한 물질이 더 이상 존재하지 않는 '물질 혼돈'에 이르게 될 것이라고 천명한다.

기계론적 세계관과 그 결과로 나타나는 물질만능주의와 과학만능주의는 더 이상 설 땅이 없다고 역설한다. 현재 우리는 산업 시대를 통하여 고에너지 사회를 지속해온 결과로 화석연료의 고갈과 환경오염으로 인한 고엔트로피의 거대한 분수령에 이르게 되었다는 것이 저자의 결론이다. 이제 막다른 기로에 서서 인류의 생존을 위하여 엔트로피에 기초한 새로운 세계관을 받아들일 수밖에 없음을 이야기하고 있다.

리프킨은 다양한 분석과 논리 전개의 근거로 엔트로피 법칙을 내세우고 있으나, 때로는 지나치게 자의적인 확대 해석으로 흐른 점이 아쉽다고 하겠다. 엔트로피 법칙이 제시하는 자연변화의 궁극적인 종착점에 대해서도 논란의 여지는 있다. 모든 유용한 에너지와 물질이 고갈된 무질서한 종말에 이르게 될 것인가, 아니면 일리야 프리고진 등의 주장처럼 혼돈으로부터 새로운 질서가 저절로 만들어질 수 있는 것인가 하는 것은 아직도 해결되지 않은 문제이다.

연일 급등하는 원유가를 걱정하며 급속한 자원의 고갈, 폭발적인 인구의 증가와 식량의 부족, 환경오염과 생태계파괴 등 우리를 둘러싼 문제를 다시금 생각하게 된다. 산업화 사회에서 정보화 사회로 이행되는 변화의 시대에 무언가 혼란스럽고 방향을 잡는 데 어려움을 느낀다면, 리프킨의 경고와 그 의미를 나름대로 음미해 보는 것도 도움이 될 것이다.

『엔트로피』는 우리에게 많은 질문을 던지며 생각해 보아야 할 여러 가지 화두를 제시하고 있다. 지속가능한 인류발전을 위한 세계관은 무엇인가? 많은 사람이 '인간성의 과학', 그리고 '생태주의적' 또는 '유기론적' 패러다임을 강조한다. 저자가 주장하는 엔트로피 사회도 결국 같은 맥락에서 이해될 수 있을 것이다.

(**신석민**, 서울대 화학부 교수) (동아일보, 2005.7.1.)

참고도서

김민영·황선애, 서평 글쓰기 특강, 북바이북, 2015.
박희석·김숙희, 성공적인 사회진출을 위한 실용글쓰기, 아이북, 2007.
서종학·노상래·박종갑·곽은희, 예체능계열 직업세계와 맞춤형 글쓰기, 영남대학교 출판부, 2007.
임승수, 글쓰기 클리닉, 비즈니스 북스, 2011.
장소원·양정호, 틀림없이 실리는 보도자료 쓰기, 커뮤니케이션 북스, 2005.
최기호 외, 인터넷 글쓰기의 달인, 세종서적, 2005.
한국출판마케팅 연구소 편, 글쓰기의 힘, 한국출판마케팅 연구소, 2005.
한주원, 실무로 통하는 비즈니스 문서 코칭, 청람, 2014(재판).

연습문제 (15장)

대학	학부/학과	학번:
이름:	제출일: 년 월 일	평점:

1. 조원들끼리 자신이 썼거나 받은 이메일을 제시하고 문제점을 수정해 보자.

2. 다음은 우리 학교 홈페이지에 게시된 홍보물이다. 다음을 보도기사문의 형식에 맞게 수정해 보자.

> **영남대, 기업이 뽑은 '최우수대학' 선정**
>
> 교육부 '2015년 산업계관점 대학평가' 금속, 식품 2개 분야 최우수대학
> 두산중공업, 샘표식품 등 34개 기업 임직원 및 1,703개 기업 설문 평가
>
> 영남대(총장 노석균)가 산업계가 뽑은 '최우수대학'으로 선정됐다.
>
> 21일 교육부는 '2015년 산업계 관점 대학평가' 결과를 발표했다. 그 결과, 영남대는 금속(신소재공학부)과 식품(식품공학과) 2개 분야에서 '최우수대학'으로 선정됐다. 특히, 영남대 신소재공학부의 경우 교육과정 설계, 운영, 성과 등 3개 영역에서 모두 최우수등급을 받으며 교육시스템의 체계성과 우수성을 인정받았다.
>
> 이번 평가에서는 △금속 △게임 △미디어 △식품 등 4개 분야에서 영남대를 포함해 총 27개 대학이 선정됐다. 구체적으로 금속 8개교, 게임 5개교, 미디어 8개교, 식품 12개교가 선정됐다. <표 참조>
>
> 교육부가 2008년부터 시작한 '산업계관점 대학평가'는 산업계 입장에서 대학을 평가하는 것으로 전국경제인연합회, 대한상공회의소 등 경제 5단체의 의견을

반영해 각 분야의 기업들이 직무수행에 필요한 필수 교과목 등을 대학에 제시하고 대학이 얼마나 이를 교육과정에 반영했는지를 평가한다.

이번 평가에는 관련 학과가 설치된 곳 가운데 참여를 희망한 56개 대학 99개 학과를 대상으로 실시됐다. 평가위원회에는 두산중공업, 엔씨소프트, 샘표식품 등 총 34개 기업의 임·직원이 참여했고, 설문조사 평가에는 1,703개 기업이 협조했다.

한편, 영남대는 2014년 산업계 관점 대학평가에서는 바이오의약 분야, 2013년 평가에서는 전자반도체와 정보통신 분야, 2012년에는 건축 분야에서 최우수 대학에 선정된 바 있다.

(출처 : 영남대학교 홈페이지 사이버 홍보실, 2016-4-21)

3. 다음의 서평을 읽고 이야기 나누어 보자. 그리고 이것 외에도 다양한 서평을 찾아보자.

이공계 글쓰기 이끄는 '친절의 끝판왕'

: 이공계 X의 글쓰기책(유키 히로시 지음, 김찬현 옮김/동아시아·1만8000원)

바둑판 위 돌을 놓는 교차점은 361개다. 흔히 '우주의 원자보다 많다'는 바둑의 경우의 수는 이 361개의 착점에서 만들어진다. 하나의 글이 만들어지는 경우의 수는 몇 가지나 될까. 단어의 수가 361개보다 훨씬 많으므로, 정확히 같은 글이 만들어질 경우의 수는 우주의 원자보다 훨씬 많을 것이다. '글쓰기에 왕도가 없다'는 말은 그만큼 복잡하고 어려운 무한한 가능성의 영토를 헤매는 이들을 다독이는 말이다.

<이공계 X의 글쓰기책>을 지은 유키 히로시는 50대 프로그래머이면서 작가다. 다양한 분야의 입문서를 써왔는데 프로그래밍 언어, 디자인 패턴, 암호, 수학

등 주로 이공계 분야 책이다. 글쓰기 원칙도 이공계스럽다. '읽는 이에게 자신의 생각을 정확히 전달해야 한다'는 것. 그러기 위해 무엇보다 '독자의 입장을 생각해야 한다'고 강조한다. 글쓰기에도 '역지사지'의 이치가 요구된다.

글에 숫자가 들어가면 으레 직독직해가 어렵다. 더 친절해야 한다. 지은이는 수식이나 수학 용어가 들어간 글을 쓸 때 어떻게 해야 독자에게 정확히 전달되는지, 몸소 친절히 일러준다. 바로 옆에서 조곤조곤 자세히 설명해주는 느낌이다. '독자의 입장을 생각한' 글쓰기 원칙이 책에 구현돼 있다. 매 장마다 시작과 끝 부분에 '이 장에서 배울 내용', '이 장에서 배운 내용'을 정리했다. 숫자를 나열할 때는 부가 정보를 덧붙여 읽기 쉽게 하고, 독자 스스로 이해한 바를 확인할 수 있게 하라고 조언한다. 책의 색인항목과 참조 페이지를 만들 때 어떻게 해야 하는지도 설명해놨다. 참조 페이지 수가 너무 많다면, 항목을 다시 세분화해 항목당 페이지 수를 적게 하라고 조언한다. 가히 친절의 왕이다.

이공계 대학생이나 대학원생, 수학이나 과학 교사, 수학 교과서나 문제집, 과학 이론 서적, 전자제품 설명서 등을 만드는 이들, 경제 영역을 다루는 글을 쓰는 이들이 참고하면 좋을 듯하다. 다만 지나친 친절이 실소를 낳기도 한다. 지은이는 '컴퓨터로 글을 쓰는 경우 정기적으로 파일을 책에 썼다. 일관되게 쓰인 높임말도 불필요해 보인다. (한겨레신문, 2016-06-17)

4. 올더스 헉슬리의 『멋진 신세계』를 읽고 독후감을 써보자.

5. 관심 있는 책을 한 권 택하여 이에 대한 서평을 써보자.

부록 : Y형 인재가 읽는 명저 100선

문학 계열	01	1984	조지 오엘
	02	고리오 영감	오노레 발자크
	03	광장	최인훈
	04	구운몽	김만중
	05	그리스 비극	소포클레스 외
	06	난장이가 쏘아올린 작은 공	조세희
	07	네루다 시선	파블로 네루다
	08	다산시선	정약용
	09	당시선	두보 외
	10	당신들의 천국	이청준
	11	루쉰 소설집	루쉰
	12	마음	나쯔메 소세키
	13	멋진 신세계	올더스 헉슬리
	14	미당시선	서정주
	15	백년 동안의 고독	가브리엘 마르케스
	16	백석 시선집	백석
	17	변신	프란츠 카프카
	18	변신 이야기	오비디우스
	19	부활	톨스토이
	20	삼국유사	일연
	21	삼대	염상섭
	22	설국	카와바타 야스나리
	23	세익스피어 희비극선	세익스피어

문학 계열	24	아라비안나이트	리처드 버턴
	25	열하일기	박지원
	26	오만과 편견	제인 오스틴
	27	위대한 유산	찰스 디킨스
	28	인간조건	앙드레 말로
	29	주홍글자	다니엘 호손
	30	춘향전	
	31	카라마조프가의 형제들	표도르 도스토예프스키
	32	태백산맥	조정래
	33	태평천하	채만식
	34	파우스트	괴테
	35	픽션들	호로헤 보르헤스
	36	한국고전시가선	임형택
	37	한중록	혜경궁 홍씨
	38	황석영 단편	황석영
	39	희곡선	안톤 체홉
인문 계열	40	간디 자서전	마하트마 간디
	41	난중일기	이순신
	42	논리철학 논고	비트겐슈타인
	43	논어	공자
	44	니코마코스 윤리학	아리스토텔레스
	45	도덕의 계보	프리드리히 니체
	46	뜻으로 본 한국역사	함석헌
	47	물리계 안에서의 마음	김재권
	48	백범일지	김구
	49	봉건사회	블로크
	50	사기	사마천
	51	소유냐 존재냐	에리히 프롬
	52	에밀	장자크 루소
	53	역사란 무엇인가?	에드워드 헬릿 카
	54	우파니샤드	
	55	유림외사	오경재
	56	자성록	이황

인문 계열	57	장자	장자
	58	주역	
	59	플루타르코스 영웅전	플루타르코스
사회 계열	60	감시와 처벌	미셸 푸코
	61	거대한 전환	칼 폴라니
	62	국가	플라톤
	63	국부론	아담 스미스
	64	리바이어던	토마스 홉스
	65	문명속의 불만	지그문트 프로이트
	66	미디어의 이해	미셸 매클루언
	67	사회계약론	장 자크 루소
	68	세계화의 덫	한스 페터 마르틴
	69	슬픈 열대	끌로드 레비 스트로스
	70	에로스와 문명	허버트 마르쿠재
	71	오래된 미래	헬레나 노르베리 호지
	72	오리엔탈리즘	에드워드 사이드
	73	옥중수고	안토니오 그람시
	74	원형과 무의식	칼 구스타프 융
	75	월든	헨리 데이빗 소로우
	76	유토피아	토마스 모어
	77	인간의 조건	한나 아렌트
	78	자본론	칼 마르크스
	79	자유론	존 스튜어트 밀
	80	정의론	존 롤즈
	81	프로테스탄티즘 윤리와 자본주의 정신	막스 베버
	82	혁명의 시대	에릭 존 에른스트 홉스봄
자연 계열	83	거의 모든 것의 역사	빌 브라이슨
	84	과학혁명의 구조	토마스 쿤
	85	부분과 전체	하이젠 베르그
	86	엔트로피	제레미 리프킨
	87	이기적 유전자	리차드 도킨스
	88	이중나선	제임스 왓슨
	89	종의 기원	찰스 다윈

자연 계열	90	카오스	제임스 글리크
	91	코스모스	칼 세이건
	92	털 없는 원숭이	데즈먼드 모리스
	93	파인만의 여섯 가지 물리이야기	리처드 파인만
	94	현대물리학과 동양사상	프리초프 카프라
	95	혼돈으로부터의 질서	일리야 프리고진 외
예술 계열	96	놀이와 예술 그리고 상상력	진중권
	97	문학과 예술의 사회사	아놀드 하우저
	98	예술과 환영	에른스트 한스 곰브리치
	99	점·선·면	바실리 칸딘스키
	100	호모 루덴스	요한 호이징하